Experimente

mit Blechdosen

von
Hans-Joachim Wilke
Göran Tronicke

Ernst Klett Verlag
Stuttgart • Leipzig

1. Auflage 1 5 4 3 2 1 | 2012 11 10 09 08

Alle Drucke dieser Auflage sind unverändert und können im Unterricht nebeneinander verwendet werden.
Die letzte Zahl bezeichnet das Jahr des Druckes.

Internetadresse: www.klett.de
Autoren: Prof. Dr. Hans-Joachim Wilke, Göran Tronicke

Entstanden in Zusammenarbeit mit dem Projektteam des Verlages.

Fotos und Computergrafiken: Göran Tronicke, Radebeul
Umschlaggestaltung: normaldesign GbR, Maria und Jens-Peter Becker, Schwäbisch Gmünd
Gestaltung: Claudia Rupp, Stuttgart
Reproduktion: Meyle + Müller, Medien Management, Pforzheim
Druck: Media-Print Informationstechnologie GmbH, Paderborn
Printed in Germany

ISBN 978-3-12-772336-6

9 783127 723366

Inhaltsverzeichnis

Vorwort

Das vorliegende Buch will zeigen, dass Blechdosen ähnlich wie die Kunststoffflaschen (siehe Band 1 [1]) besonders geeignet sind, als experimentelle Hilfsmittel zu dienen. Die Blechdosen bieten wie die Kunststoffflaschen vielfältige experimentelle Möglichkeiten. Man kann die Durchführung von Experimenten leicht für die eigene Qualifizierung sowie auch für die Verbesserung des Physikunterrichtes nutzen. Das Hauptziel der näheren Betrachtung von Blechdosen besteht nicht in erster Linie darin, dass der Lehrer die Anordnungen selbst zusammenstellt, um diese dann im Unterricht den Schülern vorzuführen. Der Anspruch ist vielmehr, die Schüler zu begeistern, die experimentellen Aufbauten und Geräte selbst zu projektieren, zu entwickeln und herzustellen. Das Buch will ihnen vielfältige Möglichkeiten aufzeigen, wie Blechdosen als experimentelle Hilfsmittel benutzt werden können, damit es den Lehrern leicht fällt, die Schüler zu motivieren und anzuregen.

Wie der erste Teil, so orientiert sich auch der zweite der Buchreihe an der Schulphysik. Nur an wenigen Stellen werden Ausblicke auf weitere anspruchsvollere physikalische Zusammenhänge gegeben.
Die im Buch angeregten Apparaturen stellen zum größten Teil nur geringe Ansprüche an das handwerkliche Können. Sie sind deshalb nicht nur für den erwachsenen Leser, sondern in den meisten Fällen auch für Schüler im Alter ab etwa acht Jahren geeignet. Im Vergleich mit den Kunststoffflaschen erfordert das gegenüber dem Kunststoff festere Metall, aus dem die Blechdosen bestehen, etwas mehr Sorgfalt, um der eigenen Gesundheit keinen Schaden zuzufügen. Eine wichtige Vorsichtsmaßnahme ist die teilweise Arbeit mit Lederhandschuhen sowie der Schutz der Augen mit einer Schutzbrille.
Die Blechdosen ermöglichen es dabei, gegenüber den Kunststoffflaschen neue Bereiche der Physik zu erschließen. Eine solche selbstständige Beschäftigung mit naturwissenschaftlichen, speziell physikalischen Problemen in der Freizeit, die in engem Zusammenhang mit dem Lernen in der Schule stehen, aber unabhängig von dieser erfolgt, stellt nicht nur eine echte Bereicherung für die Tätigkeit dar. Sie befruchtet auch die schulische Leistung der Experimentierenden. Damit wendet sich das vorliegende Buch auch direkt an die Kinder und Jugendlichen. Es will sie in Fortsetzung des schulischen Lernens zu einer interessanten und nützlichen Freizeitbeschäftigung anregen in Fortsetzung der Bemühungen im ersten Teil der Buchreihe, jetzt am Beispiel der Blechdosen sich durch Basteln und Experimentieren schrittweise selbstständig grundlegende physikalische Kenntnisse und Erkenntnisse anzueignen.
Schließlich spricht das Buch auch alle anderen interessierten Leser an. Sie werden bei der Vorbereitung und Durchführung der Experimente viele angenehme Überraschungen erleben und erfreut, begeistert und in ihrem Wissensdrang befriedigt werden.

Die Empfehlungen, sich mit einer Vielzahl von Experimenten zu beschäftigen, fördern nicht nur das Verständnis für die untersuchten Zusammenhänge, indem man die Phänomene demonstriert und untersucht. Es fördert auch das konstruktive Denken und das handwerkliche Können.

Damit sind die Vorzüge der Blechdosen gegenüber den Kunststoffflaschen, die im unterschiedlichen Aufbau und unterschiedlichen Eigenschaften dieser Gefäße bestehen, kurz umrissen.

Diese Universalität der Hilfsmittel beinhaltet vielfältige mögliche Varianten, deren Entwicklung und Erprobung zu neuen Erkenntnissen und Einsichten führen kann.
Insbesondere wegen der Undurchsichtigkeit der Blechdosen führen die Experimente gegenüber der Durchführung mit Kunststoffflaschen zu noch mehr überraschenden und verblüffenden Ergebnissen. Die Blechdosen sind deshalb sehr gut geeignet, bei Feierlichkeiten oder anderen Treffen vorgeführt zu werden, z. B. bei Familienfesten wie Geburtstagen, und anderen Jubiläen, bei Elternversammlungen, beim Treffen von ehemaligen Klassenkameraden, Auszubildenden, Arbeitskollegen und bei Ausstellungen.

Die Autoren danken Frau Dr. Antje Krause für ihre Unterstützung bei der Entwicklung und Herstellung von neuen Experimentieranordnungen. Sie wünschen auch den Lesern des zweiten Themenbandes vielfältige Freude und Belehrung.

Prof. Dr. Hans-Joachim Wilke und
Göran Tronicke

1 Einführung

1.1 Die Bedeutung des physikalischen Experiments

Bereits der erste Band der Buchreihe hat zu einer Vielzahl einfacher Experimente angeregt, speziell unter Nutzung von Kunststoffflaschen [1]. Bevor in diesem zweiten Band die Blechdosen als weitere experimentelle Hilfsmittel empfohlen werden, soll zunächst die wichtige Rolle des Experiments für den Lernenden umrissen werden [2].

1.1.1 Zur erkenntnistheoretischen Bedeutung des Experiments

Experimente sind aus unterschiedlicher Sicht für den Lernenden von Bedeutung. Aus erkenntnistheoretischer Sicht ist das Experiment eine spezifische Methode der Erkenntnisgewinnung bzw. ein Bestandteil komplexerer Erkenntnismethoden. Darüber hinaus ist es ein Mittel, um die gewonnenen Erkenntnisse in die Natur, die Technik und die gesellschaftliche Umwelt zu überführen. Je nach dem Wissen, das man über den zu untersuchenden Gegenstand besitzt, und der Kompliziertheit des Gegenstandes kann man mit dem Experiment erste Erkenntnisse über diesen gewinnen oder Prognosen oder Hypothesen über den Gegenstand formulieren und diese dann mit dem Experiment auf Richtigkeit überprüfen.

Das Experiment ist ein Verfahren, in dem der Mensch bewusst und systematisch auf Objekte und Prozesse einwirkt. Zu diesem Zwecke schafft er sich zielbewusst eine bestimmte Geräteanordnung. Damit kann man eine Erscheinung oder einen Prozess zur gewünschten Zeit willkürlich auslösen, beliebig oft wiederholen und in gewissen Grenzen variieren. Darüber hinaus ist das Experiment ein Mittel, um die gewonnenen Erkenntnisse in die Natur, die Technik oder die gesellschaftliche Umwelt zu überführen. Diese und andere Vorzüge machen das Experiment zu einem unentbehrlichen Bestandteil des Physikunterrichts.

Der Begriff des Experiments wird in dieser Buchreihe im allgemeinen Sinne gebraucht. Bereits der einfache Versuch, in dem die Schüler ein Phänomen beobachten können oder ein empirisch erkundendes Vorgehen, bei dem die Schüler ausgehend von wenigen Kenntnissen über eine Erscheinung erste Untersuchungen durchführen, wird als Experiment bezeichnet. Der Anspruch steigt dann bis hin zum Experiment im engeren Sinne, das zur Überprüfung von Hypothesen bzw. Prognosen dient.
Ein wesentlicher Grund für die weite Fassung des Begriffs Experiment ist die Tatsache, dass im Physikunterricht nur selten die Bedingungen für den Einsatz eines Experiments im engeren Sinne vorliegen. Dafür sind die Vorkenntnisse der Schüler in der Regel zu gering.
Weiterhin ist die Grenze zwischen dem einfachen Versuch und dem Experiment im engeren Sinne zu unscharf, so dass es in vielen Fällen schwer fällt, zwischen beiden zu unterscheiden. Schließlich haben Versuch und Experiment im engeren Sinne viele gemeinsame Vorzüge. Da es ein wesentliches Anliegen dieses Beitrages ist, diese zu kennzeichnen, ist eine Unterscheidung beider auch aus diesem Grunde nicht zweckmäßig.

1.1.1.1 Das Experiment als unmittelbare Quelle der Erkenntnis

Die Rolle, die das Experiment bei der Erkenntnisgewinnung im Unterricht spielt, hängt in starkem Maße von dem Wissen ab, das die Schüler schon über das Objekt oder den Vorgang besitzen [2]. Hat man in einem bestimmten Bereich nur wenige Kenntnisse, so wird das Experiment zunächst zum Demonstrieren des Phänomens und der Gewinnung erster Aussagen genutzt. Um diese in einer leicht auswertbaren Form zu erhalten, ist es notwendig, das Experiment als sehr gut gestellte „Frage“ an die Natur einzusetzen. Die Beantwortung dieser „Frage“ muss dabei allein dem Experiment überlassen werden. Bei der selbstständigen Gewinnung von Erkenntnissen wird das Experiment in den meisten Fällen als unmittelbare Quelle der Erkenntnis genutzt. Das erfolgt z. B. in diesem Teil der Experimente mit Blechdosen. Die Qualität der „Antwort“ hängt wesentlich von der Art der Fragestellung ab. Deshalb muss der Planung und Vorbereitung des Experiments eine besondere Aufmerksamkeit geschenkt werden.
Der Einsatz des Experiments als unmittelbare Quelle der Erkenntnis stellt eine typische Situation des Physikunterrichts dar. An sehr vielen Stellen konzentriert sich die Gewinnung neuer Kenntnisse und Erkenntnisse auf die Planung,

Vorbereitung, Durchführung und Auswertung solcher qualitativer und quantitativer Experimente. Diese stellen oftmals die Höhepunkte des Physikunterrichts dar. So haben die Schüler beispielsweise schon Spektralfarben beim Regenbogen und bei der Brechung von Licht an einer geschliffenen Glaskante beobachtet. Dieser Vorgang wird zunächst mit einem Prisma nachvollzogen, wobei das Phänomen besonders deutlich in Erscheinung tritt.
In den nachfolgenden Experimenten wird nach der Ursache dieser Erscheinung gesucht. Dabei stehen zwei „Fragen an die Natur" im Mittelpunkt:
- Warum treten diese Farben bei einem Prisma (einem Regenbogen und einer geschliffenen Glaskante) auf?
- Wo kommt das verschiedenfarbige Licht her?

Zur Beantwortung dieser Fragen wird nachfolgend zunächst nur rotes Licht durch das Prisma geschickt, dann gelbes und schließlich blaues. Dieses farbige Licht wird durch Einbringen von Farbfiltern in das weiße Lichtbündel erzeugt, wobei deren Wirkungsweise erst nach der Behandlung des Spektrums erklärt werden kann. Die Überprüfung dieser Hypothese erfolgt gemäß den Ausführungen im folgenden Abschnitt.

1.1.1.2 Das Experiment als Mittel zur Sicherung der Erkenntnis

Wenn man das Experiment als elementare Quelle der Erkenntnis zur Gewinnung erster Aussagen nutzen möchte, dann muss man ganz unvoreingenommen an die Planung und Durchführung herangehen. Durch spekulative Voraussagen besteht die Gefahr einer nicht objektiven Auswertung der Beobachtungsergebnisse. Erst wenn man bereits umfangreiche Kenntnisse über ein Objekt oder einen Vorgang besitzt, sollte man eine Hypothese oder Prognose im Sinne von begründeten Vermutungen formulieren. Dann kann man das Experiment zu deren Überprüfung nutzen. Das trifft z. B. für die Experimente zu den Eigenschaften und dem Wesen der Kernspaltung zu. Sind keine ausreichenden Vorkenntnisse vorhanden, so würden sie mehr oder weniger spekulativen Charakter tragen. In diesem Falle wäre es nicht nur verfrüht, sondern geradezu unwissenschaftlich, Vermutungen an den Anfang der Untersuchungen zu stellen. Der Schüler muss wie der forschende Wissenschaftler der Realität möglichst unvoreingenommen gegenübertreten, sonst besteht die Gefahr einer nicht objektiven Bewertung der experimentellen Ergebnisse.

Natürlich knüpfen die Schüler in der Regel gewisse Erwartungen an ein Experiment. Es muss aber nachdrücklich ihre Bereitschaft entwickelt werden, sich nach dem Experiment – wenn erforderlich – von falschen Vorstellungen zu lösen. Erst wenn die Schüler so umfangreiche Kenntnisse über ein Objekt oder einen Vorgang besitzen, dass sie eine Hypothese oder Prognose formulieren können, kann das Experiment zu deren Überprüfung genutzt werden. Die Schüler haben z. B. beobachtet, dass beim Anfahren von mehreren Kleinkrafträdern die größte Beschleunigung bei dem Kraftrad auftritt, das die größte Motorleistung besitzt und deshalb mit der größten Kraft beschleunigt wird. Vorausgesetzt ist dabei, dass die Massen aller Krafträder (einschließlich der Fahrer) gleich groß sind. Bei gleicher Motorleistung ist die Beschleunigung dann groß, wenn die Masse klein ist. Sie können deshalb Prognosen über den Zusammenhang von Beschleunigung und Kraft und von Beschleunigung und Masse aufstellen. Die Überprüfung dieser Prognosen durch Experimente führt nicht nur zu deren Bestätigung, sie ermöglicht auch die Formulierung des Newton'schen Grundgesetzes.

1.1.1.3 Das Experiment als Verbindung zur Praxis

In möglichst vielen Fällen wollen die Menschen die Erkenntnisse, die sie mit dem Experiment gewonnen haben, praktisch nutzen. Mit der Funktionstüchtigkeit der technischen Anlage wird dann gleichzeitig ein weiterer Nachweis dafür erbracht, dass die gewonnenen Erkenntnisse richtig sind. Das erfolgte z. B. bei der Anwendung des Elektromagnetismus bei Relais und Elektromotoren (Band 1, Experimente „Wagner'scher Hammer" und „Elektromotor"). Ausgangspunkt war das Oersted´sche Experiment. Durch die Erfindung der Spule wurde die magnetische Wirkung des elektrischen Stroms vervielfacht. Schließlich führten Spulenkerne aus ferromagnetischem Material zu einer weiteren Vervielfachung der Kräfte. Die Nutzung von Ein- und Ausschaltvorgängen bzw. Umpolvorgängen führte schließlich zu ersten Mustern von Relais und Elektromotoren, die zunächst mit kleinen Abmessungen im „Versuchsstadium" betrieben wurden.

Übersicht
Bedeutung des physikalischen Experiments

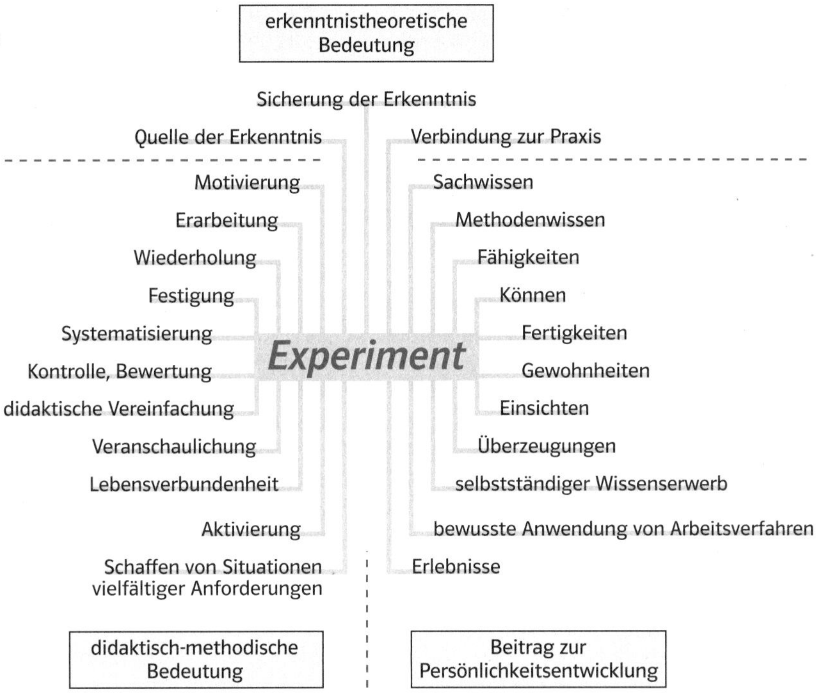

In der Übersicht sind wesentliche Bedeutungsaspekte des physikalischen Experiments für den Lernenden und Lehrenden zusammengestellt [2]. Der obere Teil erfasst die bereits erörterte erkenntnistheoretische Bedeutung. Diesen Prozess kann man die Schüler nacherleben lassen, wenn man z. B. die jeweiligen experimentellen Anordnungen mit einem Aufbausatz zur Elektrizitätslehre zusammenstellt.

1.1.2 Zur didaktisch-methodischen Bedeutung des Experiments

Mit der erkenntnistheoretischen Wertung des Experiments sind die Gründe für seinen Einsatz im Unterricht erst zu einem Teil gekennzeichnet. Hervorzuheben ist weiterhin seine didaktisch-methodische Bedeutung, die in der Übersicht auf der linken Seite mit Stichworten zusammengestellt ist [2].

1.1.2.1 Einsatz des Experiments in allen didaktischen Phasen des Unterrichts

Das physikalische Experiment kann solche didaktischen Funktionen erfüllen, wie sie im oberen linken Teil der Übersicht dargestellt sind, bzw. es kann einen wesentlichen Anteil an der Realisierung dieser Funktionen haben. Zunächst kann es zur Motivierung dienen, wobei überraschenden Experimenten mit einfachen Mitteln eine besondere Bedeutung zukommt. Hierzu gehören die im Band 1 beschriebenen Experimente sowie die im Band 2 angeregten Experimente. Diese Experimente dienen in starkem Maße und in mannigfaltigen Formen der Kenntnis- und Erkenntnisgewinnung. Bei der Anwendung, Wiederholung, Festigung und Systematisierung des Wissens der Schüler bestehen vielfältige Möglichkeiten, das Experiment bis hin zur Kontrolle und Bewertung einzusetzen.

1.1.2.2 Erhöhung der Aktivität und des Interesses

Das Experiment ist ein hervorragendes Mittel zur Erhöhung der Aktivität. Der Lernende sollte die Planung, Vorbereitung, Durchführung und Auswertung der Experimente möglichst selbstständig durchführen. Die Arbeit mit dem Experiment kann das Erkenntnisinteresse und den natürlichen Forscherdrang der Lernenden wecken. Diese bestimmen dann wesentlich die Motive seines Handelns. Experimente finden im Unterricht häufig zur Motivierung Einsatz, insbesondere zur Schaffung einer Problemsituation. Der vorliegende zweite Band zeigt Möglichkeiten auf, solche Experimente unter Nutzung einfacher Mittel, vor allem von Blechdosen, durchzuführen. Solche Experimente können im Unterricht in mannigfaltigen Formen zur Erarbeitung des neuen Stoffes genutzt werden. Bei der Anwendung des Experiments zur Wiederholung, Übung und Systematisierung des Wissens sowie zur Kontrolle und Bewertung werden demgegenüber die weitgespannten Möglichkeiten des Experimentierens noch zu wenig genutzt. Eine wichtige Aufgabe besteht darin, die Möglichkeiten und die damit verbundenen Vorzüge zu erkennen und stärker als bisher zu nutzen. Auch dazu werden Anregungen im vorliegenden zweiten Band gegeben.

Das Experiment ist in allen Phasen des Unterrichts dazu geeignet, die Aktivität der Schüler zu erhöhen. Zunächst ist die Beteiligung der Schüler an der Planung, Vorbereitung, Durchführung und Auswertung der Experimente zu nennen. Eine besondere Rolle spielt das manuelle Tätigwerden der Schüler bei der Vorbereitung und Durchführung der Experimente. Auch bei Demonstrationsexperimenten sollten die Schüler in vertretbarem Maße in die Gestaltung des Aufbaues und die Durchführung des Experiments einbezogen werden. Die Schüler werden in starkem Maße vom Neuen angesprochen, das bereits in den Geräten, vor allem aber in den Phänomenen bzw. Ergebnissen des Experiments in Erscheinung tritt.
In der Arbeit mit dem Experiment wird es möglich, das Erkenntnisinteresse und den natürlichen Forscherdrang der Schüler zu wecken. Diese bestimmen wesentlich die Motive ihres Handelns. Gelingt es, dass die Schüler begründbare Vermutungen formulieren, dann sehen sie dem Ausgang des Experiments mit besonderen Erwartungen entgegen.

Mit dem Experiment ist es möglich, die Schüler in Situationen vielfältiger Anforderungen zu versetzen. Oft unterscheiden sich diese in ihrem Anspruch nicht von dem im späteren Berufsleben. Dabei lösen die Schüler die gestellten Aufgaben unter selbstständiger Anwendung großer Teile ihres bisherigen Wissens und Könnens. Die Bewältigung solch anspruchsvoller Situationen kann für die Schüler zu einem echten Erlebnis führen.

1.1.2.3 Vereinfachung und Veranschaulichung

In der Natur und Technik treten die Phänomene selten in reiner Form auf. Die Vorgänge und Erscheinungen überlagern bzw. stören sich gegenseitig. Es ist ein herausragender Vorteil des Experiments, dass man störende Einflüsse verringern oder sogar beseitigen kann. Dadurch tritt das Wesentliche hervor.

1.1.3 Zur Bedeutung des Experiments für die Persönlichkeitsentwicklung der Schüler

In der rechten Spalte der Übersicht (S. 7) sind Stichworte genannt, die die Bedeutung des physikalischen Experiments für die Entwicklung der Schülerpersönlichkeit kennzeichnen [2].

1.1.3.1 Beitrag des Experiments zur Herausbildung umfassenden Wissens und Könnens

Das Experiment lässt sowohl die Bedingungen als auch die Vorgänge und Erscheinungen deutlich erkennen. Insofern stellt es gleichzeitig eine Veranschaulichung wesentlicher Erkenntnisse dar. Fast alle im Physikunterricht behandelten Phänomene werden den Schülern in Experimenten demonstriert. Die Erarbeitung von Begriffen wird durch Experimente unterstützt. Die gesetzmäßigen Zusammenhänge werden in den meisten Fällen experimentell gewonnen. Sie werden durch grafisches Darstellen der Messwerte oder numerisches Auswerten erkannt und in Gleichungen dargestellt.
Die auf diese Weise erlangten Kenntnisse werden in weiteren Experimenten verallgemeinert. Die Anwendung der Gesetze erfolgt z.T. wieder mittels der Experimente. Dabei finden auch solche Anordnungen Verwendung, die technische Anwendungen simulieren, wie praxisnahe Formen kraftumformender Einrichtungen im Zusammenhang mit der goldenen Regel der Mechanik, Flugzeugmodelle zur Demonstration des aerodynamischen Widerstandes und Auftriebs, elektrische Motoren, Transformatoren und Generatoren, Gleichrichter- und Verstärkerschaltungen und optische Geräte. Dieser enge Praxisbezug des Wissens fördert seine Anwendbarkeit.
Durch die direkte Untersuchung der physikalischen Phänomene mittels des Experiments können wichtige Qualitätsmerkmale des Wissens wie Exaktheit, Allgemeinheit und Dauerhaftigkeit in besonders starkem Maße zum Tragen gebracht werden.
Durch weitere neue Experimente mit veränderten Anordnungen greift man immer wieder auf die vorangehend gewonnenen Kenntnisse und Erkenntnisse zurück. So werden bei Experimenten zur Selbstinduktion, zu den Wirbelströmen, zum Generator und zum Transformator wiederholt die Gesetze der elektromagnetischen Induktion angewandt. Sie erscheinen jeweils in einem anderen, neuen Gewande.
Mit einem solchen Vorgehen wird gleichzeitig ein wesentlicher Beitrag zur Systematisierung des Wissens der Schüler geleistet, in dem Ge-

meinsamkeiten und Unterschiede, z. B. zwischen solchen Geräten wie Drosselspule, Wirbelstrombremse, Generator, Transformator und Induktor anschaulich bewusst gemacht werden.
Ein weiterer Vorzug der Einbeziehung von Experimenten in den Unterricht besteht in der damit verbundenen spezifischen und allgemeinen Könnensentwicklung der Schüler. Hierbei ist die Einheit der Herausbildung von Wissen (d. h. von Kenntnissen, Erkenntnissen und Einsichten) und Können (d. h. Voraussetzungen, die notwendig sind, bestimmte Tätigkeiten auszuführen) beim Experimentieren besonders hervorzuheben. Auf diese Weise werden spezifische und anspruchsvolle Komponenten des Könnens, die für viele Schüler, vor allem im späteren Beruf eine Rolle spielen, entwickelt, weiterentwickelt oder gefestigt; das betrifft besonders geistig-praktische Tätigkeiten, wie Messen und Prüfen, Entwerfen und Konstruieren, praktisches Umsetzen einer Anleitung, Bedienen von Geräten nach Anleitung u. Ä.
Viele Könnenskomponenten werden in gleicher oder ähnlicher Art so häufig bei Experimenten gefordert, dass eine Verfestigung und Automatisierung auftritt. Die Schüler entwickeln Fertigkeiten. Bei den Experimenten werden zwar bestimmte Tätigkeiten immer wieder, aber meist in neuen interessanten und unterschiedlichen Zusammenhängen gefordert, wodurch dem Formalen und Eintönigen entgegengewirkt wird.

1.1.3.2 Beitrag des physikalischen Experiments zur Entwicklung weiterer wichtiger Persönlichkeitseigenschaften

Beim Experimentieren sollte sich der Lernende bestimmte Gewohnheiten aneignen, die vom sorgsamen Umgang mit den Geräten über planmäßiges und schrittweises Vorgehen entsprechend den Vorgaben bis zur kritischen Einschätzung der gewonnenen Ergebnisse reichen.
Diese Gewohnheiten sind wichtige Voraussetzungen für die Berufsausbildung der Schüler und ihr späteres Verhalten am Arbeitsplatz.
Das Aneignen und Festigen von Gewohnheiten betrifft auch das gemeinsame Arbeiten. Neben der gegenseitigen Achtung werden bei den Schülern solche Persönlichkeitseigenschaften wie Hilfsbereitschaft, Kameradschaftlichkeit, Kritikfähigkeit, Ausdauer und Beharrlichkeit weiterentwickelt.
In der Übersicht (S. 7) sind im rechten Teil noch weitere Aspekte der Persönlichkeitsentwicklung genannt, die beim Experimentieren wirksam werden können, auf die aber hier nicht näher eingegangen werden soll.

1.2 Wesentliche Eigenschaften von Blechdosen und ihre Vorzüge

1.2.1 Wesentliche Eigenschaften von Blechdosen

Im ersten Band der Buchreihe sind Experimente beschrieben, die die besonderen Eigenschaften und Vorzüge von Kunststoffflaschen nutzen. Auch Blechdosen weisen Eigenschaften auf, deren gezielte Nutzung es möglich macht, neue Experimente zu entwickeln oder bekannte zu verbessern oder zu vereinfachen.
Als Gemeinsamkeiten von Kunststoffflaschen und Blechdosen sind zu nennen:

- Beide Gefäßarten sind sehr leicht beschaffbar.
- Ihre Form weicht mehr oder weniger von der Form eines Zylinders ab.
- Sie besitzen handliche Abmessungen im Bereich von Bruchteilen von Litern bis hin zu mehreren Litern.
- Sie haben eine geringe Masse und weisen die notwendige Stabilität auf.
- Sie sind leicht bearbeitbar.
- Sie genügen in der Regel den ästhetischen Anforderungen.

Wesentliche Unterschiede zwischen den Eigenschaften der Blechdosen und denen der Kunststoffflaschen sind:

- Blechdosen sind aus Eisen oder Aluminium, Kunststoffflaschen dagegen aus Polyethylen.
- Blechdosen sind undurchsichtig, Kunststoffflaschen dagegen durchsichtig.
- Blechdosen sind bis etwa 500 °C formstabil, Kunststoffflaschen werden bei 65 °C weich.

Weiterhin unterscheiden sich Blechdosen und Kunststoffflaschen in starkem Maße hinsichtlich ihrer elektrischen Leitfähigkeit. Während Kunststoffflaschen nahezu ideale Isolatoren sind, weisen Blechdosen eine gute oder sehr gute elektrische Leitfähigkeit auf. Eisenblechdosen sind darüber hinaus magnetisierbar.

1.2.2 Blechdosen als wertvolle experimentelle Hilfsmittel

Wie im ersten Band der Buchreihe am Beispiel der Kunststoffflaschen beschrieben ist, so lassen sich auch bei Nutzung von Blechdosen für experimentelle Zwecke praktische und geistige Handlungen der Schüler besonders wirksam kombinieren. Entsprechend seiner Zielstellung kann man aus einer Vielzahl von Blechdosen

unterschiedlicher Form und Größe solche auswählen, die nach einer Präparation mit vertretbarem handwerklichen Aufwand zu den gewünschten experimentellen Anordnungen führen. Dabei kommt sowohl der Planung, bedingt durch die Vielzahl der verschiedenen Möglichkeiten, als auch den Phasen der Durchführung und Auswertung Bedeutung zu.
In der Phase der Planung ist vor allem die geistige Tätigkeit des Konstruierens gefragt, in der Phase der Vorbereitung die praktische Tätigkeit an der Dose bis zur Herstellung des Gerätes bzw. der Anordnung. In der Phase der Durchführung und Auswertung dominieren eng kombiniert geistige und praktische Tätigkeiten, wie sie bei der Datenerfassung und Auswertung eine große Rolle spielen. Die Phase praktischer und damit verbundener geistiger Handlungen leistet besonders eine gute Grundlage für einen starken Wissenszuwachs, insbesondere dann, wenn sie an einem interessanten Gegenstand mit ansprechender Zielsetzung erfolgt. Hierbei haben die Blechdosen gegenüber käuflich erworbenen „Apparaturen" wesentliche Vorzüge. Insbesondere sind die konstruktiven Lösungen nicht vorgedacht und die praktischen Tätigkeiten beschränken sich nicht auf das einfache Zusammenstecken, Zusammenbauen oder Zusammenschalten. Sie eröffnen damit neue Wege, veränderte experimentelle Voraussetzungen zu schaffen, die neue experimentelle Lösungen ermöglichen.

Die Vorzüge der unterschiedlichen Eigenschaften von Blechdosen und Kunststoffflaschen zeigen sich vor allem bei Experimenten zur Elektrizität.
So werden z. B. Wasserinfluenzmaschinen überall dort mit Blechdosen versehen, wo eine Leitfähigkeit erwünscht ist. Als Isolatoren dienen Kunststoffflaschen. Experimente mit einer Kombination von Kunststoffflaschen und Blechdosen erfordern allenfalls infolge der großen Abmessungen einen größeren Materialaufwand. Solche Experimente mit der Kombination dieser Hilfsmittel sind bereits im Band 1 der Reihe beschrieben.

Bei einigen Experimenten ist eine Kombination von Blechdosen und Kunststoffflaschen sehr nützlich. Dabei liegen die Vorzüge der Kunststoffflaschen in erster Linie in ihrer Durchsichtigkeit und ihrem guten Isolationsvermögen. Demgegenüber leiten Blechdosen den elektrischen Strom gut. Dosen aus Aluminium leiten besser als Eisendosen. Die Eisendosen haben den Vorzug, dass sie magnetisiert werden können bzw. von Magneten angezogen werden. Kunststoffflaschen und Blechdosen haben beide den Vorzug relativ geringen Gewichts.

Durch diese Kombination entstehen leistungsfähige leicht handhabbare und gut sichtbare Anordnungen mit ausreichenden Abmessungen für Demonstrationsexperimente. Die geringen Gewichtskräfte ermöglichen die Lagerung mit sehr dünnen Wellen in kleinen Bohrungen, im Grenzfalle sogar von kleinen Pfannen auf Spitzen.
Für die Herstellung der beschriebenen Anordnungen sind in der Regel weitere Hilfsmittel erforderlich. Dazu gehören:
- Messing- und Kupferrohre kleiner Durchmesser,
- Gewindestäbe,
- Lochbänder,
- Schrauben und Muttern.

Diese Materialien kann man in einem Baumarkt erwerben.

1.3 Bearbeitung von Blechdosen

Blechdosen kann man ähnlich wie Kunststoffflaschen mit einfachen Mitteln präparieren [3]. Von den dabei entstehenden scharfen Spitzen und Kanten geht jedoch eine größere Verletzungsgefahr aus. Deshalb ist ein überlegtes und vorsichtiges Vorgehen wünschenswert. Je besser die Werkzeuge der speziellen Aufgabe angepasst sind, umso leichter ist die Arbeit und umso einfacher ist es, diese sauber und unbeschadet auszuführen.

In allen Fällen empfiehlt es sich, die Stellen, längs deren ein Schnitt erfolgen soll oder an denen Bohrungen angebracht werden sollen, z. B. mit einem Folienschreiber anzuzeichnen. Dabei sollte versucht werden, Dosen der genannten Abmessungen zu verwenden. Beim Markieren der Linien stellen oft die aufgebrachten Schriftzüge und Ornamente sowie Verformungen eine wichtige Hilfe dar. Sie enthalten Ansatzpunkte für das Auffinden von Symmetrien.

1.3.1 Bohren von Löchern in Getränkedosen

Kleine Löcher unter einem Millimeter Durchmesser lassen sich durch Einstechen mit einer kleinen Steck-, Näh- oder Stopfnadeln herstellen. Wenn einmal die Dosenwandung mit der Spitze der Nadel durchstochen ist, fällt das Aufweiten des Loches nicht schwer. Um die

Verformung der Düsen zu vermeiden, sollte das mit einem angemessen großen Druck unter Hinterhaltung eines Holzstückes und leichtem Hin- und Herdrehen erfolgen. Die Tiefe des Einstechens bedingt den Durchmesser des jeweiligen Loches. Gegebenenfalls müssen für größere Bohrungen die Steck- oder Nähnadeln durch Stopfnadeln oder dünne Stricknadeln ausgetauscht werden.
Die notwendige Verlängerung des „Bohrers" kann durch Hineinstecken in einen Holzstab, der eine zentrale Bohrung besitzt, erfolgen. Dadurch kann auch ohne Bohrmaschine ein stärkerer Druck ausgeübt werden. Es ist jedoch auch möglich, die Nadeln wie kleine Bohrer in eine Bohrmaschine einzuspannen.

Für Durchmesser über 1 mm kann das weitere Aufweiten leicht mit einer spitzen Schere erfolgen. Damit das Loch aber kreisrund bleibt, ist mit geringem Druck und ständigem vollständigem Drehen der Schere im Loch zu arbeiten.

Für die Herstellung kleiner Löcher ist auch die Verwendung eines Spiralbohrers entsprechenden Durchmessers gut möglich, wobei mit besonders geringem Andruck gearbeitet werden sollte. Löcher größeren Durchmessers kann man durch aufeinanderfolgendes Bohren mit Spiralbohrern immer größeren Durchmessers herstellen. Am einfachsten erfolgt das Einbringen von Löchern ab 6 mm Durchmesser mit einem kegelförmigen Bohrer.

1.3.2 Aufweiten der Trinköffnung einer Getränkedose

Das ist mit einer großen Rundfeile möglich, die eine möglichst kleine Riffelung besitzt. Zunächst wird an den Stellen gefeilt, an denen die Krümmung zu gering ist. Später wird die Feile mehr und mehr in die Dose eingeführt und dabei gedreht, bis der gewünschte Durchmesser des Loches erreicht ist. Einfacher ist die Verwendung eines Kegel- oder Stufenbohrers.

1.3.3 Entfernen des Deckels von Getränkedosen

Die Deckel der Getränkedosen lassen sich sehr sauber dadurch entfernen, dass man den oberen Börtelrand durch gleichmäßiges Abfeilen entfernt. Zu Beginn kann eine grobe Feile Verwendung finden. Zum Schluss entfernt man die noch bestehende Verbindung von Deckel und Mantel durch gleichmäßiges Abschmirgeln mit Schmirgelpapier, unter dem sich ein kleiner Holzklotz zur besseren Handhabung befindet. Es ist aber auch möglich, das Schmirgelpapier auf eine glatte Unterlage zu legen und die umgekehrte Dose mit dem oberen Rand darüber hin und her zu bewegen. Diese Art des Ablösens führt zu einem ästhetisch sehr ansprechenden Ergebnis, von dem nur geringe Gefahren hinsichtlich Schnittwunden ausgehen. Eine so präparierte Dose kann sehr leicht wieder durch Bekleben mit einer Platte oder mit einem großen Gummistopfen verschlossen werden.

Will man den Deckel einer Getränkedose entfernen und dabei gleichzeitig die Dosenhöhe verringern, so ist das im einfachsten Falle mit einer kleinen Schere möglich. Zunächst muss die gewünschte Dosenlänge genau abgemessen und aufgezeichnet werden z. B. mittels eines Faserstiftes. Dann wird mit der Spitze der Schere in einem möglichst weit oben gelegenen Teil sehr vorsichtig (Verletzungsgefahr!) ein Loch gestochen. Dabei sollte man die Dose unbedingt mit Arbeitshandschuhen o. Ä. festhalten. Dann schneidet man auf einer Spiralbahn allmählich nach unten, wobei man sich bemühen muss, asymptotisch auf die Linie zu gelangen, die die neue Oberkante der Dose markiert. Für das Schneiden ist auch ein Cutter-Messer geeignet oder es kann eine Feinsäge verwendet werden. Der Druck sollte so groß gewählt werden, dass gerade noch keine Eindellung erfolgt.
Auf diese Weise ist es möglich, den Boden oder den Deckel einer Dose abzuschneiden oder Schnitte in unterschiedlicher Form in die Mantelfläche der Dose zu bringen.

Für viele Zwecke kann der Deckel auf der Dose verbleiben. Es ist sogar möglich, dass der Griff, der zum Öffnen der Getränkedose dient, an der Dose verbleibt und zum Aufhängen verwendet werden kann. Weiterhin ist es möglich, den kleinen Niet aufzubohren und das entstehende Loch, das exzentrisch im Deckel der Dose liegt als Lagerung zu verwenden. Soll die Dose nach dem Entleeren verschlossen werden, so kann man die Trinköffnung nach Abtrennen des Verschlusses durch mehrfaches Hin- und Herbiegen mit einer Feile aufweiten, so dass ein Gummistöpsel in die Öffnung hineinpasst. Es ist jedoch auch möglich, dass der umgebörtelte Rand der Dose insgesamt abgeschliffen und die Dose mit einem großen flachen Gummistopfen geschlossen wird.

1.3.4 Bearbeiten von dickwandigen Blechdosen

Konserven-, Farb- und Keksdosen sind aus dickwandigerem Eisenblech gefertigt als die Getränkedosen. Deshalb ist ihre Bearbeitung aufwendiger. Für das Bohren von Löchern eignet sich ebenfalls eine Stecknadel. Sie muss jedoch mit einer Kombizange so gefasst werden, dass ihre wenige Millimeter lange Spitze vorn aus der Zange herausragt. Unter Drücken und wiederholtem Hin- und Herdrehen kann dann das Loch in die Dose eingebracht werden. Sollte der gewünschte Lochdurchmesser einige Zehntel Millimeter übersteigen, so empfiehlt es sich, den Prozess mehrfach mit Nähnadeln immer größeren Durchmessers zu wiederholen. Die Deformierung der Dose durch zu großes Drücken muss auf jeden Fall vermieden werden. Für das Herstellen von Bohrungen größerer Durchmesser empfiehlt sich in jedem Falle das Verwenden einer kleinen Bohrmaschine mit Metallbohrer. Die zu durchbohrende Stelle kann leicht mit einem Faserstift markiert werden. Das Ankörnen der Blechdose erfolgt mit einer alten Reißnadel. Man sticht mit ihr die entsprechende Stelle leicht an, bis der Bohrer eine sichere Führung hat. Nachfolgend werden Bohrer zunehmend größerer Durchmesser eingespannt. In jedem Falle wird nur ein geringer Druck auf die Bohrstelle ausgeübt.

Um die Höhe des Mantels einer Blechdose zu verringern, kann man – wie oben beschrieben – den überflüssigen Teil mit einer kleinen Blechschere abschneiden. Besitzt dagegen die Dose oben einen Rand, so empfiehlt es sich, den Börtelrand mit einem Seitenschneider oder einer kräftigen Blechschere zu durchtrennen und von hier ausgehend den Mantel der Dose aufzuschneiden.
Anstelle der Blechschere, die relativ breite Schneiden besitzt, ist auch die Verwendung einer kleinen alten Schneiderschere möglich. Nach dem Schneiden des Bleches ist sie nicht mehr dafür verwendbar, Fäden, Stoff oder Papier zu schneiden.
Für saubere Blechschneidearbeiten, die dann nicht die Gefahr des Verbeulens der Dose besitzen, ist hervorragend ein kleiner Trennschleifer geeignet, den man in eine Minibohrmaschine mit einer Leistung von etwa 100 W einspannt. Die hohe Drehzahl der Maschine ermöglicht einen sauberen Schnitt. Die Scheibe des Trennschleifers ist etwa 1 mm breit und hat 2 cm Durchmesser. Hier empfiehlt es sich, die Bohrmaschine gut einzuspannen und die Dose mit der Hand gegenüber der rotierenden Scheibe zu bewegen. Dabei ist es besonders wichtig, eine Schutzbrille zu tragen.

2 Experimente zur Mechanik

Fahrzeug mit Gummiantrieb

Geräte und Materialien
1. Gebäckdose mit Deckel, 10 cm, 20 cm Durchmesser
2. Kunststoff- oder Metallrohr, 20 cm, 1,5 cm Durchmesser
3. Holzstab, 30 cm, 1 cm Durchmesser
4. Holzstab, 5 cm, 8 mm Durchmesser
5. Klebeband, 10 cm
6. zwei Paketgummis, groß

B1 Einfaches Fahrzeug mit Gummiantrieb

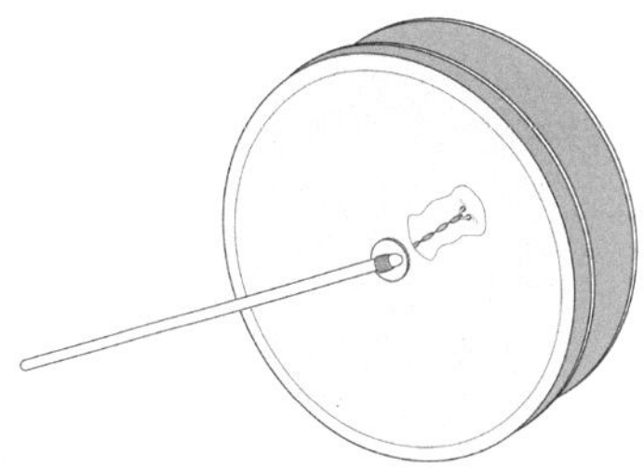

B2 Befestigung des Gummis im Fahrzeug

Vorbereitung Man bohrt in die Mitte des Bodens und den Deckel je ein Loch, in das das Kunststoff- bzw. Metallrohr straff hineinpasst. In das Rohr schiebt man das Paketgummi. Er sollte aus beiden Öffnungen des Rohres etwas herausragen. Durch eine Schlaufe des Gummis steckt man den kurzen Holzstab und befestigt ihn mit Klebeband. In entsprechender Weise wird durch die Schlaufe am gegenüberliegenden Ende des Rohres der lange Holzstab gesteckt. Ein Ende soll nur wenige Zentimeter aus der Schlaufe herausragen (→**B1**).
Das Gummi wird durch Drehen des langen Holzstabes ca. 250 Mal verdrillt (→**B2**).

Durchführung des Experiments Man stellt die Dose auf einen möglichst glatten Fußboden, so dass die Achse horizontal liegt und das Ende des langen Holzstabes den Boden berührt. Dann lässt man die Dose los (→**B2**). Sie rollt viele Dutzend Meter weit. Die Geschwindigkeit nimmt zunächst bis auf einen Höchstwert schnell zu, um dann allmählich geringer zu werden [3].

Ergebnis Bei Fahrzeugen mit Gummiantrieb wird die potenzielle Energie des verdrillten Gummis teilweise in kinetische Energie des Fahrzeugs umgewandelt. In einem Gummi kann durch Verdrillen ein beachtlicher Betrag potenzieller Energie gespeichert werden. Diese kann ein einfaches Fahrzeug auf einer ebenen, horizontalen Bahn viele Meter weit fortbewegen.

Hinweise
1. Das Fahrzeug kann dadurch verbessert werden, dass man das Rohr in seiner Mitte durchbohrt. Durch diese Bohrungen wird ein kleiner Nagel geschoben. Nachdem man im Rohr zwei Paketgummis auf den Nagel geschoben hat, befestigt man ihn im Rohr mit einem Tropfen Alleskleber.
Die beiden Gummis sollen auf den gegenüberliegenden Seiten des Rohres herausragen. Durch jeden wird ein langer Holzstab geschoben.
Durch Verdrillen beider Gummis gegenüber der Dose wird das Fahrzeug „aufgezogen“. Durch die zwei Stäbe wird ein größerer Vortrieb erreicht (→**B3**).
2. Durch Verwenden von mehr Gummiringen kann die Höchstgeschwindigkeit des Fahrzeugs wesentlich vergrößert werden.

Didaktisch-methodische Anregung Fahrzeuge mit Gummiantrieb sind sehr gut geeignet, um Wettbewerbe durchzuführen.

B3 Fahrzeug mit zwei langen Stäben und zwei verdrillten Gummiringen. Das Kunststoffrohr ist in seiner Mitte durchbohrt. In dieser Bohrung befindet sich ein kleiner Nagel, der ein Verdrillen der Gummiringe ermöglicht, weil er jeweils das innere Gummiende festhält.

Gleichförmige Bewegung auf der geneigten Ebene

B1 Eine z.T. mit Glyzerin gefüllte Dose rollt gleichförmig bergab.

Geräte und Materialien

1. zwei Getränkedosen, 0,33 l oder 0,5 l
2. Scheibe aus durchsichtigem Kunststoff, Durchmesser entsprechend der Dose
3. Holzbrett, mindestens 1 m, 30 cm breit
4. Glyzerin, 300 ml
5. Silikonkautschukpaste, 2 g

Vorbereitung Man wählt zwei Getränkedosen mit einer möglichst gleichförmigen Rundung des Zylindermantels. Die Trinköffnung der einen Dose wird auf ca. 15 mm Durchmesser vergrößert. Danach füllt man die Dose etwa zur Hälfte mit Glyzerin. Das Verschließen der Trinköffnung erfolgt durch symmetrisches Aufkleben der durchsichtigen Kunststoffscheibe mit Silikonkautschukpaste.
Diese ist nach 24 Stunden hinreichend ausgehärtet.

Durchführung des Experiments Das Brett legt man mit seinem einen Ende z. B. auf einem Stapel Bücher erhöht auf, so dass eine geneigte Ebene von etwa 10° Neigung entsteht. Man bringt die nicht präparierte Blechdose so ans obere Ende der Ebene, dass sie herunterrollen kann. Man lässt sie los und beobachtet ihre Bewegung. Enthält die Dose noch das Getränk, so tritt über die gesamte Wegstrecke eine beschleunigte Bewegung auf. Nachfolgend wiederholt man das Experiment mit der präparierten Dose. Bereits nach etwa 2 s bewegt sich die Dose gleichförmig. Die gleichmäßige Abbremsung der Dose erfolgt durch die große Viskosität des Glyzerins. Die Adhäsionskräfte zwischen Dosenwandung und Glyzerin sowie die innere Reibung führen zur Umwandlung der potenziellen Energie durch die Reibungsarbeit in thermische Energie (→**B1**). Die Geschwindigkeit lässt sich durch die Masse des Glyzerins in der Dose beeinflussen. Füllt man eine Getränkedose nur zu einem Drittel oder einem Viertel mit Glyzerin, so verringert sich die Geschwindigkeit um etwa ein Drittel bzw. ein Viertel.
Da die Viskosität des Glyzerins stark von der Temperatur abhängt, kann die Geschwindigkeit bei vorgegebener Dose auch durch Kühlen oder Erwärmen verändert werden. Auf diese Weise lässt sich die Geschwindigkeit um mehr als 50 % verringern bzw. vergrößern [3, 4, 5, 6].

Ergebnis Wenn eine Blechdose zur Hälfte mit einer viskosen Flüssigkeit gefüllt ist, dann rollt sie eine geneigte Ebene mit konstanter Geschwindigkeit hinab.

Didaktisch-methodische Anregungen

1. Der erste Einsatz des Experiments kann zur Überraschung der Schüler erfolgen. Man lässt zunächst eine unpräparierte und mit Getränk gefüllte Dose die Ebene hinab rollen. Die beschleunigte Bewegung ist sehr gut zu beobachten. Dann wiederholt man das Experiment mit der präparierten Dose. Nach einer anfänglich beschleunigten Bewegung rollt sie auf der gesamten Länge gleichförmig.
Will man zur Ursache der gleichförmigen Bewegung hinführen, so kann das erste Experiment mit einer leeren Getränkedose auf einer Länge von etwa 1 m ausgeführt werden. Die Beschleunigung ist gut zu erkennen. Später wiederholt man das Experiment auf ganzer Länge der Bahn. Dabei tritt die beschleunigte Bewegung nur in der Anfangsphase auf. Gegen Ende der Bahn ist der Luftwiderstand bereits so groß, dass er infolge der geringen Gewichtskraft der Dose die Bewegung stark behindert.
Die Betrachtungen können sich auch auf die Frage konzentrieren, wie man die Dose präparieren muss, um eine gleichmäßige Behinderung der Bewegung zu garantieren.
2. Zur weiteren Überraschung der Schüler kann auch eine präparierte Blechdose Einsatz finden, die sich auf einer geneigten Ebene von unten nach oben bewegt (siehe Experiment „Dose rollt bergauf" S. 15).
3. Die Weg-Zeit-Messung kann auch mittels einer Lichtschranke erfolgen.

Dose rollt bergauf

Geräte und Materialien
1. zwei Getränkedosen, 500 ml
2. zwei Krampen aus Draht, z. B. kleine Briefklammern
3. Metallzylinder, 2 cm, 2,5 cm Durchmesser (50 g) mit Haken
4. Paketgummi, groß
5. Alleskleber, 1 g

B1 Die Dose kann bergauf rollen.

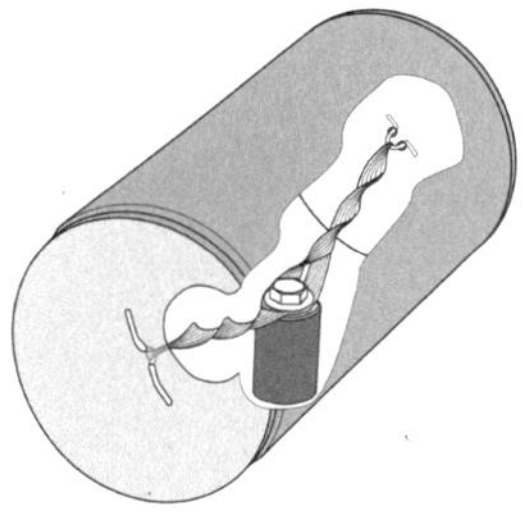

B2 In der Dose befindet sich ein Wägestück, das an einem verdrillten Gummi hängt.

Vorbereitung Von den Getränkedosen entfernt man den Deckel mit der Trinköffnung. Man befestigt die beiden Dosen dadurch, dass man beide mit den geöffneten Oberseiten ineinandersteckt. Das ist wegen der geringen Wandstärke der Dosen möglich. Es genügt, wenn die eine Öffnung wenige Millimeter in die andere hineinragt. Dabei ist darauf zu achten, dass die Symmetrieachsen beider Dosen übereinstimmen.

Die Böden beider Dosen werden in der Mitte durchbohrt. In diese Öffnungen bringt man die kleinen Krampen ein, deren Enden man nach der Montage aufbiegt und in dieser Lage mit etwas Alleskleber befestigt. Zwischen den Krampen beider Dosen wird das Paketgummi gespannt, so dass es in nicht verdrehtem Zustand kaum durchhängt. In die Mitte hängt man das 50-g-Massestück mit Haken in den einen Gummistrang ein und biegt den Haken des Massestücks zu (→**B1**).

Durchführung des Experiments Nach der Montage rollt man die Anordnung ca. 20-mal die geneigte Ebene hinab. Dadurch verdrillt sich das Gummi auf beiden Seiten des Wägestücks wiederholt und gelangt immer mehr in Spannung (→**B2**). Dabei wächst das Drehmoment. Schließlich ist es so groß, dass sich die Anordnung nach dem Loslassen bergauf bewegt. Es genügt ein ca. dreimaliges weiteres Hinabrollen, um ein ausreichendes Drehmoment zu erreichen. Nach dem Loslassen am unteren Ende bewegt sich die Anordnung mit zunehmend größer werdender Geschwindigkeit nach oben. Auf einer horizontalen Ebene bewegt sich die Walze anfangs gleichmäßig beschleunigt [3, 6].

Ergebnis Die in einem verdrillten Gummi gespeicherte potenzielle Energie reicht aus, um ein einfaches Fahrzeug eine geneigte Bahn hinaufzubewegen.

Hinweise
1. Soll das Fahrzeug auf einer horizontalen Ebene rollen, so bewegt es sich geradlinig gleichmäßig beschleunigt. Da die Dose längs des Weges, auf dem die Messung erfolgt, nur wenige Umdrehungen ausführt, nimmt die Beschleunigung nur so geringfügig ab, dass die auftretenden Abweichungen in der Anfangsphase der Bewegung zu vernachlässigen sind.
2. Rollt man jeweils die präparierte Dose um den gleichen Weg wieder zurück, so startet sie im Wiederholungsfalle mit der gleichen Beschleunigung. Eine Verringerung bzw. Vergrößerung der Beschleunigung ist durch mehr oder weniger starkes „Aufziehen“ möglich.
3. Die Leistung des Gummiantriebs lässt sich vergrößern, wenn man anstelle des Paketgummis einen dünnen Gummifaden benutzt, wie er im Flugmodellbau Verwendung findet. Die zweckmäßige Länge schätzt man ab und legt dann den einige Meter langen Gummifaden mehrfach zusammen, so dass er die gewünschte Länge und Dicke erreicht. Das eingebaute, aber noch nicht verdrillte Gummi soll nur unter wenig Spannung stehen.

Didaktisch-methodische Anregung Nach der Demonstration der gleichmäßig beschleunigten Bewegung beim Hinabrollen auf einer geneigten Ebene werden die Schüler über das Verhalten der Dose mit Glyzerinfüllung verwundert sein. Die die Ebene hinaufrollende Dose erhöht die Verblüffung der Schüler weiter, wie auch die im Experiment „Hin- und herrollende Blechdose“, S. 16 beschriebene Dose. Die Schüler können zum Nachdenken darüber angeregt werden, was sich im Innern der Dosen vollzieht.

Hin- und herrollende Blechdose

B1 Die Dose rollt auf dem Fußboden oder auf zwei Stäben hin und her.

Geräte und Materialien

1. Gebäckdose mit Deckel, 7 cm, 20 cm Durchmesser
2. Messingrohr, 30 cm, 8 mm Außendurchmesser, dünnwandig
3. zwei Gummistopfen, 2 cm Durchmesser, durchbohrt
4. PVC-Streifen, 30 cm × 2 cm × 0,2 cm
5. Schraubenfeder, 6 cm, 1,5 cm Durchmesser, 1 mm Drahtstärke
6. Maschinenschraube, 1 cm, M 4 mit Mutter
7. zwei Unterlegscheiben zur Maschinenschraube
8. Wägestück, 50 g, zylinderförmig
9. zwei Unterlegscheiben, Innendurchmesser 8 mm
10. Alleskleber, 2 g

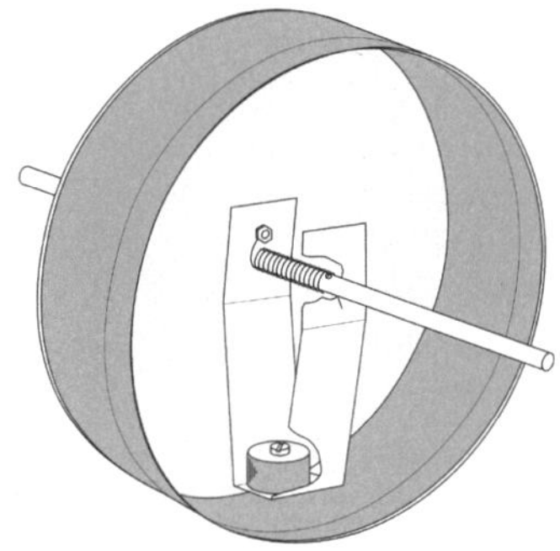

B2 In der Dose hängt ein Wägestück, durch dessen Gewichtskraft die Schraubenfeder verdrillt wird.

Vorbereitung Die Blechdose wird in der Mitte ihres Bodens mit einem Loch von 8 mm Durchmesser versehen. In diese Bohrung führt man das dünnwandige Messingrohr ein. Zur Befestigung des Rohres am Boden der Dose wird einer der Gummistopfen von unten her auf das Rohr aufgeschoben. Er soll straff auf das Rohr passen. Die Seite mit dem großen Durchmesser ist dem Boden der Dose zugewandt. Sie wird mit einem Alleskleber am Boden der Dose befestigt (→**B1**).

Der PVC-Streifen wird in die Form eines U gebracht. Die Basis soll dabei etwa 3 cm lang sein. Das kann dadurch erfolgen, dass man den Streifen durch Biegen elastisch verformt und dann seinen Mittelteil kurzzeitig in siedendes Wasser eintaucht und ihm dabei die gewünschte Form gibt. Nach dem Erkalten behält er diese Form bei. Das u-förmige Kunststoffstück wird in der Nähe der Schenkelenden mit 9-mm-Bohrungen versehen. Man schiebt es mit den Bohrungen auf das Rohr auf und bringt es ins Innere der Dose. Zuvor hat man die Schraubenfeder zwischen den Bohrungen in den Schenkeln angeordnet. An dem einen Ende ist die Feder fest mit dem Messingrohr verbunden. Das wird dadurch garantiert, dass das Rohr mit einer Querbohrung versehen wird, durch die das Ende der Feder hindurch geführt wird. Auf der anderen Seite ist das Ende der Feder mit dem Kunststoffstreifen in der Nähe des Schenkelendes verbunden. Die starre Befestigung erfolgt mit der kleinen Maschinenschraube mit Mutter. Zwei Unterlegscheiben sorgen dafür, dass der u-förmige Kunststoffstreifen am Boden der Dose nur einer kleinen Reibung unterliegt. Der gebogene Kunststoffstreifen ist mit dem Wägestück von 50 g belastet. Es wird im Bereich der Biegung des Streifens mit einer Schraube und Mutter befestigt. Das Wägestück soll sich wenige Millimeter vom Dosenmantel entfernt befinden. Nachfolgend wird die Dose mit dem Deckel verschlossen. Er ist ebenfalls zentral mit einer 8-mm-Bohrung versehen. Der zweite durchbohrte Gummistopfen, der dem auf der gegenüberliegenden Seite gleicht, drückt den Deckel auf die Dose. Zwischen dem Kunststoffstreifen und dem Deckel werden vorher zwei Unterlegscheiben eingebracht, um die Gleitreibung zu verringern (→**B2**).

Durchführung des Experiments Man rollt die Dose auf einem glatten, ebenen Fußboden einige Meter weit. Dann lässt man sie los.
Die Dose rollt zunächst mit großer Beschleunigung, dann weniger beschleunigt zur Ausgangslage zurück. Danach rollt sie zunächst verzögert weiter, bis sie zur Ruhe kommt. Nachfolgend bewegt sich die Dose zunehmend rückwärts, zuerst beschleunigt, dann wieder verzögert. Dabei werden die zurückgelegten Teilwege immer kleiner. Welche Ursache hat diese Hin- und Herbewegung?
Beim Rollen der Dose mit der Hand zu Beginn des Experiments befindet sich die Dose infolge ihrer Gewichtskraft in ihrer tiefsten Lage. Danach spannt sich die Feder mehr und mehr und hebt allmählich das Wägestück an. Es tritt eine rücktreibende Kraft auf, wobei immer ein Gleichgewicht zwischen der rücktreibenden Kraft und der Gewichtskraft des Wägestücks besteht. Die Dose wird so weit mit der Hand gerollt, bis sich das Massestück um fast 90° aus seiner Ruhelage gedreht hat.

Lässt man nun die Dose los, so bewirkt die Gewichtskraft des Wägestücks eine beschleunigte Bewegung in entgegengesetzter Richtung. Die Beschleunigung dauert so lange an, wie das Wägestück aus seiner Ruhelage ausgelenkt ist. Nachfolgend bewegt sich die Dose infolge ihrer Trägheit weiter. Jetzt spannt sich die Feder mit entgegengesetztem Drehsinn. Wenn die gesamte potenzielle Energie zunächst in kinetische umgewandelt und nachfolgend wieder in potenzielle zurück verwandelt worden ist, kommt die Dose zur Ruhe und bewegt sich nachfolgend wieder mit entgegengesetzter Rollrichtung weiter.
Ursache für die Hin- und Herbewegung der Dose ist die wiederholte Umwandlung von potenzieller Energie in kinetische Energie und umgekehrt [3, 6].

Ergebnis Die wechselseitige Umwandlung von potenzieller Energie in kinetische sowie von kinetischer in potenzielle ermöglicht die Erzeugung von Schwingungen.

Hinweise
1. Sollte keine ausreichend lange und ebene Fahrstrecke zur Verfügung stehen, so kann das Experiment auch mit kürzeren Wegen durchgeführt werden. Dazu befestigt man in geeigneter Höhe in einem Abstand von etwa 15 cm voneinander zwei horizontale Stativstäbe. Auf diese werden die Rohrenden aufgelegt. Das Experiment läuft dann in gleicher Weise ab. Da jedoch der Durchmesser des Messingrohres nur ungefähr ein 25stel des Durchmessers der Blechdose beträgt, reduziert sich der Anfangsweg von etwa 10 m auf 40 cm. Da infolge der ebenen Bahn eine geringere Reibungsarbeit verrichtet wird, bewegt sich die Dose bei dieser Anordnung mit geringerer Dämpfung und damit häufiger hin und her.
2. Die im Fahrzeug gespeicherte Energie ist umso größer, je größer der Durchmesser der Dose und die Länge des PVC-Streifens ist. Die gespeicherte Energie wächst weiterhin mit der Gewichtskraft des Wägestücks.
3. Siehe Hinweise 1 und 2 von Experiment „Dose rollt bergauf", S. 15!

Didaktisch-methodische Anregung An den Geräten, die im Rahmen der Experimente „Fahrzeug mit Gummiantrieb", „Dose rollt bergauf" und „Hin- und herrollende Blechdose" lassen sich verschiedene konstruktive Veränderungen anbringen. Ein mögliches Ziel kann darin bestehen, die Geräte schwimmtüchtig zu machen und ihre Bewegung im Wasser zu untersuchen und zu verbessern. Die Abdichtung gegenüber Wasser kann mit Silikonkautschukpaste erfolgen. Dann könnten die Schwimmtüchtigkeit und die Stabilität der Lage überprüft werden. Falls nötig, ist es zur Stabilisierung möglich, kleine Kunststoffflaschen oder Styroporquader zu verwenden. Bei den Fahrzeugen mit Gummiantrieb müssen solche Schwimmkörper auch an den unteren Enden der Holzstäbe angebracht werden. Man kann sie z. B. mit durchsichtigem Klebeband an den entsprechenden Teilen der Fahrzeuge befestigen. Weiterhin lässt sich die Wirksamkeit der „Schaufelräder" z. B. durch Aufkleben von kleinen „Stollen" verbessern.

Fallbeschleunigung

Geräte und Materialien
1. Konservendose, 1 l
2. Fotoschale, 50 cm × 40 cm
3. Bürette
4. Stativ mit Stativmuffe
5. Rohrklemme

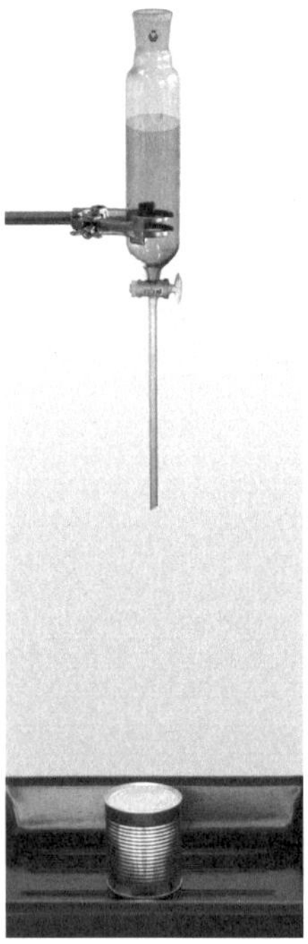
B1 Mit fallenden Wassertropfen kann man die Fallbeschleunigung bestimmen.

Vorbereitung Die Bürette wird mit der Rohrklemme vertikal an dem Stativ befestigt und so aufgestellt, dass der Hahn über die Tischkante hinausreicht. Man füllt die Bürette vollständig mit Wasser und öffnet den Hahn schwach, so dass das Wasser in Form einzelner Tropfen im Abstand von jeweils einigen Sekunden austritt. An die Auftreffstelle der Wassertropfen bringt man die Fotoschale. In die Mitte dieser Schale stellt man die Konservendose mit der Öffnung nach unten. Die Wassertropfen sollen auf die Mitte des Bodens auftreffen und dadurch gut hörbar werden (→**B1**).

Durchführung des Experiments Der Abstand zwischen der Austrittsöffnung des Wassers und der Auftreffstelle der Tropfen wird genau gemessen. Er soll etwa 80 cm betragen. Man vergrößert die Frequenz der Tropfenaustritte so weit, dass sich der nachfolgende Tropfen von der Bürette genau dann löst, wenn der vorangehende auf die Blechdose auftrifft. Das Auftreffen der Tropfen ist gut zu hören, so dass man sich beim Einstellen sehr gut auf das Ablösen der Tropfen von der Bürette konzentrieren kann. Nun wird die Zeit, in der 10 Tropfen auf die Blechdose auftreffen, gemessen. Dividiert man sie durch 10, so erhält man die Fallzeit eines einzelnen Tropfens. Aus der Fallzeit und der Fallhöhe ergibt sich die Fallbeschleunigung $g = \frac{2s}{t^2}$.

Ergebnis Fallende Wassertropfen ermöglichen die Ermittlung der Fallbeschleunigung. Um die Fallzeit eines Tropfens genau zu bestimmen, wird die unmittelbar aufeinanderfolgende Fallzeit für 10 Tropfen bei einer Fallhöhe von etwas weniger als 1 m gemessen, die sich gut ermitteln lässt. Dadurch ist kein Kurzzeitmesser erforderlich.

Hinweise
1. Bei einer Höhe von 80 cm erhält man für 10 fallende Tropfen eine Gesamtzeit von etwas weniger als 4,0 s. Daraus folgt für die Fallbeschleunigung g von fast $10\,\frac{m}{s^2}$.
2. Genaue Messergebnisse erfordern ein sorgfältiges Abstimmen der Gleichzeitigkeit von Lösen der Tropfen und den Geräuschen beim Aufprall. Die Anzahl der gemessenen fallenden Tropfen kann weiter erhöht werden. Eine Vergrößerung der Fallstrecke sollte man nicht anstreben, weil der Luftwiderstand der kleinen Wassertropfen mit ansteigender Geschwindigkeit immer größer wird und das Ergebnis verfälscht.

Rammbär

Geräte und Materialien
1. Konservendose
2. Tonnenfuß
3. Holzstab, 20 cm × 2 cm × 2 cm
4. Stativ, 75 cm, mit zwei Stativmuffen
5. zwei Ringe mit Haken
6. Stativstab, 25 cm
7. Stativstab, 50 cm
8. Faden, 100 cm, dick, mit Schlaufe
9. Sand, 1 l

Vorbereitung Der Sand wird in die Blechdose ohne Deckel gefüllt. Der Holzstab wird vertikal in die Mitte der Dose gebracht, so dass er einige Zentimeter tief im Sand steckt. Am oberen Ende des Stativs wird der kurze Stativstab horizontal mit der einen Stativmuffe befestigt und an diesem mit der zweiten Muffe der 50-cm-Stab so, dass sein unteres Ende bis dicht über die Blechdose reicht. Das Stativ wird so aufgestellt, dass sich der vertikal nach unten verlaufende Stab neben dem Holzstab befindet (→**B1**). Zuvor wird der Tonnenfuß auf den Stab von unten her aufgeschoben. An dem Tonnenfuß wird das eine Ende des Fadens befestigt. Das andere Ende versieht man mit einer Schlaufe. Es wird zunächst nach oben geführt, verläuft dann über den Haken wieder nach unten.

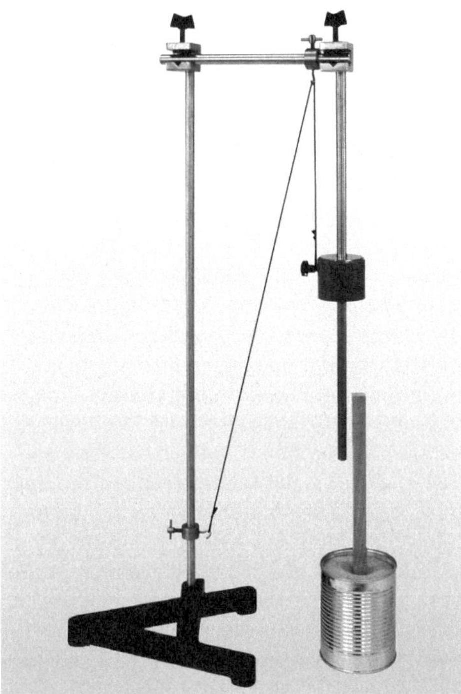

B1 Der Tonnenfuß dient als Rammbär, der den Pfahl in den Boden treibt.

Durchführung des Experiments Der Tonnenfuß wird mit dem Faden, der über den Haken verläuft, langsam nach oben gezogen. Dann lässt man den Faden los. Der Tonnenfuß rammt den Holzstab einige Zentimeter tiefer in den Sand ein. Das Hochziehen und Fallenlassen wird mehrere Male wiederholt.

Ergebnis Beim Hochziehen nimmt die potenzielle Energie des Rammbären zu. Beim Fallen wandelt sich die potenzielle Energie in kinetische Energie um. Prallt der Bär auf den Stab auf, so kann er Arbeit verrichten. Er verformt in der Regel den Sand in der Nähe des unteren Endes des Holzstabes.

Hinweise
1. Der Rammbär nützt den Kraftstoß aus, der beim Aufprall eines fallenden Körpers infolge seiner Masse und seiner Geschwindigkeit z. B. auf einen Pfahl wirkt. Kurzzeitig tritt dabei eine sehr große Kraft auf und rammt den Pfahl in die Erde. Nach dem gleichen Prinzip schlägt der Hammer Nägel in eine Wand ein, spaltet die Axt Holz und verdichtet der Rüttler den Baugrund. Je kürzer die Zeit ist, in der der aufprallende Körper den Pfahl berührt, umso größer ist die dabei kurzzeitig wirkende Kraft.
2. Bei Autounfällen können ähnliche Bedingungen auftreten. Prallt ein fahrender Pkw auf ein Hindernis, so kann auch bei kleinen Geschwindigkeiten ein kurzzeitiger (harter) Aufprall erfolgen, der einen großen Schaden an beiden Objekten verursacht. Wenn dagegen das Hindernis von Strohballen umgeben ist und das Auto eine große Crashzone hat, dann kann der Personenschaden gering sein, weil das Aufprallen in einer größeren Zeit wirksam wird und dadurch längere Zeit geringere Kräfte wirksam waren.

Unfolgsame Walze

Geräte und Materialien

1. Spraydose, 25 cm, 6 cm Durchmesser
2. Gewindestab, 50 cm, 6 mm Durchmesser
3. zwei Kupferrohre, 12 cm, 18 mm Durchmesser
4. Papphülse, 12 cm, in das Kupferrohr und in die Dose passend
5. zwei Muttern M 6
6. zwei Unterlegscheiben, 25 mm Durchmesser
7. Faden, 120 cm, dünn und stabil
8. Faden, 240 cm, dünn und stabil, farbig
9. Stativ, 150 cm, mit Stativmuffe, stabil
10. Stativstab, 50 cm
11. zwei Ringe mit Haken

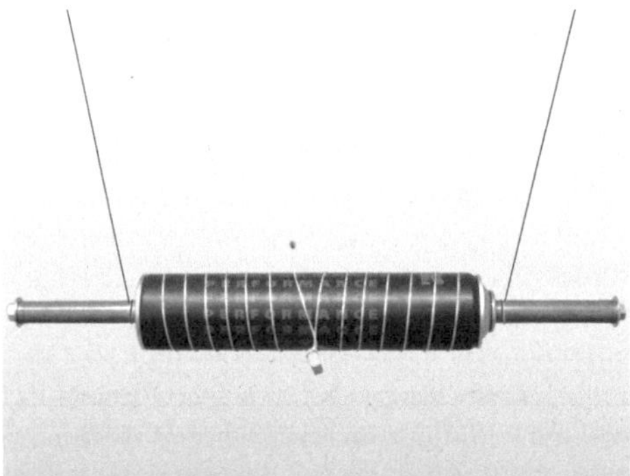

B1 Zieht man an dem inneren Faden nach unten, so bewegt sich die Walze nach oben.

Vorbereitung Deckel und Boden der Spraydose werden symmetrisch mit je einer Bohrung von 6 mm Durchmesser versehen. In diese führt man einen Gewindestab vom gleichen Durchmesser und 50 cm Länge ein, so dass er zu beiden Seiten der Dose gleich weit aus ihr herausragt. Auf beide Seiten des Stabes schiebt man über die Papphülse je ein Kupferrohr. Auf die Enden des Gewindestabes wird eine Unterlegscheibe aufgesteckt. Das Befestigen aller Teile erfolgt durch Aufschrauben von je einer M-6-Mutter auf beide Seiten der Anordnung. Die Kupferrohre werden vor dem Zusammenstecken der Walze etwa 1 cm von ihrem inneren Ende entfernt mit je einer 3-mm-Bohrung versehen. An jeder Bohrung befestigt man ein Ende des kürzeren Fadens. In entsprechender Weise wird der zweite Faden an der Blechdose befestigt. Das erfolgt in geringem Abstand von der Befestigungsstelle des ersten Fadens. Hier wird der Faden jedoch auf der Mantelfläche der Dose angebracht. Dazu werden je zwei dünne Bohrungen im Abstand von wenigen Millimetern an zwei gegenüberliegenden Stellen in den Dosenmantel gebohrt. Jedes Ende wird mit einem Doppelloch verknotet.
Die Walze wird an dem hohen, stabilen, galgenförmigen Stativ aufgehängt. Das erfolgt mit dem ersten Faden am oberen horizontalen Stativstab. Die Schlaufe wird in zwei Haken eingehängt, die einen Abstand von etwa 45 cm besitzen sollen. Damit dieser Faden auf beiden Kupferrohren je ein Stück aufgewickelt ist, rollt man die Dosen bis zum oberen Anschlag an den horizontalen Stativstab hinauf. Dabei wird der erstgenannte Faden fast vollständig aufgewickelt. Nun steckt man das Ende des zweiten, farbigen Fadens so oft zwischen Rolle und Stativstab hindurch, dass im Falle des oberen Verharrens kein Faden auf dem oberen Zylindermantel aufgewickelt ist. Lässt man jedoch die Dose langsam nach unten rollen, so wickelt sich der erstgenannte Faden von den Rohrstücken ab und der farbige auf die Dose auf (→**B1**).

Durchführung des Experiments Man zieht langsam an der Mitte der Schlaufe des farbigen Fadens. Er rollt sich ab. Dabei wickelt sich der erstgenannte Faden auf die Kupferrohrstücke der Dose auf. Zur Überraschung bewegt diese sich nach oben [3, 6].

Ergebnis Wirken zwei unterschiedlich große Drehmomente gegeneinander, so bewirkt das größere die resultierende Drehbewegung.

Hinweis Die Kräfteverhältnisse bzw. die Zusammenhänge zwischen den Drehmomenten der Blechdose entsprechen denen beim Wellrad. Das erkennt man, wenn man die Anordnung in axialer Blickrichtung skizziert. Infolge des größeren Durchmessers der Blechdose ist bei gleicher Kraft das Drehmoment etwa dreimal so groß wie das Drehmoment an den Kupferrohren mit einem Durchmesser von 5 mm. Infolge des größeren Drehmoments, das gegenüber den Kupferrohren auf die Dose ausgeübt wird, rollt die Anordnung nach oben, obwohl die Kraft nach unten gerichtet ist. Es ist dabei deutlich zu erkennen, dass der Weg, den der Faden zurücklegen muss, wesentlich größer ist, als der Weg, den sich die Anordnung nach oben bewegt.

Dosen unterschiedlichen Trägheitsmoments

B1 Obwohl die Dosen gleiche Masse haben, rollen sie nicht gleich schnell bergab.

Geräte und Materialien
1. zwei gleiche Konservendosen, 0,33 l
2. Styropor, 30 cm × 30 cm × 4 cm
3. sechs Bleistäbe, 10 cm, 1,5 cm Durchmesser
4. Brett, 1,5 m × 30 cm × 2 cm
5. Tafelwaage
6. Styroporklebstoff, 20 ml

Vorbereitung Von den Dosen wird der Deckel vorsichtig entfernt. Durch Übereinanderkleben der Styroporplatten entsteht ein Styroporblock, aus dem die beiden Zylinder geschnitten werden, von denen jeder genau in den Innenraum der Dose passt. Zur Vergrößerung der Masse der Dosen dienen sechs Bleistäbe von 1 cm bis 2 cm Durchmesser und 10 cm Länge.
In den einen Schaumstoffzylinder bringt man zentral eine so große Bohrung ein, dass drei Bleistäbe straff hineinpassen. Der zweite Schaumstoffzylinder erhält in gleichen Abständen auf der Peripherie drei Vertiefungen, in die je ein Bleistab hineinpasst (→**B1**).
Die Dosenseite, in die der Schaumstoffzylinder mit Bleistäben eingeführt wird, bleibt offen. Das Brett wird an seinem einen Ende erhöht gelagert, so dass eine breite geneigte Ebene entsteht.

Durchführung des Experiments Zunächst legt man die Dosen auf die beiden Tafeln der Waage. Es tritt Gleichgewicht auf. Die beiden Dosen haben die gleiche Masse. Danach ordnet man die Dosen so am oberen Ende der geneigten Ebene an, dass ihre geschlossene Seite den Beobachtern zugewandt ist. In der Startposition sollen die Symmetrieachsen beider Dosen auf einer Linie liegen. Dann lässt man beide Dosen gleichzeitig los.
Sofort nach dem gemeinsamen Start fällt auf, dass die Dose mit den außen liegenden Bleistäben wesentlich langsamer an Geschwindigkeit gewinnt. Da die Massen beider Dosen gleich sind, kann diese Erscheinung nur auf die unterschiedliche Verteilung der Masse in der Dose zurückzuführen sein. Die Hangabtriebskraft bewirkt, dass die potenzielle Energie der Dosen in kinetische Energie umgewandelt wird. Diese kinetische Energie tritt in Form der Translation und der Rotation auf, die sich addieren. Bei gleicher Geschwindigkeit ist die kinetische Energie der Translation für beide Dosen gleich groß. Da sich in der einen Dose die Bleistäbe außen befinden, ist bei gleicher Bahngeschwindigkeit die kinetische Energie der Rotation infolge des größeren Trägheitsmoments wesentlich größer. Deshalb benötigt diese Dose mehr Zeit, um die gleiche Geschwindigkeit wie die andere zu erreichen [3, 4].

Ergebnis Gleich große Körper mit gleicher Masse können sich unterschiedlich verhalten, wenn sie in Drehbewegung versetzt werden. Je größer der Abstand der Masse von der Drehachse ist, umso größer ist das Trägheitsmoment des Körpers. Seine Kreisbeschleunigung ist dann kleiner.

Hinweis Einen noch größeren Unterschied zwischen den Geschwindigkeiten der rollenden Dosen kann man erreichen, wenn man anstelle der Konservendosen Gebäckdosen mit großen Radien verwendet. Es sind auch Eisenstäbe, z. B. kurze Stativstäbe, geeignet.

Maxwell'sches Rad

Geräte und Materialien
1. Gebäckdose, 7 cm, 20 cm Durchmesser
2. Messingrohr, 30 cm, 8 mm Außendurchmesser
3. Faden, 200 cm, glatt und wenig dehnbar
4. zwei Stative, 100 cm mit je einer Stativklemme
5. Stativstab, 75 cm, mit zwei Ringen mit Haken
6. zwei Gummistopfen, durchbohrt
7. Meterstab mit Fuß und zwei Schiebezeigern

B1 Was macht die Dose, wenn der Faden abgerollt ist?

Vorbereitung Die Gebäckdose und ihr Deckel werden zentrisch durchbohrt. Das Messingrohr dient als Welle. Es wird in etwa 3 cm Abstand von den beiden Enden mit je einer durchgängigen Bohrung von 2 mm Durchmesser versehen. Die notwendige stabile Befestigung der Messingwelle in der Blechdose erfolgt durch das Aufschieben der durchbohrten Stopfen auf beiden Seiten der Welle. Die beiden Enden des Fadens werden durch je ein Loch in dem Messingrohr geführt und sauber verknotet. Zur Aufhängung des Maxwell'schen Rades dient das stabile Rahmenstativ, an dem im horizontalen Teil symmetrisch zwei Ringe mit Haken in einem gegenseitigen Abstand von 20 cm angebracht sind. Die Fadenschlaufen werden in die Haken eingehängt, wobei jeder Haken noch einmal mit dem Faden umwickelt wird, um eine feste Halterung zu garantieren. Dann richtet man die Welle des Rades durch leichtes Verschieben des Fadens parallel zum oberen Stativteil horizontal aus (→**B1**).

Durchführung des Experiments Man hält mit beiden Händen die Enden der Welle fest und wickelt durch Drehen den Faden auf die Welle auf. Während des Vorganges soll sich die horizontale Ausrichtung der Welle nicht ändern, so dass sich der Faden an ihrem rechten und linken Teil symmetrisch in Form einer Schraubenlinie aufwickelt, deren Ganghöhe sich etwas verringert.
Um die jeweilige Steighöhe des Maxwell'schen Rades zu ermitteln, wird hinter der experimentellen Anordnung vertikal der Meterstab aufgestellt. Die Ausgangshöhe wird mit einem Schiebezeiger markiert. Dann lässt man das Rad los, wobei man jedes Anstoßen vermeiden sollte. Beim Hinabrollen nimmt die Drehzahl des Rades stark zu. Sie erreicht im tiefsten Punkt ihr Maximum. Zu diesem Zeitpunkt ist die gesamte potenzielle Energie in kinetische Energie umgewandelt. Infolge des Trägheitsmomentes rotiert das Rad weiter. Das bewirkt ein erneutes Aufwickeln des Fadens. Am höchsten Punkt der Bahn ist die gesamte kinetische Rotationsenergie weitestgehend wieder in potenzielle Energie zurückverwandelt. Die höchste Lage des Rades wird wieder am Meterstab markiert. Nun beginnt der Prozess von neuem. Er lässt sich etwa 20-mal verfolgen. Der Quotient aus der zweiten und der ersten Steighöhe ist der Wirkungsgrad, bei der die Energieumwandlung bei einer Abwärts- und anschließenden Aufwärtsbewegung erfolgt. Er liegt bei etwa 90 %. Ein Verringern der mechanischen Energie tritt während des gesamten Bewegungsablaufes infolge der Luftreibung insbesondere im Bereich des Mantels der Dose wegen der großen Geschwindigkeit auf. Weiterhin wird er dadurch bedingt, dass das Rad während der Abwärtsbewegung außer der Rotationsenergie auch Translationsenergie erwirbt. Diese Energie bewirkt in der Nähe des unteren Umkehrpunktes in erster Linie eine kurzzeitige unelastische Dehnung des Aufhängefadens [6].

Ergebnis Bei der Bewegung eines Maxwell'schen Rades wandelt sich die potenzielle Energie der Lage durch Abrollen des Fadens in kinetische Energie der Rotation und nachfolgend wieder in potenzielle Energie um. Das Rad erreicht fast wieder die gleiche Höhe.

Jo-Jo

B1 Aus zwei Cremeschachteln lässt sich leicht ein Jo-Jo herstellen.

Geräte und Materialien
1. zwei Cremedosen, 2 cm, 9 cm Durchmesser
2. Messingrohr, 5 cm, 8 mm Außendurchmesser
3. Rohrstück, 3 mm, 8 mm Innendurchmesser
4. Faden 1,5 m, 2 mm Durchmesser
5. zwei Holzstäbe, 5 cm, 8 mm Durchmesser
6. Gips, 500 g

Vorbereitung Aus den beiden Cremedosen wird eine Rolle hergestellt. Das lange Messingrohr dient als Welle. Dazu werden Dosen und Deckel in ihrem Mittelpunkt mit einer Bohrung von 8 mm versehen. Als Welle dient das lange Messingrohr. Beide Rohre werden gemäß Foto (→**B1**) in ihrer Mitte mit einer Bohrung von knapp 2 mm Durchmesser versehen, wobei die Bohrungen jeweils durch eine Rohrwandung verlaufen. Auf das lange Rohr wird das kurze als Distanzstück geschoben. An dem einen Ende des Fadens macht man einen großen Knoten. Der Faden wird von innen her durch die durchbohrten Rohrwandungen geführt, so dass der Knoten im Inneren des Rohres verbleibt. In beide Dosen sowie in die Deckel gießt man auf einer horizontalen Unterlage frisch angerührten dicken Gipsbrei. Dabei werden die Holzstäbe in die Bohrungen gesteckt, damit der Gips nicht herauslaufen kann. Wenn er fest zu werden beginnt, zieht man die Stäbe heraus und verschließt beide Dosen. Dann bringt man von beiden Seiten die Dosen auf die Welle, so dass ihre Böden einander zugekehrt sind, und schiebt sie bis an das Distanzstück heran.
Nach kräftigem Andrücken von beiden Seiten werden jeweils zum Abschluss 5 mm lange Rohrstücke von 8 mm Innendurchmesser aufgeschoben. Durch einen leichten Schlag mit dem Körner werden die Rohre an den Enden etwas aufgeweitet, um damit einen straffen Sitz aller Teile zu garantieren. Das andere Ende des Fadens versieht man mit einer Schlaufe.

Durchführung des Experiments Der Faden wird auf das Distanzstück aufgewickelt. Dann hält man ihn mit der Schlaufe fest und lässt die Rolle los. Infolge ihrer Gewichtskraft rollt sich der Faden vom Jo-Jo ab. Unmittelbar bevor es die tiefste Lage erreicht hat, zieht man den Faden ruckartig nach oben. Dadurch vollzieht sich einerseits ein schnelleres Abwickeln des Restes vom Faden, andererseits wird das erneute Aufwickeln dadurch erleichtert, dass sich das Jo-Jo kurzzeitig nach oben bewegt und keine oder nur eine geringe Gewichtskraft besitzt. Dadurch steigt es – trotz der Reibungsverluste – wieder bis oben auf. Nachfolgend wiederholt sich der gleiche Vorgang.

Ergebnis Bei einem Jo-Jo werden wechselseitig kinetische und potentielle Energie ineinander umgewandelt.

Hinweise
1. Falls sich vor dem Schließen der Dosen noch Hohlräume im Gips befinden, wird noch etwas Gipsbrei nachgegossen. Sollte der Deckel zu weit gefüllt sein, kann man mit Hilfe eines Messers den überschüssigen Gips herausschneiden und nachfolgend etwas Gipsbrei nachfüllen.
2. Für das optimale Funktionieren des Jo-Jos sind einerseits ein großes Trägheitsmoment, andererseits ein Aufwickeln des Fadens in Schwerpunktnähe wichtig.
3. Mit dem Jo-Jo und dem Maxwell'schen Rad kann man sehr gut die Umwandlung von potenzieller Energie in Energie der Rotation sowie den umgekehrten Vorgang zeigen. Weiterhin erkennt man, dass die Achse während der schnellen Rotation ihre Lage im Raum nicht ändert.

Stehaufmännchen

Geräte und Materialien

1. zwei Getränkedosen, 0,5 l, aus Eisen, mit stark gewölbtem Boden
2. Blei, 250 g
3. Alleskleber, 5 g
4. Sandbad, 15 cm × 15 cm
5. Schmelzlöffel
6. Propangasbrenner

B1 Warum steht die Dose immer wieder auf?

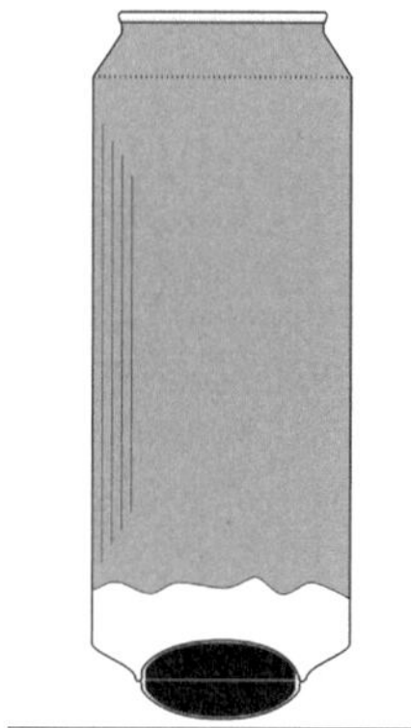

B2 Schnitt durch die Dose

Vorbereitung Von beiden Getränkedosen wird der Boden, der stark nach außen gewölbt ist, entfernt. Man lagert einen Boden sicher in dem kleinen Sandbad und schmilzt in dem Schmelzlöffel über der Propangasflamme das Blei.

Das flüssige Blei gießt man in den Boden der Blechdose. Nach dem Erkalten wird die Oberfläche des Bleikörpers geglättet. Auf diese Weise wird noch ein weiterer Bleikörper hergestellt. Man klebt beide mit der Wölbung nach außen aneinander. Dann klebt man sie anstelle des Bodens in die zweite Blechdose hinein (→**B1**).

Durchführung des Experiments Man stellt die präparierte Dose auf eine ebene, aber nicht zu glatte Unterlage wie z. B. gehobeltes Holz. Sie wird auf die Seite gelegt und dann losgelassen. Sie richtet sich auf und führt nachfolgend eine gedämpfte Schwingung aus. Ursache dafür ist der sehr tief liegende Schwerpunkt der Anordnung.

Ergebnis Wenn die Bewegung nicht behindert wird, dann bewegt sich ein drehbar gelagerter Körper so weit, bis sein Schwerpunkt gegenüber der Horizontalen die tiefste Lage erreicht hat.

Hinweis Ein Stehaufpüppchen kann man leicht aus einer Gebäckdose und einer Dose gleicher Höhe, aber geringeren Durchmessers herstellen. Die beiden Dosen werden so an ihren Zylindermänteln miteinander verklebt, dass ihre Symmetrieachsen parallel zueinander verlaufen (→**B3**). Als schwerer Gegenstand, der das Püppchen immer wieder aufstehen lässt, kann ein kleiner Metallkörper oder ein Feldstein mit einer Masse von einigen 100 g an der tiefsten Stelle des stehenden Püppchens in die große Dose eingeklebt werden. Die Dosen kann man ansprechend bemalen.

B3

Kräftefreier Kreisel

Geräte und Materialien
1. Spraydose, 0,1 l, schlank
2. Cremedose, 9 cm Durchmesser
3. Gebäckdose, 6 cm, 20 cm Durchmesser
4. Magnetgummistreifen, 1 m
5. Unterlegscheibe, groß, 6 mm Innendurchmesser
6. Gewindestab, 10 cm, M 6
7. fünf Muttern M 6
8. Messingrohr, 3 cm, 6 mm Innendurchmesser
9. Zweikomponentenkleber, 5 g

B1 Der Auflagepunkt dieses Kreisels liegt im Innern der Dose.

Vorbereitung Als Auflage für den kräftefreien Kreisel dient die schlanke Spraydose. Ihr Boden soll stark nach innen gewölbt sein. Sie wird so auf die große Cremeschachtel aufgeklebt, dass ihr Boden nach oben zeigt. Zuvor wurde von der Cremedose der Deckel entfernt. Als Kreisel dient die große Gebäckdose, deren Deckel entfernt ist. Infolge ihrer Form weist die Dose ein großes Trägheitsmoment auf. Um dieses Trägheitsmoment noch zu vergrößern, bringt man an dem inneren oberen Rand den Magnetgummistreifen von der Türdichtung eines nicht mehr brauchbaren Kühlschranks an. Wegen der magnetischen Anziehungskräfte haftet er von selbst an der Eisenwand der Dose. Seine Länge wird so bemessen, dass ein geschlossener Ring entsteht. In die Mitte des Dosenbodens bringt man eine Bohrung von 6 mm Durchmesser ein. Dort klebt man mit dem Zweikomponentenkleber die große Unterlegscheibe auf. In die Bohrungen steckt man den etwa 10 cm langen Gewindestab. Sein eines Ende, das in die Dose hineinragt, wird zu einer Spitze gefeilt (→**B1**). Im Inneren wird der Gewindestab mit einer Mutter befestigt. Außerhalb der Dose schiebt man auf den Gewindestab das etwa 3 cm lange Messingrohr und befestigt es mit einer Mutter. Das Stück Gewindestab, das in die Dose hineinragt, wird so lang gewählt, dass die Dose nach Aufsetzen der Spitze auf den Boden der Spraydose in jeder Lage im Gleichgewicht ist. Dieser Zustand wird durch wiederholtes Lösen und Festschrauben der Muttern sorgfältig eingestellt. Wenn der Schwerpunkt der Anordnung zu hoch liegt, so neigt sich die Achse. Liegt dagegen der Schwerpunkt zu niedrig, so nimmt die Kreiselachse die stabile vertikale Lage ein, in die sich der Kreisel nach kurzzeitigem Ausüben einer seitlichen Kraft immer wieder zurückbewegt.

B2 Stimmen Schwerpunkt und Auflagepunkt der Dose überein, so ist die Dose in jeder Lage im Gleichgewicht.

Durchführung des Experiments Der Kreisel wird von Hand in eine schnelle Drehbewegung versetzt, z. B. durch zügiges Gegeneinanderbewegen beider Hände. Dabei sollte die Achse des Kreisels vertikal stehen. Nachfolgend übt man kurzzeitig eine kleine Kraft auf die Kreiselachse aus, so dass sie in eine andere Lage im Raum versetzt wird. Diese Lage behält der Kreisel so lange bei, wie er rotiert. Der Kreisel wird erneut in Drehbewegung versetzt. Man übt kurzzeitig mehrmals nacheinander eine seitliche Kraft auf die Kreiselachse aus. Jedes Mal weicht der Kreisel der Kraft in einem Winkel von 90° aus. Durch etwas längeres Einwirken der Kraft gelangt die Rotationsachse in eine Schräglage. Diese Schräglage bleibt bei jedem eingestellten Winkel erhalten (→**B2**).

Wird auf den Gewindestab eine weitere M-6-Mutter an dessen oberen Ende befestigt, so wird der kräftefreie Kreisel zu einem Kreisel, auf den ständig eine geringe Kraft wirkt. Das führt dazu, dass die Kreiselachse nicht mehr stabil im Raum verbleibt. Sie beginnt, langsam um die Vertikale zu rotieren.

Die seitlich auf die Drehachse wirkende Kraft wird dadurch vergrößert, dass nachfolgend zwei weitere Muttern am oberen Ende der Kreiselachse befestigt werden. Je größer diese Kraft ist, umso mehr neigt sich die Achse und umso schneller kreist diese Achse um die Lage der Ausgangsachse.

Ergebnis Ein rotierender kräftefreier Kreisel behält die Rotationsachse in jeder Lage bei. Wirkt auf einen Kreisel senkrecht zur Rotationsachse eine Kraft, so weicht er senkrecht zu beiden Kräften aus. Dauert diese Kraft an, so rotiert der Kreisel um die ursprüngliche Achse.

Hinweise

1. Das genaue Ausbalancieren kann dadurch erfolgen, dass man zunächst den Schwerpunkt des Kreisels zu tief legt und dann eine weitere M-6-Mutter von der Außenseite der Dose her auf den Gewindestab schraubt. Man wählt ihre Höhe so, dass die indifferente Gleichgewichtslage vorliegt.

2. Die große, flache Blechdose hat den Vorzug, dass infolge des großen Durchmessers und der Tatsache, dass sich ein großer Teil des Bleches in einem großen Abstand von der Drehachse befindet, das Trägheitsmoment der Anordnung groß ist.

3. Ein kräftefreier Kreisel ist der Hauptbestandteil eines Kreiselkompasses. Bei allen Bewegungen des Flugzeuges oder Schiffes, in das er eingebaut ist, bleibt die Lage der Kreiselachse unverändert.

4. Die in einem rotierenden Kreisel gespeicherte kinetische Energie wird in der Schweiz für den Antrieb einiger Busse genutzt. An Haltestellen wird die Drehzahl des Kreisels mit Hilfe von Elektrizität wieder vergrößert.

5. Auch die rotierenden Kreisel in den Bussen haben eine stabile Drehachse. Man muss sie deshalb so anordnen, dass sich beim Fahren ihre Lage möglichst wenig ändert. Das trifft dann zu, wenn die Kreiselachse vertikal nach oben verläuft. Dann tritt bei der Fahrt durch Kurven keine Lageänderung dieser Achse auf. Gewisse Änderungen der Lage sind jedoch unumgänglich, z. B. zu Beginn der Steigung einer Straße. Sie können am Einfachsten durch eine nicht zu starre Befestigung des Kreisels berücksichtigt werden.

Brummkreisel

B1 Ein Brummkreisel saugt in der Nähe seiner Achse Luft an und lässt sie zwischen schwingenden Zungen wieder austreten. Dadurch brummt der Kreisel.

Geräte und Materialien

1. Gebäckdose, 8 cm, 25 cm Durchmesser
2. Holzstab, 40 cm, 1 cm Durchmesser
3. Stahlkugel, 5 mm Durchmesser
4. Teller aus Glas oder Porzellan, 20 cm Durchmesser
5. zwei Metallzungen mit Halterung und Blende, von einer alten Mundharmonika
6. Schraubverschlussdeckel einer Kunststoffflasche
7. Alleskleber, 1 g

Vorbereitung Die Blechdose und ihr Deckel werden mit einem Loch von 1 cm Durchmesser versehen. Durch diese Löcher wird der Holzstab eingeführt, so dass er aus ihrem unteren Teil nur 5 cm herausragt. Im Bereich des letzten Zentimeters wird der Stab durch Abschleifen im Durchmesser etwas verringert. Am unteren Ende bringt man axial eine flache Bohrung von 5 mm ein, in die die Stahlkugel eingeklebt wird. Auf diese Weise wird die Reibung beträchtlich verringert, wenn der Kreisel auf einer glatten, festen Unterlage wie Glas oder Porzellan rotiert. In den Deckel der Dose werden in der Nähe der Achse Löcher von etwa 1 cm Durchmesser gebohrt. Der Dosenmantel wird an zwei gegenüberliegenden Stellen mit je einer Bohrung von 1 cm Durchmesser versehen. Über diese beiden Öffnungen klebt man je eine schwingungsfähige Metallzunge (→**B1**). Bei der Rotation des Kreisels soll infolge der auf die Luft im Inneren wirkenden Fliehkraft durch die vier Bohrungen in der Nähe der Kreiselachse Luft angesaugt werden, die aus den beiden Bohrungen im Zylindermantel wieder austritt. Um den Sog zu erhöhen, wird über letztere Bohrungen je ein halber Schraubverschlussdeckel einer großen Kunststoffflasche aufgeklebt, so dass seine Öffnung in die entgegengesetzte Richtung zur Bewegung des Dosenmantels zeigt.

Durchführung des Experiments Um den Kreisel in Rotation zu versetzen, wird der obere Teil des Stabes zwischen beide flachen Hände genommen, wobei der Kreiselstab vertikal auf der Unterlage steht. Dann werden beide Hände unter kräftigem Druck auf den Stab möglichst schnell in horizontalen Richtungen gegeneinander bewegt. Man fasst schnell nach und wiederholt diesen Vorgang, bis der Kreisel eine ausreichende Drehzahl besitzt, wodurch die Lage seiner Achse stabilisiert wird. Bei größerer Drehzahl erreicht man, dass die Zungen infolge der vorbeiströmenden Luft in Schwingung versetzt werden und ein Gemisch von Tönen aussenden.
Die Kreiselachse verändert ihre vertikale Lage zunächst nicht. Nachfolgend neigt sie sich mehr und mehr. Dabei umkreist sie die ursprüngliche vertikale Achse zunehmend schneller.

Ergebnis Bei einem rotierenden Kreisel, bei dem sich der Schwerpunkt genau über dem Auflagepunkt befindet, weicht die Lage der Kreiselachse nicht von der Vertikalen ab, solange keine weitere Kraft auf ihn wirkt. Ist die Kreiselachse gegenüber der Vertikalen geneigt, so wirkt die Erdanziehungskraft gleichbleibend auf den Schwerpunkt des Kreisels. Dadurch rotiert der Kreisel um die vertikale Achse, die durch den Auflagepunkt verläuft. Die Rotation verläuft umso heftiger, je mehr die Achse geneigt ist.
Bei einem Brummkreisel wird durch die Fliehkraft Luft in Achsennähe in die Dose gesaugt, zur Peripherie hin beschleunigt, wo sie durch Öffnungen wieder nach außen gelangt und dabei die Metallzungen in den Öffnungen zum Tönen anregt.

Hinweis Zur Erzeugung eines Klanges können auch Zungen aus anderen Musikinstrumenten verwendet werden.

Hoher Kreisel

Geräte und Materialien

1. Gebäckdose, 5 cm, 20 cm Durchmesser
2. Messingrohr, 17 cm, 8 mm Außendurchmesser
3. Gummischlauch, 5 cm, auf das Messingrohr passend
4. stabiler Faden, 100 cm, mit Schlaufe
5. Holzleiste, 16 cm × 2 cm × 1 cm
6. Stahlspitze, 5 cm, straff in das Messingrohr passend
7. Glasplatte oder flacher Teller, 20 cm Durchmesser

B1 Beim hohen Kreisel liegt der Schwerpunkt weit über dem Drehpunkt. Deshalb muss er schnell rotieren.

Vorbereitung Boden und Deckel der Dose werden in der Mitte mit Löchern von 8 mm Durchmesser versehen. In die Dose wird von oben her das Messingrohr hineingesteckt, so dass es straff sitzt. Der obere Teil wird mit dem Gummischlauch überzogen. Von unten her schiebt man in das dicke Messingrohr die Stahlspitze. Sie soll etwa 1 cm aus dem Rohr herausragen. Um den Kreisel in die notwendige schnelle Drehbewegung zu versetzen, findet der stabile Faden mit Schlaufe Verwendung. Er wird durch eine Holzleiste geführt. Dazu wird in 2 cm Abstand von einem Ende der Leiste ein etwa 6 mm großes Loch eingebracht. Durch dieses Loch zieht man das Fadenende und wickelt diesen Windung neben Windung auf den oberen Stab des Kreisels auf (→**B1**).

Durchführung des Experiments Mit der linken Hand hält man die Holzleiste fest und gleichzeitig vorläufig den oberen Stab des Kreisels. Dann zieht man kräftig an der Schlaufe des Fadens, bis dieser völlig abgewickelt ist. Infolge der schnellen Drehbewegung rotiert der Kreisel mit weitgehend stabiler Achse. In der Regel führt er dabei eine mehr oder weniger große Präzessionsbewegung um die Symmetrieachse aus.
Um eine lang andauernde Rotation zu erhalten, sollte man auch hier als glatte, feste Unterlage die Glasplatte bzw. den Porzellanteller verwenden. Übt man mit der Holzleiste eine radiale Kraft auf den Kreiselstab aus, so kann man damit die Präzessionsbewegung verringern bzw. vergrößern. Die allmählich kleiner werdende Drehzahl führt ebenfalls zu einer ständigen Vergrößerung der Präzession (→**B2**).

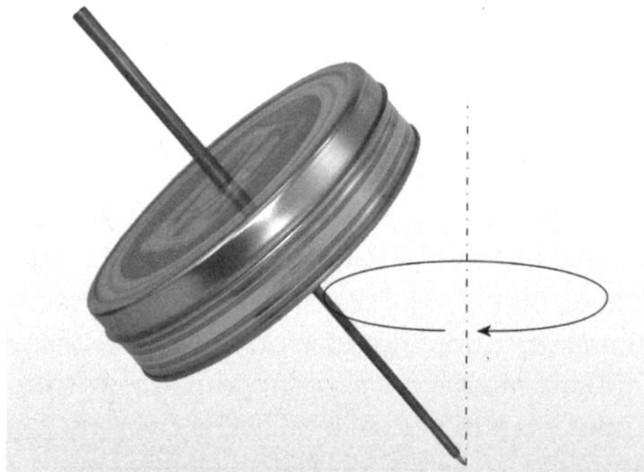

B2 Die Gewichtskraft bewirkt, dass der Kreisel außerdem um eine vertikale Achse rotiert.

Ergebnis Bei einer ausreichend großen Drehzahl rotiert auch ein Kreisel, dessen Schwerpunkt sich weit oberhalb des Auflagepunktes befindet, einige Zeit mit weitgehend stabiler vertikaler Achse.
In dem Maße, wie seine Achse von der Vertikalen abweicht, führt er zunehmend eine Präzessionsbewegung aus.

Hinweise

1. Man kann die Blechdose bis zum oberen Ende des Messingrohres verschieben. Den Gummischlauch ordnet man dann unter der Dose an. Auch der Faden wird unter der Dose aufgewickelt.
2. Ein Kreisel rotiert umso stabiler, je tiefer die Lage seines Schwerpunktes ist und je größer sein Trägheitsmoment und seine Drehzahl sind.

Schlanker Kreisel

Geräte und Materialien

1. Konservendose, 1 l
2. Gewindestab M 6, 40 cm, mit Spitze
3. zwei Muttern M 6
4. Messingkugel, 1,5 cm Durchmesser, mit Innengewinde M 6
5. Gummischlauch, 5 cm, straff auf den Gewindestab passend
6. Glasplatte oder flacher Teller, 20 cm Durchmesser
7. stabiler Faden, 120 cm mit Schlaufe
8. Messingrohr, 10 cm, 7 mm Innendurchmesser

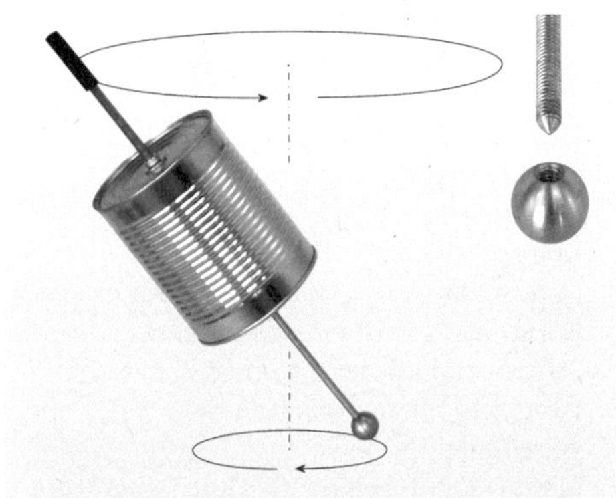

B1 Ein schlanker Kreisel muss sehr schnell rotieren. Die Kugel bewirkt, dass sich der Auflagepunkt ebenfalls auf einer Kreisbahn bewegt.

Vorbereitung Der prinzipielle Aufbau entspricht weitgehend dem in Experiment „Hoher Kreisel", S. 28 beschriebenen Gerät. Die Konservendose wird in der Mitte ihres Bodens und ihres Deckels mit einem 6-mm-Bohrer durchbohrt. Der Gewindestab wird so weit in die Bohrungen eingeführt, dass er zu beiden Seiten etwa gleich weit aus der Dose herausragt. In dieser Lage wird die Dose mit den beiden Muttern festgeschraubt. Das untere Ende des Stabes ist zu einer kurzen Spitze angefeilt, so dass man im Bedarfsfalle auch die Messsingkugel aufschrauben kann. Den Gummischlauch schiebt man von oben bis an die Dose heran.

Durchführung des Experiments Der Faden wird Windung neben Windung auf den Gummischlauch aufgewickelt.
Beim Starten setzt man den Kreisel mit seiner Spitze auf den Teller auf und sorgt für eine vertikale Position der Kreiselachse, indem man das Messingrohr von oben her auf den Gewindestab schiebt und es in dieser Lage festhält. Mit der anderen Hand muss man kräftig und weit an dem aufgewickelten Faden ziehen. Die Unterlage muss hart und horizontal ausgerichtet sein. Sie darf nicht zu glatt sein.
Das Experiment wird wiederholt, nachdem man die Kugel auf die Spitze aufgeschraubt hat. In beiden Fällen rotiert der Kreisel bei ausreichender Drehzahl stabil um seine Drehachse (→**B1**). Deren vertikale Lage bleibt dabei zunächst weitgehend erhalten. Nachfolgend neigt sich der Kreisel zunehmend stärker. Wegen des kleinen Dosendurchmessers kann seine Drehachse mit der Horizontalen einen kleinsten Winkel von 30° und weniger erreichen. Im Falle der Spitze bleibt der Auflagepunkt des Kreisels unverändert. Liegt der Kreisel jedoch mit der Kugel auf, so beschreibt der Auflagepunkt eine Kreisbahn. Ihr Durchmesser ist umso größer, je größer die Neigung des Kreisels ist. Dieses Phänomen ist von den Kinderkreiseln her bekannt. Die Kreisbahn wird dabei mit umgekehrtem Drehsinn durchlaufen.

Ergebnis Ein schlanker Kreisel rotiert nur bei hohen Drehzahlen stabil.

Hinweise

1. Es gelingt auch, den Kreisel in dem Falle rotieren zu lassen, wo sich die Blechdose am oberen Ende des Stabes befindet. Dann wickelt man den Faden einige Zentimeter unter der Dose auf den nach dorthin verschobenen Gummischlauch auf.
2. Wenn sich der schlanke Kreisel bei noch hoher Drehzahl umlegt, sollte man ihn erst dann anfassen, wenn er zur Ruhe gekommen ist.
3. Man kann eine liegende Blechdose so in Drehbewegung versetzen, dass sie sich von selbst aufrichtet. Dazu nimmt man die Dose von ca. 8 cm Höhe und 8 cm Durchmesser, die auf ihrem Zylindermantel liegt, zwischen Daumen und Zeigefinger und verdreht die Hand so schnell, dass die losgelassene Dose heftig rotiert. Dabei ändert sie die Lage ihrer Rotationsachse. Trotz des tief liegenden Schwerpunktes hebt sie sich auf ihrer einen Auflageseite an. Dabei verschiebt sich ihre Drehachse immer mehr zu ihrer Symmetrieachse hin. Mit der Verringerung der Drehzahl kommt die Dose schließlich auf ihrem Boden oder dem Deckel zur Ruhe. Das entspricht weitgehend dem Verhalten des Kreisels, an dessen unterem Ende sich eine Kugel befindet. Daraus folgt, dass beim Rotieren die Lage die stabilere ist, bei der Drehachse und Symmetrieachse übereinstimmen. Wenn man Kinderkreisel liegend in schnelle Rotation versetzt, richten sie sich auch von selbst auf.

B2 Versetzt man eine liegende Dose in lebhafte Rotation, so richtet sie sich auf.

Klopfspecht

Geräte und Materialien
1. Getränkedose, 0,33 l
2. Holzquader, 5 cm × 3 cm × 2 cm
3. Federstahlstreifen, 150 mm × 15 mm × 1 mm
4. Holzzylinder, in die Dose passend
5. Schaumstoffkörper, eiförmig, 7 cm Höhe
6. zwei kleine Holzschrauben
7. Vogelfeder
8. Stativ, 100 cm, 13 mm Stabdurchmesser
9. Alleskleber, 1 g

B1 Der Specht bewegt sich ruckweise nach unten und klopft dabei mit seinem Schnabel.

Vorbereitung Von der Dose wird der Deckel entfernt. In die Dose steckt man den straff hineinpassenden Holzzylinder. Er hat die Aufgabe, die Schrauben sicher zu halten und die Masse der Dose zu vergrößern. Als Kopf des Spechtes dient der eiförmige Schaumstoffkörper. Er trägt als Schnabel das lange Holzstück und ist auf die Öffnung der Getränkedose aufgeklebt. Das eiförmige Stück wird an seinem hinteren Ende mit einer großen Feder versehen und an seinem vorderen Ende mit zwei Augen dekoriert.

Das hohe Stativ dient als Kletterbaum für den Specht. Auf den Stativstab schiebt man den Holzquader, der auf der einen Seite mit einer Bohrung von 14 mm Durchmesser versehen ist. Die Bohrung verläuft durch die eine Seite des Klötzchens 30 mm vertikal nach unten. Auf der gegenüberliegenden Seite des Klötzchens wird der 150 mm lange Federstahlstreifen mittels der Holzschrauben befestigt. Der Streifen wird u-förmig gebogen und besitzt einen kurzen und einen langen Schenkel. Der kurze Schenkel ist am Holzklotz befestigt, der lange Schenkel am Mantel der Getränkedose. Die u-förmige Anordnung wird so weit aufgebogen, dass der Specht beim Schwingen gerade noch nicht den Stativstab berührt (→**B1**).

Durchführung des Experiments Der Specht wird zum oberen Ende des Stativstabes geschoben. Dort erregt man ihn zum Auf- und Abschwingen und lässt ihn los. Der Specht schwingt wiederholt auf den Baum zu und wieder von ihm weg.

Durch die Geschwindigkeitszunahme beim zeitweiligen Fallen wird die Energieabnahme infolge der Dämpfung der Schwingung wieder kompensiert. Auf diese Weise bewegt der Specht sich schwingend von oben nach unten. Das Schwingen bewirkt, dass die Normalkraft in der Bohrung zeitweilig so große Werte erreicht, dass sich der Stativstab in der Bohrung verkantet und dadurch seine Abwärtsbewegung abgebremst wird. Beim Zurückschwingen wird die Bohrung wieder freigegeben und der Specht bewegt sich ein nächstes Stück längs des Stativstabes nach unten. Insgesamt führt er etwa 50 Schwingungsperioden aus.

Ergebnis Wenn ein durchbohrter Körper, an dem ein mechanischer Schwinger befestigt ist, auf einer Stange hinabgleitet, so kann das Schwingen dazu führen, dass sich die Gleitreibung periodisch ändert. Unter dieser Bedingung kann der Körper schrittweise fallen. Dabei wird dem Schwinger periodisch Energie zugeführt.

Hinweis Es wirkt sich auf das Experiment nicht nachteilig aus, wenn sich die Durchmesser des Stabes und des Holzquaders, der den Fuß des Spechtes darstellt, um einige Millimeter voneinander unterscheiden. Auch die Form der Öffnung ist von sekundärer Bedeutung.

Resonanz von Fadenpendeln

Geräte und Materialien
1. vier Getränkedosen, 0,33 l
2. Holzleiste, 80 cm × 3 cm × 1 cm
3. Faden, 6 m, dünn und stabil
4. Stativstab, 100 cm mit Stativfuß und Tischklemme
5. Ring mit Haken
6. acht kleine Schraubhaken
7. Sand, 0,5 l

B1 Das linke schwingende Pendel erregt die anderen zum Mitschwingen. Es schwingt jedoch nur dasjenige rechte mit großer Amplitude, das die gleiche Eigenfrequenz besitzt.

Vorbereitung In der Mitte des Stativstabes wird der Ring mit Haken befestigt. Am oberen Ende des Stativstabs schraubt man mit der Stativmuffe das eine Ende der Holzleiste so fest, dass eine galgenförmige Anordnung entsteht. Die Blechdosen werden alle an ihrem Boden- und ihren Deckflächen zentral mit einem Durchmesser von 1 mm durchbohrt. Durch die Bohrungen zieht man bei jeder Blechdose ein Stück Faden der Länge 80 cm, 130 cm, 180 cm und 280 cm. Die Enden aller Fäden werden mit Schlaufen versehen. Mit diesen Schlaufen können sie in kleine Haken eingehängt werden, die in der in Bild **B1** dargestellten Weise in die Holzleiste eingeschraubt sind. Der erste Haken soll sich in etwa 5 cm Abstand von der Befestigungsstelle der horizontalen Holzleiste befinden, der zweite in einer Entfernung von ca. 25 cm von der ersten. Die eine Schlaufe wird in den zweiten Haken eingehängt. Dann verläuft der Faden nach unten und durch die Dose hindurch. Danach verläuft er wieder nach oben. Er wird über den ersten Haken geführt und darauf folgend nach unten. Dort befindet sich der Ring mit Haken, der auf dem Stativstab auf und ab verschoben werden kann. In den Haken wird die zweite Schlaufe eingehängt. Durch Verändern der Höhe des Ringes lassen sich verschiedene Pendellängen einstellen. Dabei verlaufen die beiden Fadenteile von den Aufhängungen von oben her zur Dose hin schwach aufeinander zu. Diese erste Dose wird vollständig mit trockenem Sand gefüllt. Dadurch ändert sich ihre Periodendauer bei gleicher Länge nicht merklich. Die beim schwingenden Pendel mit Sand gespeicherte Energie ist jedoch wesentlich größer als bei einer ungefüllten Dose.
Die Befestigung der übrigen drei Dosen am horizontalen Holzstab erfolgt so, dass bifilar aufgehängte Pendel von ungefähr 75 cm, 50 cm und 25 cm Länge entstehen. Auch hierbei verlaufen die Fäden von den Haken in der Holzleiste zu den Dosen hin immer enger aufeinander zu (→**B1**).

Durchführung des Experiments Die Länge des mit Sand gefüllten Pendels wird genau so groß wie die Länge eines anderen Pendels gewählt. Das mit Sand gefüllte Pendel wird senkrecht zur Holzleiste ausgelenkt und losgelassen. Danach überträgt sich seine Schwingungsenergie infolge der Kopplung durch die Holzleiste zum Teil auf das gleich lange rechte Pendel. Dadurch nimmt dessen Amplitude zu. Die übrigen Pendel schwingen nur mit ganz geringer Amplitude.
Nachfolgend wird die Länge des mit Sand gefüllten Pendels so gewählt, dass sie mit der Pendellänge eines zweiten leeren Pendels übereinstimmt. Auch in diesem Falle erregt es nur das Pendel gleicher Periodendauer zu Schwingungen größerer Amplitude. Gleiches trifft für das andere Pendel zu. Resonanz tritt dann auf, wenn die Eigenfrequenz eines der Pendel mit der Erregerfrequenz des Pendels mit Sand übereinstimmt [3].

Ergebnis Wenn zwei Schwinger die gleiche Eigenfrequenz besitzen und miteinander gekoppelt sind, so wird der zweite Schwinger in heftige Schwingungen versetzt, wenn man den ersten zum Schwingen anregt. Stimmen die Frequenzen nicht überein, so führt der zweite Schwinger lediglich erzwungene Schwingungen mit geringer Amplitude aus.

Hinweis Das Experiment lässt sich schneller und mit sicherem Ausgang durchführen, wenn in dem Faden des erregenden Pendels bereits an den angestrebten Stellen Schlaufen geknotet sind. Hakt man diese dann nacheinander in den Haken ein, so stimmen jeweils Erregerfrequenz und Eigenfrequenz überein.

Auftriebskörper unterschiedlicher Masse und unterschiedlichen Volumens

Geräte und Materialien

1. sechs Getränkedosen, 0,25 l
2. sechs Dosendeckel mit etwas größerem Durchmesser als die Getränkedosen
3. sechs Haken mit Gewinde, klein
4. drei Fäden mit Schlaufe, 60 cm
5. neun Fäden mit Schlaufe, 30 cm
6. Sand, 3 kg
7. Eisenfeilspäne, 3 kg
8. Sägespäne, 1 kg
9. Glaswanne, 40 cm × 30 cm × 30 cm
10. Federkraftmesser, 0 N bis 1 N
11. Federkraftmesser, 0 N bis 10 N
12. Stativ, 1 m mit zwei Ringen mit Haken und zwei Stativmuffen
13. Stativstab, 50 cm
14. feste Rolle mit Stiel, 25 cm
15. Tafelwaage mit Wägesatz 1 kg
16. Silikonkautschukpaste, 25 g

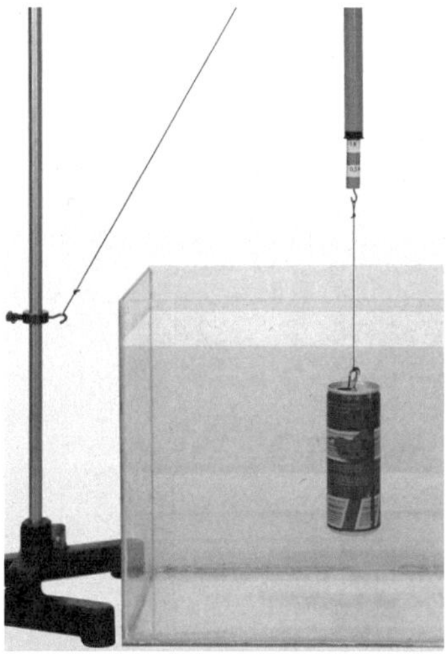

B1 Hat ein Körper eine größere Dichte als 1 g pro Kubikzentimeter, so geht er im Wasser unter. Seine Gewichtskraft ist unter Wasser geringer.

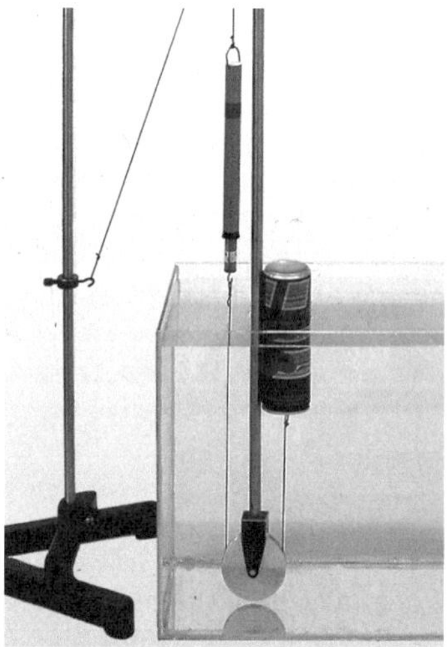

B2 Bei einer geringeren Dichte als 1 g pro Kubikzentimeter schwimmt ein Körper im Wasser. Man braucht eine bestimmte Kraft, um ihn ganz ins Wasser hineinzuziehen.

Vorbereitung Die erste Blechdose füllt man mit ca. 250 g Sand, so dass die aus der Gesamtmasse der gefüllten Dose und dem Volumen der Dose berechnete mittlere Dichte etwas über $1\frac{g}{cm^3}$ liegt. Die zweite Dose wird mit ca. 500 g Sand gefüllt, so dass ihre Dichte etwa $2\frac{g}{cm^3}$ beträgt. In die dritte Dose bringt man Eisenfeilspäne, so dass ihre Masse bei etwa 800 g liegt.
Zur Herstellung von Tauchkörpern mit einer geringen Dichte nimmt man eine Füllung der restlichen Dosen mit Sägespänen vor bzw. mit einem Gemisch aus Sand und Sägespänen.
Zum Verschließen der Dosen benutzt man die Deckel anderer Blechdosen und klebt sie auf. Diese Deckel werden in der Mitte durchbohrt. In jede Bohrung wird ein Haken mit Gewinde eingeschraubt und verklebt.
An jedem Haken wird das Ende eines dünnen Fadens geeigneter Länge befestigt.
Zur Bestimmung der mittleren Dichte von gefüllten Blechdosen, die im Wasser auf den Boden sinken, stellt man mit dem Stativmaterial eine galgenförmige Anordnung zusammen (→**B1**). Ein Ring mit Haken wird in der Mitte des vertikalen Stativstabs befestigt, der andere an dem horizontalen Stativstab. Er soll sich in der Mitte über der Glaswanne befinden, die zu $\frac{3}{4}$ mit Wasser gefüllt ist. Der Auftriebskörper mit der Dichte von etwas mehr als $1\frac{g}{cm^3}$ wird mit einem kurzen Faden an den Federkraftmesser gehängt. Auch den Federkraftmesser befestigt man an einem kurzen Faden. Den Faden legt man über den oberen Ring mit Haken und führt ihn schräg nach unten zum zweiten Haken, an dem er befestigt wird.

Für die Bestimmung der Dichte von gefüllten Dosen, die im Wasser schwimmen, befestigt man zusätzlich die Rolle mit Stiel an dem horizontalen Stativstab, so dass sich diese dicht über dem Boden der Glaswanne befindet. Am Haken der schwimmenden Dose wird das eine Ende eines langen Fadens befestigt. Dann führt man den Faden zunächst nach unten, über die feste Rolle, dann wieder nach oben, wo er am Federkraftmesser befestigt wird. Dieser ist an seinem oberen Ende an einem kurzen Faden angeknüpft, der über den oberen Haken schräg nach unten zum seitlichen Haken verläuft (→**B2**).

Durchführung der Experimente
1. Bei der ersten Anordnung befindet sich die Blechdose zunächst in der Luft. Der Federkraftmesser zeigt ihre Gewichtskraft an. Man senkt den Federkraftmesser ab, bis die Dose mehr und mehr ins Wasser eintaucht. Die angezeigte Kraft wird immer geringer. Wenn die Dose vollständig ins Wasser eintaucht, hat die Kraft ihr Minimum erreicht. Das Experiment wird mit der zweiten und dritten Dose wiederholt. Die Verringerung der Gewichtskraft ist in allen Fällen gleich groß. Diese Verringerung der ange-

zeigten Kraft ist gleich dem Betrag der Auftriebskraft. Die nach oben gerichtete Auftriebskraft wirkt der nach unten gerichteten Gewichtskraft des Körpers entgegen.
2. Bei der zweiten experimentellen Anordnung mit der festen Rolle schwimmt die präparierte Dose zunächst. Dann wird der Federkraftmesser schrittweise nach oben bewegt. Seine Lage zeigt, dass beim zunehmenden Eintauchen eine immer stärker werdende nach oben gerichtete Kraft auftritt, die Auftriebskraft. Das Experiment wird mit den beiden anderen Dosen geringer Masse wiederholt. Damit diese eintauchen, ist eine geringere Kraft erforderlich. Sie wird vom Federkraftmesser angezeigt [4].

Ergebnis Durch Einfüllen von Sägespänen, Sand und Eisenfeilspänen lassen sich mittels Getränkedosen verschiedenen Volumens leicht Tauchkörper bestimmter Volumina und unterschiedlicher Masse und damit gewünschter Dichte herstellen. Damit können Experimente zum archimedischen Gesetz und zur Dichte durchgeführt werden.

Hinweise
1. Blechdosen ermöglichen die einfache Bereitstellung von zylinderförmigen Körpern, deren Auftrieb untersucht werden kann. Diese Dosen können sich sowohl hinsichtlich der Masse (durch Einfüllen von Sägespänen, Sand oder Eisenfeilspänen) als auch des Volumens (Verwenden von Dosen unterschiedlichen Volumens) voneinander unterscheiden. Dadurch erreicht man verschiedene wirksame Dichten der Auftriebskörper. Die Masse wird z. B. mit der Tafelwaage bestimmt, das Volumen durch Berechnen oder Verdrängen von Wasser. Ziele der Experimente können die Untersuchung des Auftriebs, die Dichtebestimmung oder das archimedische Gesetz sein.
2. Man kann mehrere gleiche Dosen mit jeweils der gleichen Masse Sägespäne füllen und verschließen. Zwischen den Backen eines Schraubstocks kann dann das Volumen bei den einzelnen Dosen unterschiedlich stark verringert werden.
3. Die durchgeführten Experimente haben den Vorteil, dass Trinkdosen infolge ihrer relativ großen Abmessungen gut sichtbar und dennoch handlich sind. Hinsichtlich des Volumens stellen 0,25-l-Dosen ein Optimum dar, 0,2-l-Dosen und 0,33-l-Dosen sind sehr gut geeignet. Damit sie vollständig ins Wasser eintauchen, müssen sie eine Mindestgewichtskraft besitzen, die zwischen 2 N und 3,5 N liegt. Bei kleinerer Gewichtskraft schwimmen sie auf dem Wasser und erfordern deshalb eine spezielle experimentelle Anordnung, bei der sie ins Wasser hineingezogen werden (→**B3**).
4. Zur Befestigung der Dosen kann auch die Lasche, die zum Öffnen der Dose gedient hat, verwendet werden. Sie wird dazu senkrecht nach oben gebogen.
5. Zur Untersuchung des Auftriebs bei Körpern gleicher Masse, aber unterschiedlichen Volumens werden eine 0,2-l-, eine 0,33-l- und eine 0,5-l-Getränkedose so weit mit Sand gefüllt, dass sie gleiche Massen besitzen und in notwendiger Weise zum Eintauchen in Wasser präpariert.

Didaktisch-methodische Anregung Das zweite Experiment ist gut zur Einführung des Auftriebs geeignet. Es zeigt die Richtung der Auftriebskraft. Die Anordnung im ersten Experiment ermöglicht die einfache Messung der Auftriebskraft.

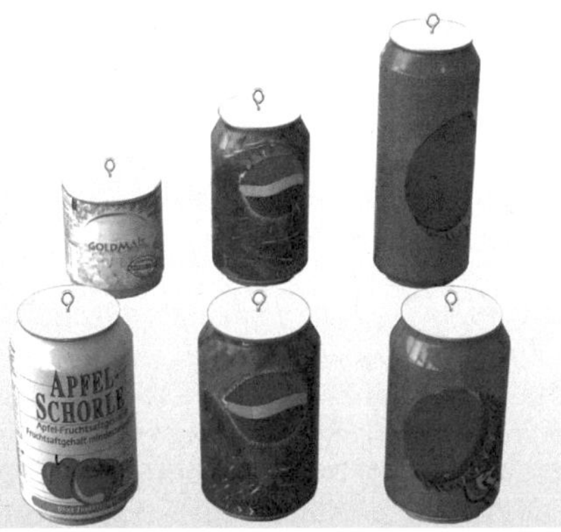

B3 Blechdosen mit unterschiedlicher Füllung können als Körper verschiedener Dichte benutzt werden.

Segner'sches Wasserrad

Geräte und Materialien
1. Getränkedose, 0,33 l
2. Faden, 60 cm, dünn
3. Stativ, 100 cm, mit Stativmuffe
4. Stativstab, 25 cm, mit Ring mit Haken
5. Standzylinder, 500 ml
6. Kunststoffschale, 40 cm × 30 cm

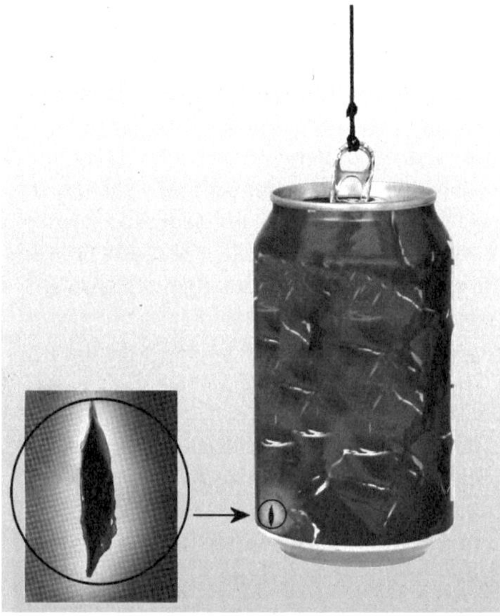

B1 Das Wasser tritt aus den beiden Schlitzen tangential aus. Die Dose dreht sich von den Wasserstrahlen weg.

Vorbereitung Man biegt die Ösen im Deckel der Getränkedosen vorsichtig nach oben und befestigt daran durch Knoten das eine Ende des dünnen Fadens. Mit diesem
Faden wird die Dose an dem einem Stativ etwa 20 cm über dem Tisch aufgehängt.
Das Stativ besteht aus dem vertikalen Stab, an dessen oberem Ende der zweite Stab galgenförmig befestigt ist. An diesem Stab befindet sich der Ring mit Haken, an dem der Faden hängt. Zuvor hat man in den Mantel dicht über den Boden der Dose zwei Löcher hineingestochen. Das kann (vorsichtig!) mit einem spitzen Messer erfolgen. Dadurch entsteht ein wenige Millimeter langer Schlitz. Er wird dann z. B. mit einem kleinen Schraubendreher aufgeweitet, wobei dieser nach dem ersten Einstechen in der Horizontalen um 90° gedreht wird. Damit erreicht man, dass die Wasserstrahlen horizontal und tangential zum Zylindermantel verlaufen. Unter die Dose stellt man die Kunststoffschale (→B1).

Durchführung des Experiments Die Blechdose wird mit Wasser gefüllt. Die beiden austretenden Wasserstrahlen versetzen die Dose in schnelle Rotation [4, 5].

Ergebnis Tritt aus einer Düse ein Wasserstrahl aus, so wirkt auf diese eine nach hinten gerichtete Kraft. Sie ist gleich groß, aber entgegengesetzt gerichtet wie die Kraft, die auf den Wasserstrahl wirkt.

Hinweise
1. Das Drehmoment der Anordnung kann dadurch vergrößert werden, dass man anstelle der Schlitze zwei Bohrungen in den Dosenmantel einbringt. Ihr Durchmesser wird so gewählt, dass jeweils ein abgewinkelter Kunststofftrinkhalm straff in sie hineinpasst. Die Ausflussöffnungen der Trinkhalme werden vorsichtig erwärmt und zu einer Düse zusammengequetscht.
2. Segner'sche Wasserräder lassen sich auch aus Kunststoffflaschen herstellen.
(Experiment „Segner'sches Wasserrad" im Band 1 der Buchreihe)

Didaktisch-methodische Anregung Die Umwandlung unterschiedlicher Energieformen in die kinetische Energie der Rotation kann in verschiedenartigen Experimenten aus der Mechanik, der Thermodynamik, der Elektrizitätslehre und der Optik erfolgen. Die experimentellen Anordnungen sind dabei im Prinzip gleich. Alle Geräte arbeiten auf der Grundlage des dritten Newton'schen Gesetzes: actio gleich reactio.
Der historisch erste Energiewandler, der thermische Energie in Rotationsenergie umwandelte, war die Äolipile des Heron von Alexandria (siehe Experimente zur Äolipile). Dabei tritt Dampf aus Düsen tangential zum runden Dampfbehälter aus und erzeugt einen Rückstoß.
Die zweite Anordnung ist das hier beschriebene Segner'sche Wasserrad. Der Rückstoß wird durch ebenfalls tangential verlaufende Wasserstrahlen erzeugt.
Die dritte Anordnung ist das Spitzenrad, das im Band 1 der Reihe beschrieben ist. Anstelle der Düsen bei der Äolipile und dem Segner'schen Wasserrad hat es tangential angeordnete metallene Elektroden, die in Spitzen enden. Beim Anlegen einer Hochspannung treten Elektronen bevorzugt aus den Spitzen aus und bewirken einen Rückstoß, der zur Drehbewegung des spitzengelagerten Rades führt.
Die vierte Anordnung ist das Radiometer.

Projizierbares Segner'sches Wasserrad

Geräte und Materialien

1. Getränkedose, 0,33 l
2. Messingstab, 15 cm, 4 mm Durchmesser
3. vier Trinkröhrchen, abgewinkelt
4. Gummistopfen, durchbohrt, 4 mm Innendurchmesser
5. Glas- oder Kunststoffplatte, durchsichtig, 8 cm Durchmesser
6. Messingrohr, 13 cm, Innendurchmesser 5 mm
7. Schlauch, 2 cm, 5 mm Außendurchmesser
8. Kupferdraht, 25 cm, 0,3 mm Durchmesser
9. Maschinenschraube M 5, 20 mm, aus Messing mit Pfanne
10. Standzylinder, 500 ml
11. Kunststoffschale, 40 cm × 30 cm, mit durchsichtigem Boden
12. Silikonkautschukpaste, 5 ml
13. Tageslichtprojektor

B1 Die vier Wasserstrahlen erzeugen einen großen Rückstoß.

Vorbereitung In den Mantel der Getränkedose werden dicht über dem Boden in gleichem Abstand vier Löcher gebohrt, die einen Innendurchmesser von 4 mm besitzen.
In die Löcher wird je ein Trinkröhrchen eingebracht, das mit einem Gelenkstück versehen ist. Das Abdichten von Blechdose und Trinkröhrchen erfolgt mit Silikonkautschukpaste. Die abgewinkelten Enden der Trinkröhrchen sollen in jeweils tangentiale Richtung zeigen (→**B1**).
Zur Lagerung der Dose wird der Messingstab an einem Ende spitz zugefeilt. Als Auflage dient die Glas- oder Kunststoffplatte. In der Mitte des Fußes wird der durchbohrte Stopfen aufgeklebt. In die Bohrung im Stopfen führt man den Messingstab ein, so dass seine Spitze nach oben zeigt.
Der Boden der Blechdose wird in seiner Mitte mit einer Bohrung von 10 mm Durchmesser versehen. In diese Bohrung wird der Gummischlauch hineingesteckt. In die Schlauchöffnung bringt man das Messingrohr von 5 mm Innendurchmesser straff hinein, so dass es unten nur wenige Zentimeter aus der Blechdose herausragt. Am oberen Ende ist das Rohr mit einer Maschinenschraube verschlossen, die an ihrem Gewindeende mit einer Pfanne versehen ist, die als Lager für die Spitze dienen kann. Die Befestigung des Messingrohres, das auch nach oben aus der Blechdose herausragt, erfolgt durch Kupferdrahtstücke, am durchbohrten Dosenrand (→**B2**).

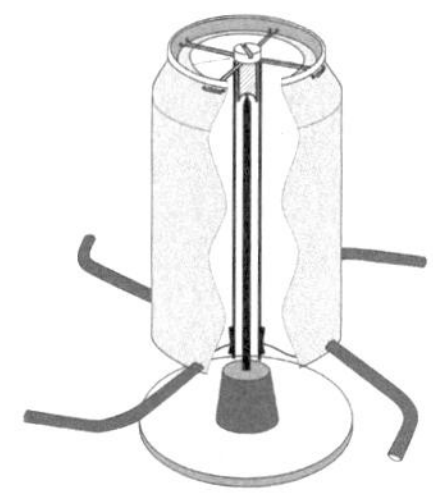

B2 Blick ins Innere des projizierbaren Segner'schen Wasserrades

Durchführung des Experiments Man setzt das Wasserrad auf die Spitze auf, stellt es in die Kunststoffschale mit durchsichtigem Boden und bringt diese auf die Schreibfläche des Tageslichtprojektors. Der Projektor wird eingeschaltet. Man bildet die Düsen scharf ab, so dass zu erwarten ist, dass das ausströmende Wasser gut zu sehen ist. Dann gießt man mit dem Standzylinder Wasser von oben in die Dose hinein. Man sieht, wie das Wasser aus den Düsen austritt. Auch die Rotation der Dose ist gut zu beobachten. Da actio gleich reactio ist, wirkt auf die Düsen eine rücktreibende Kraft. Sie versetzt das Wasserrad in Drehbewegung [3].

Ergebnis Aus einer Blechdose kann auf einfache Weise ein Segner'sches Wasserrad hergestellt werden. Das tangential ausströmende Wasser versetzt durch seinen Rückstoß die Dose in lebhafte Drehbewegung.

Hinweise
1. Siehe Hinweis 2 zum Experiment „Segner'sches Wasserrad"
2. Führt man dem Wasserrad durch eine Rinne oder einen Schlauch ständig Wasser zu und leitet dieses dann wieder ab, so kann man eine dauernde Bewegung erzielen.

Wasserrad

Geräte und Materialien

1. Konservendose, 1 l
2. Stricknadel, dick
3. zwei Astgabeln, 30 cm, 2 cm Durchmesser
4. fließender Bach
5. acht Getränkedosen, 0,25 l
6. Konservendose, 1 l
7. zwei Stative, 25 cm, mit Stativmuffe
8. Stativ, 50 cm mit Stativmuffe und Rohrklemme
9. Stricknadel, dick
10. Stopfen, groß, durchbohrt
11. Wasserschlauch, 3 m, mit Anschluss an den Wasserhahn
12. Wasserrinne mit strömendem Wasser, etwas breiter als die Schaufeln des Wasserrades
13. Kunststoffschale, 40 cm × 30 cm
14. Silikonkautschukpaste, 20 g

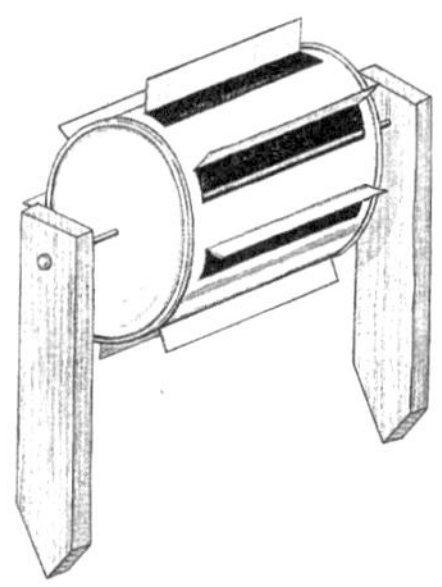

B1 Einfaches Wasserrad aus einer Blechdose

B2 Wasserrad aus halben Blechdosen

Vorbereitung Das einfachste Wasserrad kann aus einer 1-l-Konservendose hergestellt werden. Dazu schneidet man den Dosenmantel parallel zur Dosenachse in gleichen Abständen von 3 cm bis 4 cm auf. Die Länge der Schnitte soll maximal 15 cm betragen. An jedem Schnittende wird senkrecht dazu ein kleiner Schnitt von 2 cm Länge vorgenommen, so dass die rechteckigen Blechschaufeln durch Biegen um 90° wie Fenster geöffnet werden können (→**B1**). Der Deckel der Konservendose wird wieder aufgelötet. Deckel und Boden werden in ihrer Mitte mit einer Bohrung von 3 mm Durchmesser versehen. In diese Bohrungen steckt man die Stricknadel, die straff in die Dose hineinpassen soll. Die beiden Astgabeln werden an ihrem unteren Ende mit einer Spitze versehen. Ein leistungsfähigeres Wasserrad wird aus den kleinen Getränkedosen und der Konservendose hergestellt. Dabei findet jeweils nur die halbe kleine Dose Verwendung. Das Halbieren sollte so erfolgen, dass die zweite Hälfte des Zylindermantels an der Dose verbleibt (→**B2**). Dieses Stück Mantelfläche wird bei jeder Dose radial nach außen gebogen und auf einige Zentimeter eingekürzt. Nachfolgend werden die acht halben Dosen durch gleichsinniges Aufkleben mit der Silikonkautschukpaste auf den Mantel der großen Dose befestigt. Die Lagerung erfolgt wie oben beschrieben mit einer Stricknadel. Ihre Enden liegen auf je einer Stativmuffe auf. Jede Muffe ist an einem Stativstab befestigt.

Durchführung der Experimente

1. Das einfache Wasserrad wird in einem kleinen Bach betrieben. Dazu werden die Astgabeln so in den Untergrund des Baches nebeneinander hineingesteckt, dass ihre Verbindungslinie senkrecht zur Wasserströmung verläuft. Ihr gegenseitiger Abstand soll 20 cm betragen. Sie dienen als Lager für das unterschlächtige Wasserrad. Die Schaufeln des Rades sollen mindestens 1 cm tief in das Wasser eintauchen. Das Wasserrad beginnt sich zu drehen. Seine Drehzahl ist umso größer, je schneller der Bach fließt.

2. Die leistungsfähigere Anordnung wird zunächst als unterschlächtiges, nachfolgend als mittelschlächtiges und schließlich als oberschlächtiges Wasserrad betrieben. Im ersten Falle müssen die Schaufeln in die Wasserrinne hineinragen. Das Ergebnis entspricht dem im ersten Experiment.

Je größer die Schaufeln sind, umso mehr Energie wird übertragen.
Um es als mittelschlächtiges Wasserrad zu betreiben, befestigt man den Wasserschlauch mit der Rohrklemme in halber Höhe an dem weiteren Stativ. Das Wasserrad steht dabei in der flachen Schale.
Zur Demonstration der Wirkungsweise eines oberschlächtigen Wasserrades wird der Schlauch so am Stativ befestigt, dass das Wasser zunächst über das Rad geleitet wird und dann so aus dem Schlauch herausfließt, dass es im oberen Teil auf die Schaufeln auftrifft (→**B3**).
Ein Vergleich der Experimente zeigt, dass bei gleichem Wasserstrom die Leistung des Rades stark zunimmt [4, 7].

Ergebnis Der Wirkungsgrad eines Wasserrades nimmt zu, wenn es anstatt eines unterschlächtigen Betriebes mittel- oder sogar oberschlächtig betrieben wird. Im letzten Falle wird nicht nur die Gewichtskraft des Wassers wirksam, sondern auch seine kinetische Energie.

Hinweise
1. Eine Wasserzufuhr beim mittel- und oberschlächtigen Wasserrad in Form einer breiten Rinne, die vor allem die notwendige Durchsatzmenge des Wassers garantiert, ermöglicht eine erhebliche Leistungssteigerung des Wasserrades. Im einfachsten Falle kann es unter einem geöffneten Wasserhahn im Ausguss betrieben werden. Dann garantiert der große Wasserdurchsatz die überzeugende Demonstration der Umwandlung von potenzieller Energie in kinetische Energie der Rotation.
2. Infolge des großen Volumens der einzelnen Schaufeln kann dieses eine beachtliche potenzielle Energie des einströmenden Wassers in Rotationsenergie umwandeln.
Der Nachweis kann durch den Antrieb eines Fahrraddynamos erbracht werden. Dazu empfiehlt es sich, das Wasserrad mit einer stabilen Welle zu versehen. Statt der Stricknadeln kann ein dünner Stativstab Verwendung finden, der durch die aufgeweiteten Löcher in die Dose geschoben wird. Der straffe Sitz wird dadurch garantiert, dass von beiden Seiten an das Wasserrad je ein großer durchbohrter Stopfen herangeschoben wird.
Den Stativstab lagert man in zwei Muffen mit einer Bohrung, die gut geölt werden. Die Energieübertragung auf einen Kleinstmotor oder ein Fahrraddynamo erfolgt über ein Paketgummi, das zwischen einer Schnurscheibe auf der Radwelle und einer solchen auf der Welle des Dynamos gespannt ist.
3. Noch größere Durchmesser des Wasserrades werden möglich, wenn man die halbierten Dosen auf dem Mantel einer zylinderförmigen Gebäckdose befestigt oder zwischen zwei Kreisscheiben von etwa 30 cm Durchmesser festklebt. Die zentral durchbohrten Scheiben werden dann auf eine Welle aufgesteckt. Eine solche Anordnung gleicht in starkem Maße einem alten Mühlrad (→**B3**).
4. Die Wasserräder wurden in den letzten beiden Jahrhunderten fast vollständig durch Wasserturbinen ersetzt. Diese sind wesentlich kleiner, arbeiten mit höheren Drehzahlen, die für die Elektrizitätserzeugung wichtig sind, und haben einen wesentlich höheren Wirkungsgrad (bei der Peltonturbine über 90 %). Peltonturbinen sind vor allem für große Wassergeschwindigkeiten geeignet. Ihr Nachbau wird im nachfolgenden Experiment beschrieben. Bei kleinen Wasserdrücken arbeitet man vor allem mit Kaplanturbinen. Ihr Turbinenlaufrad erinnert an die Luftschrauben von Flugzeugen und an Schiffsschrauben.

B3 Großes Wasserrad aus acht Getränkedosen mit Wasserzuführung

Peltonturbine

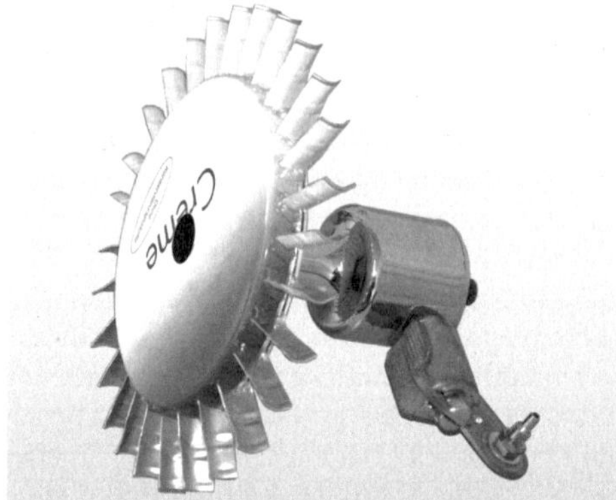

B1 Peltonturbine treibt einen Fahrraddynamo an.

Geräte und Materialien
1. Cremedose, groß, oder flache Konservendose
2. Fahrraddynamo
3. Glühlampe, 3,8 V / 0,07 A, mit Fassung und Kabeln
4. Schlauch mit Düse aus Metall oder Glas, 3 mm Innendurchmesser
5. Anschluss an die Wasserleitung
6. Holzstab (Besenstiel), 1,4 m, in der Erde befestigt

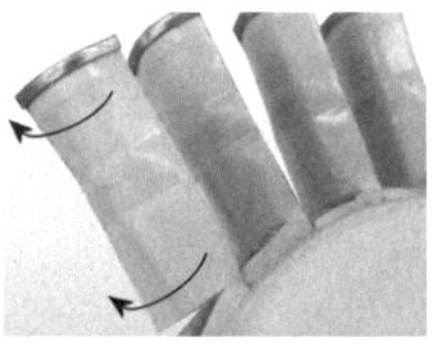
B2 Herstellen der Turbinenschaufeln aus einem Teil des Dosenmantels

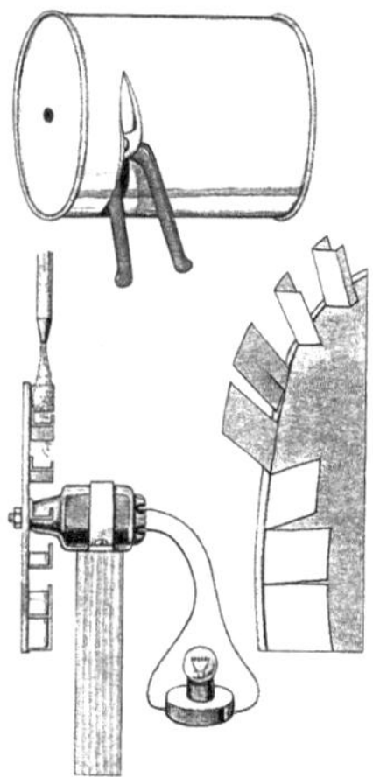
B3 Peltonturbine aus einer Blechdose mit Dynamo

Vorbereitung Von der Dose schneidet man den oberen Teil so ab, dass über dem Boden ein 2 cm breiter Streifen vom Zylindermantel verbleibt. In die Mitte des Bodens wird ein Loch von 5 mm Durchmesser gebohrt.
Der am Dosenboden verbliebene Blechstreifen wird in 2 cm Abständen vertikal in Richtung des Bodens mehr als 1 cm tief eingeschnitten. Die entstandenen Metallzungen biegt man um 90° nach unten. Dann wird jede Zunge unmittelbar über dem Boden mindestens 1 cm tief eingeschnitten. Die eingeschnittenen Teile werden alle in der gleichen Richtung umgebogen, so dass sie eine schaufelförmige Gestalt erhalten (→**B2**). Die Befestigung an dem Fahrraddynamo erfolgt im einfachsten Falle dadurch, dass man dessen Antriebsrad abschraubt. Das Turbinenlaufrad steckt man auf das Gewinde des Dynamos und befestigt es mit einer Mutter (→**B1**).
Die Glühlampe wird an die Kontakte des Dynamos angeschlossen. Der Dynamo wird im Freien an den Holzstab angeschraubt, der in der Erde befestigt ist.

Durchführung des Experiments Man erzeugt mit dem Schlauch und der Düse einen kräftigen Wasserstrahl von wenigen Millimetern Durchmesser. Diesen Strahl richtet man tangential auf das Turbinenlaufrad. Das Laufrad rotiert und die an den Dynamo angeschlossene Lampe leuchtet. Man dreht den Wasserhahn allmählich immer stärker auf. Die Lampe leuchtet immer heller.

Ergebnis Eine Freistrahlturbine (Peltonrad) wandelt die kinetische Energie eines Wasserstrahls auf eine einfache Weise in die kinetische Energie des rotierenden Laufrades mit hohem Wirkungsgrad um.

Hinweise
1. Vergleiche Hinweis 6 zu Experiment „Windturbine mit vertikaler Welle", S. 46.
2. Der Wirkungsgrad des Laufrades ist dann am größten, wenn das Wasser seine gesamte kinetische Energie auf das Rad überträgt. Das erreicht man dadurch, dass sich in der gewölbten Schaufel die Richtung des strömenden Wassers um fast 180° ändert. Wenn sich die Turbinenschaufeln mit der halben Bahngeschwindigkeit des Wasserstrahls bewegen, weicht die Endgeschwindigkeit des Wassers nur wenig von $0\,\frac{\text{cm}}{\text{s}}$ ab.

Schöpfrad

Geräte und Materialien
1. zwölf Getränkedosen, 0,2 l, schlank
2. Pflanzenkübeluntersetzer aus Kunststoff, 40 cm Durchmesser
3. zwölf Maschinenschrauben, 3 cm, M 6 mit je zwei Muttern
4. Stativstab, 4 cm, mit Gewinde und Mutter
5. Wasserschlauch
6. Fotoschale, 60 cm × 50 cm
7. Wasserrinne 30 cm, Querschnitt 4 cm × 3 cm, ein Ende verschlossen
8. Stativ, 75 cm, mit Stativmuffe
9. Stelltisch
10. Farbe, wasserabweisend, 100 ml
11. Experimentiermotor

Vorbereitung Von den zwölf kleinen Dosen wird der Deckel entfernt, wobei der Bördelrand an den Dosen verbleibt. Der Mantel der Dosen wird in einem Drittel der Dosenhöhe mit einem 6-mm-Bohrer durchbohrt. Durch jede dieser Bohrungen wird von innen her eine Maschinenschraube M 6 gesteckt und mit einer großen Mutter befestigt. Als Rad dient der große Kunststoff-Blumentopfuntersetzer. Sein Zylindermantel wird in gleichen Abständen entsprechend der Zahl der Blechdosen durchbohrt. Die Gewinde der Schrauben steckt man von außen in die Löcher und befestigt jede Dose mit einer zweiten Mutter. Um zu garantieren, dass das auslaufende Wasser sicher in die Wasserrinne hineinläuft, sollten die Dosenachsen etwa 30° aus der Ebene des Rades herausragen. Das kann man durch einfaches Verdrehen bewirken. Die Wasserrinne wird parallel zum Laufrad dicht unter dem Bereich angebracht, in dem das angehobene Wasser aus den Dosen herausläuft. Das erfolgt mit der Stativmuffe am Stativ. Die Seite der Rinne, aus der das Wasser herausfließen kann, soll einige Zentimeter tiefer als der verschlossene Teil liegen (→B1).
Zur Erhöhung der Haltbarkeit kann man die Dosen und Schrauben mit wasserabweisender Farbe anstreichen. Dadurch wird gleichzeitig die Festigkeit der unter einem bestimmten Winkel angebrachten Getränkedosen erhöht. Das Schöpfrad wird mit dem Experimentiermotor angetrieben. Dazu wird seine Mitte mit einem 8-mm-Bohrer durchbohrt. In die Bohrung bringt man das Gewinde des kurzen Stativstabs und schraubt es mit der Mutter fest. Das Rad wird im Bohrfutter des Motors befestigt, der auf dem Stelltisch erhöht aufgestellt ist. Die Höhe wird so gewählt, dass die Dosen einige Zentimeter in das Wasser in der Schale eintauchen.

Durchführung des Experiments Der Motor wird eingeschaltet und seine Drehzahl sehr langsam erhöht. Jede Dose schöpft einige Dutzend cm^3 Wasser aus der Schale und transportiert sie nach oben. Dort fließt das Wasser in die Rinne und dann wieder nach unten. Durch Probieren findet man leicht die Drehzahl, bei der das Schöpfrad am besten arbeitet.

Ergebnis Ein Schöpfrad wandelt die kinetische Energie des Motors in potenzielle Energie des Wassers um.

Hinweise
1. Derartige Schöpfräder, die in der Regel von umlaufenden Tieren angetrieben wurden, nutzte man schon im Altertum. Sie finden auch heute noch in Drittweltländern zur Bewässerung Einsatz.
2. Die Experimentieranordnungen Schöpfrad und Wasserrad lassen sich leicht miteinander kombinieren (→B2). Dazu ist eine möglichst große Wasserwanne vorteilhaft. Für den Antrieb kann in einem kleinen Gartenteich auch ein Kleinstmotor sorgen, der seinen Strom von Solarzellen erhält. Das geschöpfte Wasser fließt dann in einer Rinne auf ein oberschlächtiges Wasserrad. Über einen Riemenantrieb mit Schnurscheiben treibt das Rad einen Kleinstmotor an, der als Generator arbeitet.

B1 Von einem Experimentiermotor angetriebenes Schöpfrad

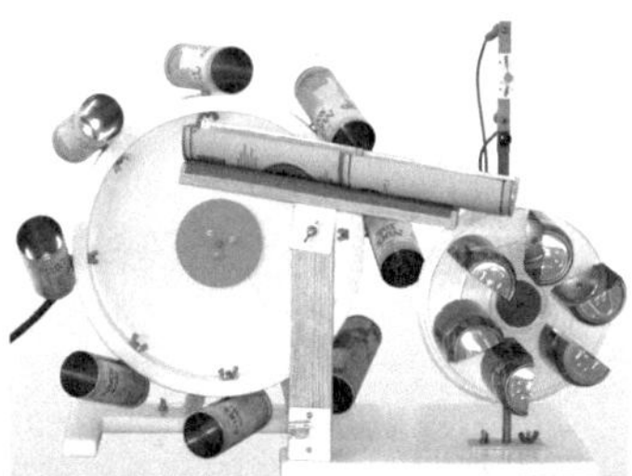

B2 Das von einem Schöpfrad gehobene Wasser treibt ein Wasserrad an.

Archimedische Schraube

Geräte und Materialien
1. zwei Haarspraydosen, 20 cm
2. Gewindestab aus Messing, 60 cm, mit vier Muttern M 6
3. Kunststoffschlauch, 3 m, 2 cm Innendurchmesser
4. zwei Schellen, zum Umfang der Dosen einschließlich Schlauch passend
5. Messingrohr, 8 cm, 7 mm Innendurchmesser
6. Stativ, 50 cm, mit zwei Stativmuffen
7. zwei Stativstäbe, 5 cm
8. Fotoschale, 50 cm × 40 cm

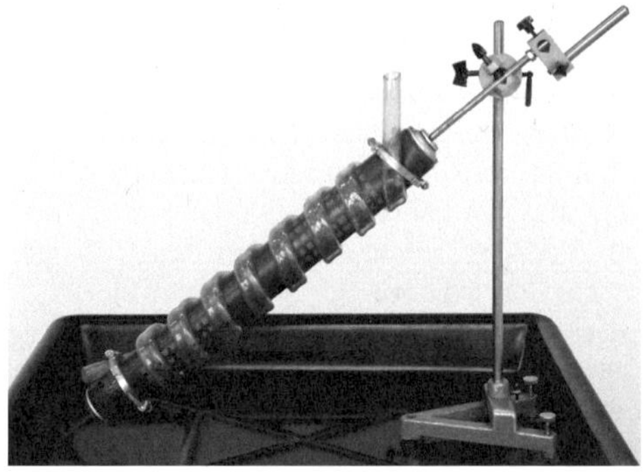
B1 Der durchsichtige Schlauch lässt die Aufwärtsbewegung des Wassers gut erkennen.

Vorbereitung Die beiden Blechdosen werden zentral im Boden und Deckel mit einer Bohrung von 8 mm Durchmesser versehen. Man schiebt sie auf den Messinggewindestab und schraubt sie mit Muttern fest. Der Gewindestab soll an beiden Enden ca. 10 cm aus den Dosen herausragen. Um die Dosen wird der durchsichtige Kunststoffschlauch in Form einer Schraube mit etwa zehn Gängen aufgewickelt. Dazu befestigt man zunächst das eine Ende des Schlauches mit einer Schelle, wobei der Schlauch schon in Richtung des Gewindeganges liegen sollte. Er sollte ca. 5 cm aus der Schelle herausragen. Nach dem Aufwickeln des Schlauches erfolgt dann die Befestigung am anderen Ende auf der gegenüberliegenden Seite der Blechdosenanordnung in entsprechender Weise.
Die archimedische Schraube wird in der Fotoschale so angeordnet, dass das eine Ende sich in einer Ecke der Schale befindet, wobei die Anordnung diagonal liegt. Über das andere Ende des Stabes schiebt man das Messingrohr. In der Ecke der Schale steht das Stativ. An dessen oberen Ende wird mit zwei Stativmuffen und einem kurzen Stab ein schräges Lager zusammengestellt, durch das das Rohr mit einer Neigung von ca. 45° gegenüber der Horizontalen verläuft. Am oberen Ende bringt man eine weitere Stativmuffe an, in der parallel zum Gewindestab ein kurzer Stativstab festgeschraubt ist. Diese Anordnung dient als Kurbel (→**B1**).

Durchführung des Experiments. Die Wanne wird zu $\frac{3}{4}$ ihrer Höhe mit Wasser gefüllt. Beim Drehen an der Kurbel taucht das untere Ende des Schlauches bei jeder Umdrehung einmal in das Wasser ein. Dadurch wird der Gewindegang teilweise mit Wasser gefüllt, das beim weiteren Drehen der Kurbel Gewindegang für Gewindegang nach oben geführt wird. Dort fließt es im selben Rhythmus stoßweise aus dem Schlauchende heraus [3, 6].

Ergebnis In einem schraubenförmigen Hohlraum kann man eine Flüssigkeit schräg nach oben bewegen, wenn sich die Schraube dreht und ihr unteres Ende in die Flüssigkeit eintaucht.

Hinweis Die Archimedische Schraube kann beliebig lang sein. Sie wurde um 300 v. Chr. von Archimedes erfunden und im Mittelmeerraum zur Bewässerung eingesetzt [9]. In Entwicklungsländern, insbesondere in Afrika und Indien, wird sie noch heute dazu genutzt. Selbst in der modernen Technik findet sie in Form von Förderschnecken, mit denen z. B. Beton transportiert wird, Verwendung.

Boot mit Schaufelrädern

Geräte und Materialien
1. Getränkedose, 0,5 l
2. zwei Styroporzylinder, 3 cm, 8 cm Durchmesser
3. 16 Kunststoffplättchen, 5 cm × 2 cm × 0,2 cm
4. Gummifaden, 40 cm
5. Messingrohr, 16 cm, 4 mm Durchmesser
6. zwei Rohre aus Messing, 2 cm, 5 mm Durchmesser
7. Drahthaken, klein, gebogen aus einer Briefklammer
8. Silikonkautschukpaste, 3 g

B1 Boot mit Gummiantrieb

Vorbereitung Die Getränkedose wird etwa 2 cm über ihrem Boden mit 4 mm Durchmesser quer durch den Dosenmantel durchbohrt. In diese Bohrungen wird die Welle eingebracht, nachdem man sie in ihrer Mitte mit einer Querbohrung von 2 mm Durchmesser versehen hat. Zu beiden Seiten der Dose schiebt man die 2 cm langen Teile des 5-mm-Messingrohres als Distanzstücke auf und befestigt außen die Schaufelräder an der Welle. Diese Räder stellt man aus den Styroporzylindern her. Dazu werden diese auf ihrer Peripherie in gleichen Abständen achtmal etwa 1 cm tief eingesägt. Diese Einkerbungen sollen etwa 2 mm breit sein. Die acht Schaufeln für jedes Rad können aus Kunststoff hergestellt werden. Man steckt sie in die Räder ein und klebt sie fest. Über der Welle schneidet man ein kreisrundes Loch in den Dosenmantel. Dadurch wird es möglich, das eine Ende des Gummifadens an die Welle anzuknoten. Das andere Ende des Fadens wird an dem kleinen Drahthaken befestigt, der an der Dosenöffnung auf der gegenüberliegenden Seite angebracht wird. Der Faden darf nur wenig gespannt sein (→**B2**).

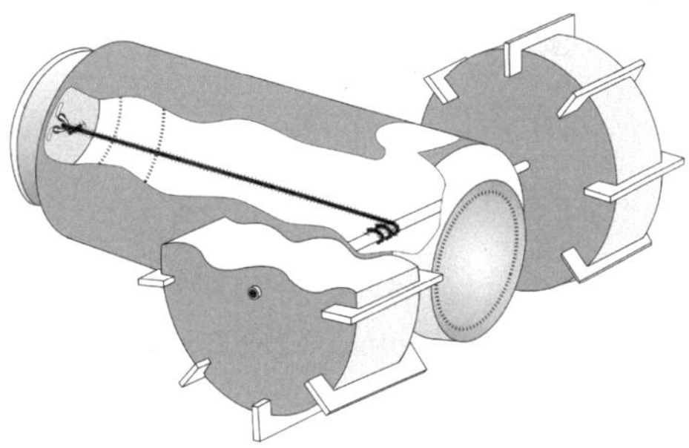

B2 Innerer Aufbau des Bootes

Durchführung des Experiments Die Schaufelräder werden so weit gedreht, bis das Gummi straff gespannt ist. Das erreicht man mit etwa 20 Umdrehungen. Dann bringt man das Boot auf die Wasseroberfläche eines kleinen Teiches. Das gespannte Gummi wickelt sich langsam von der Welle ab. Bei straffer Spannung erfolgt anfangs eine starke Beschleunigung. Nachfolgend bewegt sich das Boot mit immer kleiner werdender Geschwindigkeit weiter. Es legt dabei eine Strecke von einigen Metern zurück [3].

Ergebnis Der Gummimotor wandelt die potenzielle Energie des gespannten Gummifadens zunächst in die Rotationsenergie der Schaufelräder und dann in die kinetische Energie des Bootes um.

Hinweise
1. Zwei aneinander angeordnete Getränkedosen, von denen die Trennwände entfernt wurden, ermöglichen die Verwendung eines längeren Gummis. Das bewirkt eine größere Fahrstrecke.
2. Die Verwendung eines längeren Gummibandes ist auch dadurch möglich, dass das Band am gleichen Ende der Dose befestigt wird. Der Faden führt dann von der Vorderseite des Bootes über den Drahthaken zurück zur Welle mit den Schaufelrädern. Schließlich können auch beide Maßnahmen miteinander kombiniert werden.

Atmosphärischer Luftdruck

Geräte und Materialien
1. Getränkedose, 0,5 l
2. Dreifuß
3. Drahtnetz, 15 cm × 15 cm
4. Becherglas, 2 l
5. Gasbrenner
6. Greifzange

B1 Nachweis des atmosphärischen Luftdrucks

Vorbereitung Die Getränkedose wird etwa 0,5 cm hoch mit Wasser gefüllt und auf das Drahtnetz gestellt. Das Netz liegt auf dem Dreifuß. Das Becherglas wird fast vollständig mit kaltem Wasser gefüllt.

Durchführung des Experiments Man stellt den Brenner unter die Dose und entzündet die Flamme. Wenn etwa eine viertel Minute lang Dampf aus der Dosenöffnung gequollen ist, hat dieser die Luft in der Dose weitestgehend verdrängt. Dann erfasst man die Dose mit der Greifzange in der Höhe ihres Bodens. Man dreht sie um 180° um eine horizontale Achse und taucht sie einige Zentimeter in das Wasser im Becherglas ein. Die Dose wird augenblicklich zusammengequetscht. Dabei vollziehen sich folgende Vorgänge. Nach Erreichen der Siedetemperatur verdampft ein großer Teil des eingefüllten Wassers. Der Wasserdampf füllt die Dose völlig aus und verdrängt dabei die Luft. Nach dem Eintauchen in das kalte Wasser verschließt dieses die Öffnung der Dose. Infolge der Abkühlung kondensiert der Dampf in der Dose. Der Druck verringert sich erheblich, da Wasser infolge seiner Trägheit nur allmählich in die Dose eindringt. Dem Druck der äußeren Luft kann die Dose nicht standhalten. Sie wird zerquetscht [3, 4].

B2 Einfache Greifzange zum Festhalten der heißen Blechdosen

B3 Vom Luftdruck zerquetschte Dose

Ergebnis Durch Kondensieren von Dampf kann man weitgehend ein Vakuum erzeugen. Dünnwandige Gefäße können dem Luftdruck nicht standhalten und werden zusammengedrückt.

Hinweise
1. Um die Getränkedose sicher halten zu können, empfiehlt sich die Herstellung eines Halters. Er besteht aus zwei Holzleisten der Abmessungen 20 cm × 2 cm × 1 cm. Sie werden flach übereinandergelegt. Dann biegt man aus einem ca. 18 cm langen und 2 cm breiten Lochband aus Eisen einen Kreis von 7 cm Durchmesser. Die beiden Enden werden nach außen abgewinkelt. Dort befestigt man eine der Holzleisten mit kleinen Holzschrauben als Griff (→**B2**).
2. Die Getränkedose kann auch in der Nähe ihres Bodens umfasst und direkt über die Flamme des Brenners gehalten werden, nachdem man etwas Wasser eingefüllt hat.

Didaktisch-methodische Anregungen
1. Das Experiment führt zu einem großen Effekt. Seine Erklärung ist allerdings aufwendig, da die Trägheit des Wassers vorausgesetzt werden muss. Die nachfolgende Demonstrationsform lässt eine einfachere Auswertung zu. Es wird eine Blechdose mit Deckel benutzt, deren Getränkeöffnung rund gefeilt wurde. Man füllt etwas Wasser ein und erhitzt bis zum Sieden. Man wartet noch eine viertel Minute. Danach verschließt man die Trinköffnung mit einem Gummistopfen.
Zweckmäßigerweise erfolgt das so, dass man den Stopfen fest in die Öffnung einführt und mit diesem Stopfen als Griff die Dose sofort von der Wärmequelle nimmt. Man stellt sie etwas erhöht in eine flache Schale und übergießt sie mit kaltem Wasser. Der Wasserdampf kondensiert. Der äußere Luftdruck quetscht die Dose zusammen (→**B3**).
2. Noch einfacher erklärbar ist das Experiment, wenn man auf das Füllen mit Wasser verzichtet und den Stopfen durchbohrt. Ein eingestecktes Glasrohr ermöglicht den Anschluss der Dose über einen Vakuumschlauch zu einer Vakuumpumpe. Das Heraussaugen der Luft führt zum Zusammenquetschen der Dose.

Gebläse

Geräte und Materialien
1. Blechdose, 5 l
2. Stativstab, 5 cm, mit Gewinde und Mutter
3. zwei Unterlegscheiben, groß, auf das Gewinde passend
4. Experimentiermotor
5. Stativ, 50 cm, stabil, mit Stativmuffe

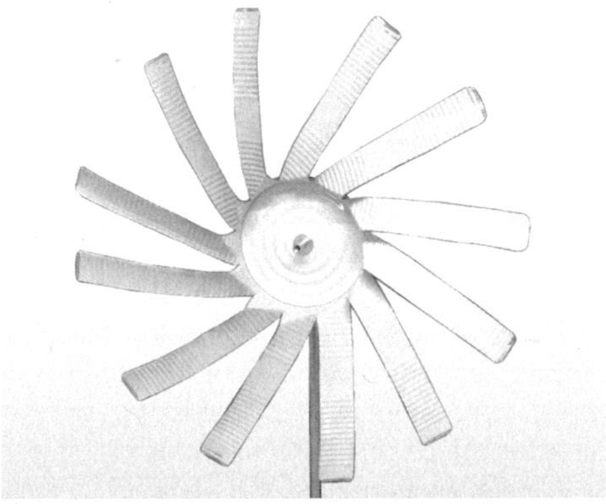

B1 Leistungsfähiges Gebläse aus einer großen Blechdose und einem Experimentiermotor

Vorbereitung Der Boden einer großen Blechdose wird in seiner Mitte auf etwa 8 mm aufgebohrt. In diese Bohrung wird der kurze Stativstab mit Gewinde gebracht und von innen mit einer Mutter fest verschraubt. Zur Stabilisierung legt man die beiden Unterlegscheiben beiderseits unter. Der Deckel der Dose wird entfernt. Der Bördelrand sollte jedoch erhalten bleiben. Man schneidet aus Millimeterpapier einen 3 cm breiten Streifen aus, der die Länge des Dosenumfanges besitzt. Diese Länge wird in zwölf gleiche Teile eingeteilt. Die trennenden Linien werden von dem Millimeterpapier auf die Blechdose übertragen. Dann schneidet man den Dosenmantel jeweils von oben beginnend längs der Linien in Richtung des Bodens der Dose ein, so dass oberhalb des Bodens ein etwa 2 cm breiter Rand bestehen bleibt. Die Streifen werden nun durch scharfes Biegen so abgewinkelt, dass sie einerseits wie der Strahlenkranz der Sonne verlaufen, andererseits einen Winkel von ca. 15° gegenüber der parallel zur Bodenplatte der Dose verlaufenden Ebene bilden. Die äußeren scharfen Kanten des Windrades werden sorgfältig abgerundet und glatt gefeilt. Der Stativstab in der Mitte der Blechdose wird in dem Bohrfutter eines leistungsfähigen Experimentiermotors befestigt (→**B1**).

Durchführen des Experiments Der Experimentiermotor wird eingeschaltet. Man vergrößert die Drehzahl des Motors. Es tritt ein kräftiger Luftstrom auf. Dieser ist z. B. für den Betrieb von Windturbinen geeignet, infolge des großen Durchmessers auch solcher größerer Abmessungen. Durch Verändern der Drehzahl des Motors können verschiedene Windgeschwindigkeiten eingestellt werden [6].

Ergebnis Aus einer großen Blechdose lässt sich leicht ein leistungsfähiges Gebläse herstellen.

Hinweise
1. Gebläse und Windturbinen lassen sich auch aus Kunststoffflaschen herstellen (siehe Band 1, Experimente „Luftstromerzeuger mit Homogenisator", „Windturbine mit horizontaler Welle" und „Windturbine mit vertikaler Welle").
2. Die mit dem Gebläse erzeugte Luftströmung ist stark turbulent und besitzt einen Drall. Zur Verringerung dieser Effekte kann ein Homogenisator aus Kunststoffflaschen dienen (siehe Band 1, Experiment „Luftstromerzeuger mit Homogenisator").
3. Um Experimente mit Flugmodellen auf dem Prüfstand in einem Gebäude durchführen zu können, kann man mehrere Gebläse nebeneinander oder übereinander aufstellen. In jedem Falle sollten Vorkehrungen getroffen werden, damit die rotierenden Flügel Personen und Gegenständen keinen Schaden zufügen.

Windturbine mit horizontaler Welle

Geräte und Materialien
1. Konservendose, 5 l
2. Maschinenschraube, 4 cm, mit langem Gewinde und M-8-Mutter
3. Experimentiermotor mit Getriebe, klein
4. Glühlampe, 3,8 V / 0,07 A mit Fassung und Kabel
5. Stativ, 50 cm, stabil mit Stativmuffe
6. Wind oder leistungsfähiges Gebläse

B1 Eine Blechdose und ein kleiner Experimentiermotor mit Getriebe ermöglichen die Herstellung einer Windturbine mit Generator.

Vorbereitung Um eine Windturbine mit horizontaler Welle in der Art eines Farmerwindrades aus einer großen Konservendose herzustellen, wird deren Deckel entfernt und in die Mitte des Bodens ein Loch von 8 mm Durchmesser eingebracht. Durch dieses Loch wird die M-8-Maschinenschraube gesteckt und das Windrad daran mit einer Mutter befestigt. Die Schraube wird als Welle in das Futter des kleinen Experimentiermotors mit Getriebe eingespannt, der an dem stabilen Stativ befestigt ist.

Die Flügel der Windturbine stellt man dadurch her, dass man den Mantel der Blechdose entsprechend der Beschreibung im Experiment „Gebläse", S. 43 in ca. 3 cm breite Streifen schneidet, die jeweils von der Öffnung bis zur Bodenplatte reichen. Dort werden alle Flügel um 90° abgespreizt und gleichmäßig abgewinkelt (→**B1**).

Durchführung des Experiments Man bringt die Turbine in den Wind oder in den gedrosselten Luftstrom des Gebläses. Sie dreht sich mit wenigen Umdrehungen pro Sekunde. Die an den Experimentiermotor angeschlossene Lampe leuchtet auf.
Man verdoppelt die Geschwindigkeit der Luftströmung, indem man z. B. die Gebläsespannung verdoppelt. Die Helligkeit der Lampe nimmt stark zu.

Ergebnis Eine Windturbine wandelt die kinetische Energie des Windes in die kinetische Energie des rotierenden Flügelrades um. Die übertragene Leistung nimmt mit der Windgeschwindigkeit stark zu [8, 11].

Hinweise
1. Siehe Hinweis 6 zum Experiment „Windturbine mit vertikaler Welle" auf S. 46. Damit sich die Farmer-Windturbine selbst auf die jeweilige Richtung des Windes einstellt, kann diese um die vertikale Achse drehbar gelagert werden. Anstelle eines Schwertes, das die Richtungsänderung je nach der Windrichtung bewirkt, wird auf der dem Winde abgewandten Seite eine große Getränkedose so befestigt, dass die Achse des Windrades in Verlängerung der Dose liegt. Boden und Deckel der Dose werden entfernt. Je größer der Abstand dieser Dose von der vertikalen Drehachse ist, umso wirksamer ist diese Stellvorrichtung.
2. Kleinere Windturbinen mit horizontalen Wellen lassen sich mit geringerem Aufwand aus einer großen Getränkedose (0,5 l) herstellen. Das Präparieren der Dose erfolgt dabei in der entsprechenden Weise. Der geringere Durchmesser führt bei gleicher Windgeschwindigkeit zu einer größeren Drehzahl, so dass die Dose an der Welle einer Fahrradlichtmaschine angebracht werden kann.

Windturbine mit vertikaler Welle

Geräte und Materialien
1. vier Getränkedosen, 0,33 l
2. zwei Holzleisten, 30 cm × 10 cm × 0,5 cm
3. Fahrradlichtmaschine
4. Glühlampe, 3,8 V / 0,07 A, mit Fassung und Kabel
5. Stativ, 50 cm, mit Stativmuffe
6. Gebläse mit kräftigem Luftstrom
7. Alleskleber, 20 g

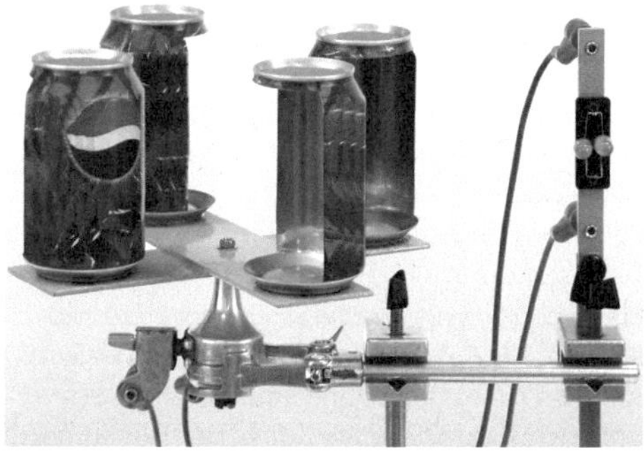

B1 Windturbine mit Generator in Form eines Anemometers

Vorbereitung Bei jeder Dose wird die Hälfte des Dosenmantels entfernt. Grund- und Bodenplatte bleiben zur Stabilisierung der Anordnung unverändert erhalten. Die beiden Leisten werden um 90° versetzt zu einem Kreuz miteinander verklebt. Auf die vier äußeren Enden des Holzkreuzes wird je eine Dose so aufgeklebt, dass beim Rotieren des Laufrades nach jeweils 90° Drehung wieder der gleiche Zustand erreicht ist. Die Fahrradlichtmaschine wird am Stativ befestigt, so dass ihre Welle vertikal verläuft. Das Kreuz wird mit einer Bohrung im Mittelpunkt an der Welle einer vertikal stehenden Fahrradlichtmaschine befestigt. An die Lichtmaschine schließt man die Glühlampe an. Die Fahrradlichtmaschine wird am Stativ befestigt, so dass ihre Welle vertikal verläuft (→**B1**).

Durchführung des Experiments Man stellt die Turbine im Wind auf oder bringt sie in den Luftstrom des Gebläses. Der Rotor führt eine Drehbewegung aus. Die Glühlampe leuchtet infolge der induzierten Wechselspannung.
Das Wirkprinzip dieser Windturbine mit vertikaler Achse beruht auf dem unterschiedlichen Widerstandsbeiwert der geöffneten Dosen. Trifft der Wind auf die konvexe Krümmung des Dosenmantels, so liegt der Widerstandsbeiwert bei 0,3. Beim Auftreffen auf die konkave Öffnung bei etwa 1,3. Aus der Differenz für die Widerstandskräfte resultiert das Drehmoment bei auftreffendem Luftstrom [4, 5, 6, 7].

Ergebnis Trifft eine Luftströmung auf einen Widerstandskörper, der die Form einer Halbkugel oder eines Halbzylinders hat, so ist dessen Widerstand sehr unterschiedlich, wenn die Strömung von vorn oder von hinten auf die gekrümmte Fläche auftrifft.

Hinweise
1. Der Vorzug dieser Anordnung besteht darin, dass sie unabhängig von der Windrichtung arbeitet und deshalb nicht dem Wind nachgeführt werden muss. Der Nachteil dieser Form der Windturbine besteht darin, dass es keine einfache Möglichkeit gibt, bei Sturm die Anordnung aus dem Wind herauszunehmen, um Schaden zu vermeiden.
2. Anordnungen dieser Art verwenden die Meteorologen zur Messung der Windgeschwindigkeit. Diese „Schalenkreuze“ (sog. Anemometer) besitzen offene Halbkugeln, die den unterschiedlichen Strömungswiderstand bewirken.
3. Will man nur das Wirkprinzip einer Windturbine mit vertikaler Achse demonstrieren, so genügt es, in eine Blechdose beliebiger Größe gleichsinnig Fenster auszuschneiden, so dass sie mit ihrer vierten Seite, die parallel zur Dosenachse verläuft, an der Dose befestigt bleiben. Zweckmäßig sind vier Fenster. Bei Dosen größerer Durchmesser sind auch sechs oder acht Fenster möglich. Die Blechstücke werden so gebogen, dass sie die Form halbkreisförmiger Schaufeln besitzen.
4. Um die Leichtgängigkeit zu garantieren, wird in den Deckel der Dose ein Loch eingebracht, in das von innen eine Telefonbuchse gesteckt und außen verschraubt wird. Der Boden der Dose erhält ein Loch von ca. 1 cm Durchmesser. In dieses Loch steckt man einen Holzstab, an dessen oberen Ende eine Nähnadel befestigt ist, die mit der Spitze nach oben zeigt und in die Telefonbuchse hineinragt. Der untere Teil des Holzstabes wird im einfachsten Falle in eine große Blechdose mit Sand gesteckt oder in einer Blechdose mit Gips befestigt. Wegen des geringen Reibungswiderstandes dreht sich die Dose selbst bei geringstem Wind und unabhängig von der Windrichtung.

5. Eine elegantere Form dieser Turbine läst sich aus einer 1-Liter- und einer 5-Liter-Konservendose herstellen. Für den sog. „offenen Savonius-Rotor" entfernt man von der 5-Liter-Dose Deckel und Boden einschließlich Bördelrand. In die Mitte des Deckels bohrt man ein Loch von 8 mm Durchmesser, um ihn später mittels Nabe auf die Welle eines Spielzeugmotors, der als Generator verwendet wird, montieren zu können. Die 1-Liter-Dose wird längs ihrer Symmetrieachse halbiert und so auf dem durchbohrten Deckel befestigt, dass der Boden nach oben weist und die Halbierungsöffnungen der Dosen einander zugekehrt sind. Die Halbdosen werden seitlich so weit gegeneinander versetzt, dass bis zum Bördelrand ca. 1 cm Platz bleibt. Die Befestigung kann mit Drahtstücken erfolgen, die durch kleine Löcher in der Nähe der Berührungsstellen mit 0,3 mm Kupferdraht verdrillt werden. Der zweite Deckel der 5-Liter-Dose dient zum vollständigen Abschluss der Oberseite der Turbine. Zu diesem Zweck wird der Deckel in der Nähe seiner Peripherie an zwei einander gegenüberliegenden Stellen durchbohrt und mit M-3-Maschinenschrauben an den Oberseiten der halbierten Dosen angeschraubt. Das Turbinenlaufrad wird im Bohrfutter eines kleinen Niederspannungs-Experimentiermotors so befestigt, dass die Drehachse vertikal verläuft (→**B2**). Das Anbringen der großen Scheibe erhöht den Wirkungsgrad. Gleiches trifft zu, wenn man das Durchströmen der Luft von der einen Halbdose zur anderen durch Einbringen einer kleinen Scheibe verhindert.

B2 Savonius-Rotor

6. Der einfachste Nachweis der induzierten Spannung kann, wie beschrieben, mit einer kleinen Glühlampe erfolgen. Empfindlicher ist jedoch die Verwendung von zwei großen roten Leuchtdioden. Damit beide Halbwellen der Wechselspannung genutzt werden, schaltet man sie antiparallel.

Didaktisch-methodische Anregung Windturbinen lassen sich auch leicht aus Kunststoffflaschen herstellen (siehe Band 1 der Experimentierbuchreihe, Experimente „Windturbine mit horizontaler Welle" und „Windturbine mit vertikaler Welle"). Blechdosen ermöglichen stabilere Anordnungen und erweitern die experimentellen Möglichkeiten. Auch diesbezüglich lassen sich leicht Schülerwettbewerbe organisieren. Hinsichtlich der Abmessungen kann die maximal mögliche Fläche vorgegeben werden, die von den Turbinenlaufrädern überstrichen wird. Zum Vergleich der hergestellten Turbinen bietet sich die Strom-Spannungsmessung und Berechnung der Leistung eines Fahrraddynamos an, der an die Turbine angeschlossen wird. Um gleiche experimentelle Bedingungen zu realisieren, können die Turbinen nebeneinander auf einer hinreichend freien Fläche aufgestellt werden.

H-Rotor

Geräte und Materialien

1. zwei Spraydosen, 25 cm, 4 cm Durchmesser
2. zwei Streifen aus festem Karton, 25 cm × 8 cm
3. zwei Gewindestäbe, 30 cm, M 5, mit Muttern
4. zwei Holzleisten, 60 cm × 3 cm × 1 cm
5. vier Flügelmuttern, M 5
6. Telefonbuchse
7. Stativ, 50 cm, mit Stativmuffe
8. Stativstab, 50 cm, mit Spitze
9. Schnurlaufrolle, groß
10. Kleinstmotor mit kleiner Schnurlaufrolle
11. Glühlampe, 3,8 V / 0,07 A, mit Fassung und Kabel
12. Gummiring
13. Rohrklemme
14. Gebläse, leistungsfähig
15. Alleskleber, 10 ml

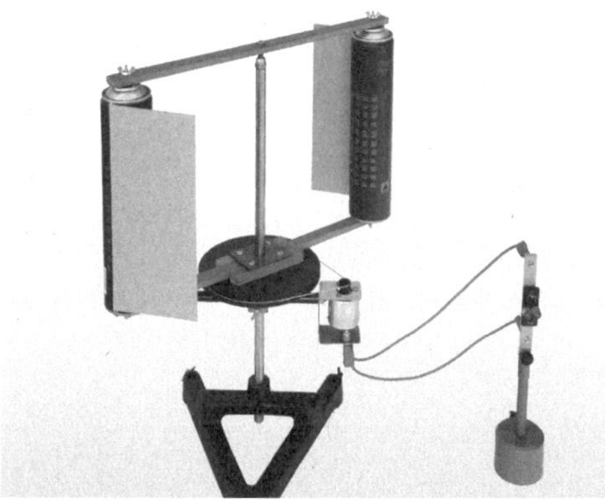

B1 H-Rotor mit zwei Flügeln

Vorbereitung Auf die beiden Mäntel der zylinderförmigen Dosen wird der Kartonstreifen jeweils längs aufgeklebt, so dass eine lange Seite des Streifens längs des Dosenmantels verläuft, wobei die kurzen Seiten zwei Tangenten darstellen. Diese Anordnung, entspricht weitgehend einer Tragfläche.
Beide Blechdosen werden in der Mitte ihres Deckels und ihres Bodens mit je einem 5-mm-Loch versehen. Durch jede Dose wird ein 5-mm-Gewindestab gesteckt, so dass er auf beiden Seiten etwa 2 cm herausragt, und mit Muttern befestigt. Die Enden der Gewindestäbe werden an den Holzleisten, deren Enden durchbohrt sind, mit den Flügelmuttern verschraubt. In der Mitte der oberen Holzleiste ist eine Telefonbuchse mit der Öffnung nach unten in einer Bohrung befestigt. Die Mitte der unteren Leiste ist mit einer Bohrung von 14 mm Durchmesser versehen. Dort ist unter der Leiste zentrisch die Schnurrolle aus Kunststoff aufgeklebt, die eine gleich große Bohrung besitzt. In dem großen Stativfuß befestigt man vertikal den Stativstab, der an seinem oberen Ende mit einer Spitze versehen ist. Auf diesen Stab bringt man von oben her das Turbinenlaufrad, so dass die Spitze in die Telefonbuchse hineinragt (→**B1**). Die Turbine wird über den Gummiring mit dem Kleinstmotor verbunden, der eine kleine Schnurrolle besitzt. Er ist mit der Stativmuffe und der Rohrklemme am Stativstab befestigt. Die Anschlüsse des Motors, der als Generator arbeitet, werden mit der Glühlampe verbunden. Die Kartonstreifen sollen mit den Holzleisten einen Winkel von etwa 70° bilden.

Durchführung des Experiments Das Gebläse wird auf mittlere Leistung eingestellt und eingeschaltet. Man stößt das Turbinenlaufrad leicht an. Es rotiert. Die Strömungsgeschwindigkeit wird erhöht. Die Drehzahl nimmt zu, und die Glühlampe leuchtet. Der Anstellwinkel der Flügel wird um einige Grad vergrößert und dann gegenüber der ursprünglichen Lage verringert. Die Glühlampe leuchtet zunächst heller, dann dunkler.

Ergebnis Eine Windturbine mit vertikaler Welle kann auch tragflächenförmige Rotorflügel besitzen. Beim Rotieren ändern sich die Anstellwinkel laufend. Die kinetische Energie der Luftströmung wird sowohl durch den dynamischen Auftrieb als auch durch den Anemometereffekt auf den Rotor übertragen.

Hinweise

1. Der H-Rotor vereinigt in sich die Vorzüge des Tragflächenprofils mit denen eines Vertikalrotors. Er braucht der Windrichtung nicht nachgeführt zu werden.
2. Bei Sturm können die Flügel gedreht (aus dem Wind genommen) werden, damit keine Schäden auftreten.
3. Die Verwendung von Blechdosen erspart die aufwendige Herstellung von Tragflächenprofilen z. B. aus Schaumstoff. Das Profil von Blechdosen und Kartonstreifen ist dem Tragflächenprofil ausreichend ähnlich. Zur Verbesserung des Profils kann ein etwas dünnerer und breiterer Kartonstreifen gegenüber dem ersten auf dem Dosenmantel aufgeklebt werden, der bis hin zur freien Breitseite des dickeren Streifens führt und dort angeklebt wird (→**B2**).
4. Siehe Hinweis 6 zum Experiment „Windturbine mit horizontaler Welle" auf S. 46!

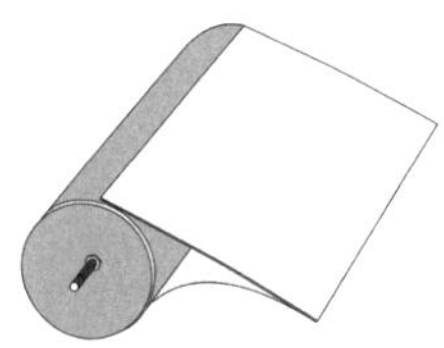

B2 Einfache Herstellung der Flügel aus je einer Blechdose und einer Kartonplatte. Das Einkleben eines dicken Papierblattes verbessert die Wirkung geringfügig.

Luftkissenfahrzeug

Geräte und Materialien
1. Deckel einer Gebäckdose, 20 cm Durchmesser
2. Computerlüfter, 9 cm × 9 cm × 2,5 cm, 12 V / 0,3 A
3. Papierblatt, dick, 20 cm Durchmesser
4. Kunststoffplatte, 90 mm × 90 mm × 1 mm
5. zwei dünne, flexible, isolierte Leitungen
6. Netzgerät, 0 V bis 20 V
7. Glasplatte, mind. 50 cm × 50 cm
8. Alleskleber, 5 g

B1 Luftkissenfahrzeug, hergestellt mit einem Computerlüfter

Vorbereitung Der Deckel der Gebäckdose erhält in seiner Mitte ein Loch von 9 cm Durchmesser. Auf die Außenseite des Deckels wird das dicke Papierblatt aufgeklebt. Es wird ringförmig ausgeschnitten, so dass es einen Außendurchmesser von 20 cm und einen Innendurchmesser von 9 cm besitzt. Dieser Papierring sorgt für einen guten Kontakt zwischen dem Luftkissenfahrzeug und der Unterlage. Ins Innere des Deckels klebt man zentrisch den Computerlüfter, so dass sein Luftstrom von der Innenseite des Deckels nach außen gerichtet ist. Die Ansaugseite des Lüfters wird mit der Kunststoffplatte beklebt, die in der Mitte eine kreisförmige Öffnung von 5 cm Durchmesser erhält. Für die Stromzufuhr finden die flexiblen Leitungen Verwendung (→**B1**).

Durchführung des Experiments Das Luftkissenfahrzeug wird mit der Oberseite des Deckels auf eine hinreichend glatte Unterlage gelegt. An den Lüfter wird eine Spannung von 15 V gelegt. Das Luftkissenfahrzeug schwebt. Die Stromstärke von etwa 0,4 A führt in der kurzen Betriebszeit zu keiner nachteiligen Erwärmung des Motors. Die nahezu reibungsfreie Bewegung wird auch nicht durch kleine Unebenheiten beeinträchtigt. Die Anordnung hat eine Masse von etwa 150 g. Bringt man sie auf die horizontal ausgerichtete Glasplatte, so bewegt sie sich nach dem Anstoßen hinreichend gut geradlinig gleichförmig. Es ist ein Zuladen von weiteren 100-g-Wägestücken möglich. Das resultiert daraus, dass das Lüfterrad nicht nur die Luft nach unten befördert, sondern durch die Verengung des Ansaugbereichs infolge der Fliehkraft außerdem von innen nach außen. Das führt zu einer Druckerhöhung (→**B2**).

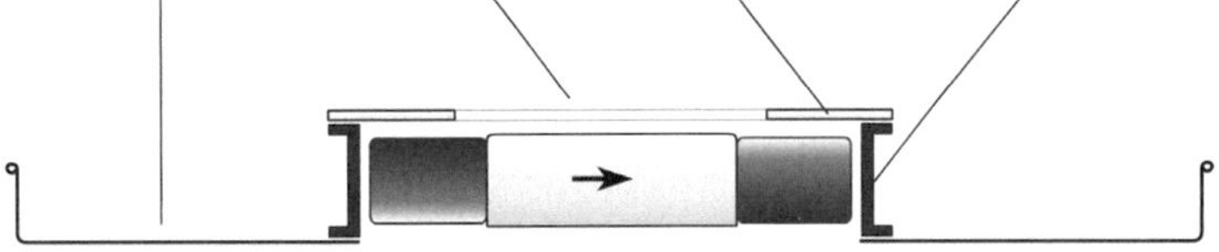

B2 Schnitt durch das Luftkissenfahrzeug

Ergebnis Aus einem Computerlüfter und dem Deckel einer großen Blechdose kann man auf einfache Weise ein Luftkissenfahrzeug herstellen. Auf einer glatten Unterlage bewegt es sich nahezu reibungsfrei.

Hinweis Funktionstüchtige Luftkissenfahrzeuge können auch in größeren Abmessungen hergestellt werden. Je größer die Grundfläche ist, umso größer ist auch die Tragkraft. Auch mit zunehmender Luftmenge, die pro Minute durch das Fahrzeug strömt, wächst die Tragkraft. Dabei nimmt auch die Dicke des Luftkissens zu. Das hat den Vorzug, dass ein derartiges Fahrzeug auch auf einer rauen Unterlage nahezu ohne Reibung fahren kann (Holztischplatte, Parkett). Dadurch werden z. B. Experimente mit mechanischen Bewegungen möglich, die gut sichtbar sind. Bei großen Luftkissen-Fahrzeugen stören die elektrischen Zuleitungen, die mitgeführt werden müssen, infolge ihres geringen Durchmessers zumeist nicht. Wenn man eine geeignete Spannungsquelle (Batterie, Akkumulator) im Fahrzeug anordnet, liegt die Betriebsdauer des Fahrzeugs nur in der Größenordnung von Minuten.

Flettner-Rotor

Geräte und Materialien
1. Getränkedose, 1 l
2. Wagen, klein, mit Gummibereifung
3. Kleinstmotor
4. Stricknadel, zur Motorwelle passend
5. Gummischlauch, 2 cm, straff auf die Motorwelle passend
6. Rohrklemme, klein
7. Stativmuffe
8. Netzgerät für Kleinstmotor
9. Gebläse, leistungsstark

B1 Fahrzeug mit Flettner-Rotor

Vorbereitung Auf dem Wagen wird der Kleinstmotor so angebracht, dass seine Antriebswelle senkrecht nach oben zeigt. Er wird mit der Rohrklemme und der Stativmuffe befestigt. Über dünne Verbindungskabel wird er an das Netzgerät angeschlossen.
Durch die Getränkedose wird die Stricknadel als Welle gesteckt und auf die Motorwelle aufgesetzt, so dass sie sich um ihre vertikale Achse drehen kann. Die Verbindung zwischen Motorwelle und Dosenwelle erfolgt mittels des dünnen Gummischlauches. Eine solche Anordnung garantiert eine stabile senkrechte Stellung des Rotors. Es ist jedoch erforderlich die Rotorwelle in der Anlaufphase in senkrechter Lage zu halten bis die Drehzahl ausreicht, um sie in vertikaler Lage zu stabilisieren. Eine feste mechanische Verbindung zwischen dem Motor und dem Rotor ist zwar einfacher zu handhaben, ihre Herstellung ist jedoch wegen der erforderlichen Präzision mit einem höheren Aufwand verbunden.

Durchführung des Experiments Zur Durchführung des Experimentes wird die Anordnung nach **B1** aufgebaut. Trifft der seitliche Luftstrom die rotierende Blechdose, so ergibt sich senkrecht zur Strömungsrichtung der Luft eine Kraft. Bei Änderung der Drehrichtung der Dose oder Umkehren der Windrichtung bewegt sich der Wagen in entgegengesetzter Richtung gegenüber dem ersten Fall. Wenn der Luftstromerzeuger mitgeführt wird, erreicht man eine kontinuierliche Bewegung senkrecht zur Strömungsrichtung. Die Anschlüsse des Netzgerätes werden vertauscht. Dadurch verändert sich der Drehsinn des Motors. Bei eingeschaltetem Gebläse bewegt sich der Wagen in entgegengesetzter Richtung.

Beim Rotieren der Dose folgt die Luft, die sich in der Nähe des Zylindermantels befindet, der Kreisbewegung.
Diese Kreisbewegung überlagert sich mit der Luftbewegung, die den Wind darstellt. Auf der Seite des Zylinders, auf der beide Luftströmungen gleichgerichtet sind, entsteht ein Unterdruck. Er äußert sich in einer Zugkraft. Auf der Seite, wo die Luftströmungen aus entgegengesetzter Richtung aufeinanderstoßen, staut sich die Luft. Dadurch steigt der Druck und es wirkt auf den Zylinder eine schiebende Kraft (→**B2**) [4].

Ergebnis Rotiert ein zylinderförmiger Körper so in einem Luftstrom, dass seine Drehachse senkrecht zur strömenden Luft verläuft, so tritt der Magnus-Effekt auf. Auf den rotierenden Zylinder wirkt eine Kraft, die senkrecht zur Strömungsrichtung der Luft und zur Symmetrieachse des Zylinders gerichtet ist. Diese Kraft wird im sog. Flettner-Rotor als wirksamer Schiffsantrieb verwendet. Voraussetzung ist allerdings, dass der Wind weht.

Hinweise
1. Der Magnus-Effekt kann auf einfache Weise auch mit einer Kunststoffflasche demonstriert werden (siehe Band 1, Experiment „Magnus-Effekt").
2. Voraussetzung für das gute Gelingen des Experiments ist, dass der Wagen Spurtreue hält. Das ist im einfachsten Falle dadurch zu erreichen, dass man ihn auf geeignete Schienen bringt. Hierfür ist auch die Luftkissenbahn einsetzbar.

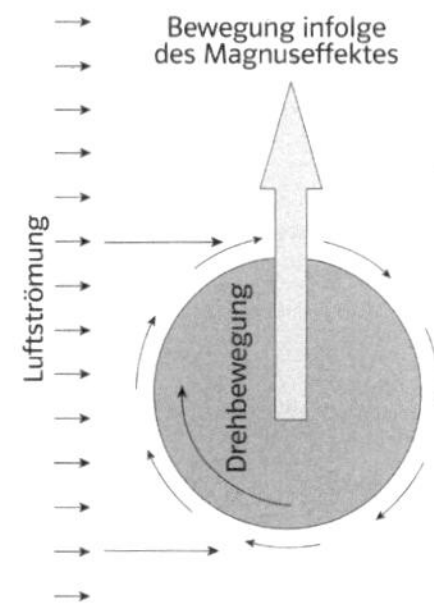

B2 Wirkungsweise eines Flettner-Rotors

Wirbelkanone

Geräte und Materialien

1. Blechdose, 5 l bis 10 l
2. Gummimembran, 400 mm × 400 mm × 0,5 mm
3. zwei Gummiringe für Einweckgläser
4. fünf Stearinkerzen mit Ständer
5. Wellpappe, 20 cm × 15 cm
6. Becherglas, 1 l

Vorbereitung Von der Dose wird der Deckel entfernt. In die Mitte des Bodens schneidet man ein Loch von 4 cm Durchmesser mit einem möglichst glatten Rand (→**B1**). Über die obere Öffnung spannt man die Gummimembran möglichst straff. Das erfolgt durch Befestigen des Membranrandes mit den beiden Gummiringen (→**B2**). Die Kerzen werden in einem Abstand von 2 m bis 3 m nebeneinander aufgestellt.

Durchführung des Experiments Man rollt die Wellpappe zu einem Zylinder auf und zündet dessen eines Ende an. Nach wenigen Sekunden bläst man die Flamme wieder aus. Dieses glimmende Ende steckt man in die Öffnung der Wirbelkanone und wartet, bis der starke Rauch daraus hervorquillt. Dann taucht man die glimmende Papprolle in das mit Wasser gefüllte Becherglas. Die Wirbelkanone hält man schräg nach oben und schlägt mit den Fingern oder der Faust einmal kurz gegen die Gummimembran. An der Öffnung bildet sich ein Ringwirbel. Er fliegt zunächst mit größerer Geschwindigkeit, dann zunehmend langsamer von der Dose weg. Dabei nimmt sein Durchmesser kontinuierlich zu. Der Wirbelring kann einige Meter weit verfolgt werden. Man wiederholt den Schlag mit einer etwas größeren Kraft. Die Anfangsgeschwindigkeit des Wirbels ist größer. Das Experiment wird wiederholt. Dabei übt man kurzzeitig aufeinanderfolgend zwei leichte Schläge auf die Membran aus. Es treten zwei Wirbel auf. Der zweite holt den ersten ein. Der erste erweitert sich und lässt den zweiten durch sich hindurch. Danach durchdringt der ehemalige erste Wirbel wieder den zweiten. Dieser Vorgang kann sich noch wiederholen. Schließlich zündet man die Kerzen an. Man richtet die Wirbelkanone aus 2 m bis 3 m Entfernung so auf die Kerzen, dass der Wirbelring durch eine Flamme hindurchgeht. In diesem Falle löscht die rotierende Luft die Flamme aus. Nach einiger Übung gelingt das gut.

B1 Wirbelkanone, Gummimembran auf der Rückseite

B2 Aus der Öffnung treten Ringwirbel aus.

Ergebnis Tritt ein Luftstrom kurzzeitig aus einer kreisförmigen Öffnung aus, so kann ein Ringwirbel entstehen. Er wird durch die Abbremsung des kurzen Luftstrahls in der ruhenden Luft der Umgebung bewirkt.

Hinweise

1. Um die Ausbreitung der Wirbelringe nicht zu stören, sollte die Umgebungsluft ruhen.
2. Anstelle der Gummimembran kann auch ein Aufspannen von Kunststofffolie erfolgen.
3. Gleichartige Wirbel lassen sich mit einer elektromagnetischen Erregung erzeugen. Dabei findet anstelle der Membran ein großer Lautsprecher Verwendung.
Das Netzgerät für Gleichspannung lädt über einen Widerstand von 100 Ω einen Kondensator mit 2000 µF auf. Er wird über einen Taster und einer Spule mit 1000 Windungen und geschlossenen Eisenkern über den Lautsprecher entladen. Dadurch wird der Impuls so geformt, wie es dem Anstoßen der Gummimembran mit der Hand entspricht.
4. Einfacher ist die Erzeugung von Wirbelringen mit einer Kunststoffflasche (siehe Experiment und Bild „Wirbel" im Band 1).

Didaktisch-methodische Anregung Das Ausblasen einer Kerze zeigt, dass die Geschwindigkeit innerhalb eines Wirbels größer ist, als seine Ausbreitungsgeschwindigkeit. Die mit Rauch sichtbar gemachten Bereiche kennzeichnen nur die zentralen Teile des Wirbels. Das Experiment mit den sich gegenseitig durchdringenden Wirbelringen lässt erkennen, dass das Wirbelfeld viel weiter nach außen reicht.

Sirene

Geräte und Materialien
1. Blechdose, Durchmesser 15 cm
2. Gummistopfen, 3 cm Durchmesser
3. zwei Messbuchsen
4. Spielzeugmotor
5. Holzscheibe, straff in die Blechdose passend
6. zwei Maschinenschrauben mit Mutter, M 3
7. drei Holzschrauben, klein
8. Netzgerät, 0 V bis 20 V
9. Stativfuß, groß
10. Stativstab, 20 cm, mit Gewinde und Mutter
11. zwei Unterlegscheiben, groß
12. Alleskleber, 0,2 ml
13. Gebläse vom Luftkissentisch mit Schlauch

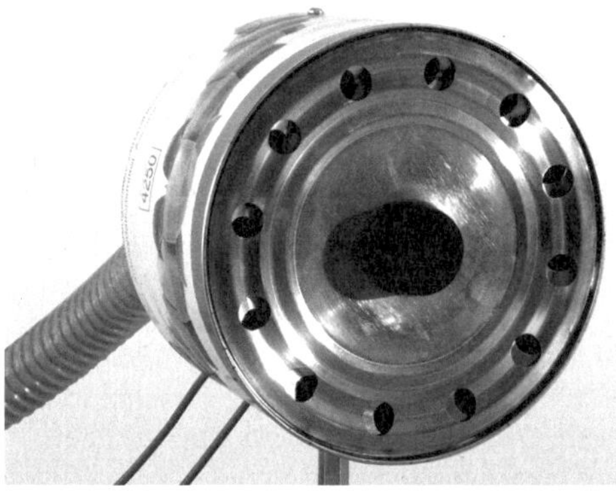

B1 Eine rotierende Lochscheibe unterbricht periodisch den Luftstrom.

Vorbereitung Der Mantel der Blechdose wird bis auf eine Höhe von 12 cm abgeschnitten. Der Boden der Dose wird in der Nähe der Peripherie mit zwölf äquidistanten Löchern von je 1 cm Durchmesser versehen. In seine Mitte bohrt man ein Loch von 0,3 cm Durchmesser. Aus dem Deckel der Dose stellt man eine Platte her, die mit der gleichen Lochzahl und Lochgröße sowie dem gleichen Lochabstand versehen wird. Diese Lochscheibe wird von außen her vor den durchlöcherten Boden gebracht und auf die Welle des Spielzeugmotors aufgesteckt. Dazu wird vorher der Deckel auf den großen Gummistopfen aufgeklebt und dieser mit einer Zentralbohrung entsprechend dem Durchmesser der Motorwelle versehen.
Der Motor wird zentrisch von innen her am Boden der Dose befestigt. Das erfolgt mittels der Schelle und zweier Maschinenschrauben. Die offene Seite der Blechdose verschließt man mit der kreisförmigen Platte und befestigt diese mittels dreier radial eingeschraubter Holzschrauben. Die Platte wird mit einer Bohrung versehen, in die der Gebläseschlauch straff hineinpasst. In die Platte werden weiterhin zwei Buchsen eingeschraubt, an denen von innen her die Motoranschlüsse befestigt werden. Die Halterung der Dose erfolgt mit dem Gewinde an einen etwa 20 cm langen Stativstab. Zur Verstärkung wird auf den Mantel der Dose innen und außen je eine große Unterlegscheibe gebracht (→**B1**).

Durchführung des Experiments Man legt an die Buchsen der Sirene eine Gleichspannung an. Dadurch wird die äußere Lochplatte in Drehbewegung versetzt. Das bewirkt, dass die Bohrungen im Boden der Dose rhythmisch geöffnet und geschlossen werden. Die notwendige Luftströmung erzeugt man mit Hilfe des Gebläses. Die Sirene erzeugt einen Ton. Das Gebläse wird auf höchste Leistung geschaltet. Es tritt eine große Lautstärke auf. Um den typischen Sirenenton zu erzeugen, verändert man die Spannung am Spielzeugmotor, so dass ineinander übergehend Töne unterschiedlicher Höhe bzw. Tiefe auftreten. Infolge des großen Luftdurchsatzes, der gleichzeitig durch alle Löcher erfolgt, ist der Ton sehr laut.

Ergebnis Durchströmt Luft eine Öffnung, die sich periodisch öffnet und schließt, so entsteht bei Frequenzen über 16 Hz ein Ton. Die Tonhöhe nimmt mit der Frequenz zu.

Hinweis In technischen Sirenen erzeugt ein und derselbe Motor die strömende Luft und er unterbricht außerdem rhythmisch den Luftstrom. Um die Tonhöhe abwechselnd anschwellen und abklingen zu lassen, wird seine Drehzahl wunschgemäß eingestellt. Dadurch erhöht sich mit der Tonhöhe auch die Lautstärke. Die Lautstärke der tiefen Töne ist dadurch geringer.

Dampfpfeife

Geräte und Materialien

1. zwei Spraydosen, 15 cm, 5 cm Durchmesser
2. Spraydose, 15 cm, 4 cm Durchmesser
3. Gewindestab M 8, mit sechs Muttern
4. Gummistopfen, 5 cm Durchmesser, durchbohrt mit 1,5 cm Durchmesser
5. Kupferrohr, 5 cm, 1,5 cm Durchmesser, oben verschlossen
6. Gebläse vom Luftkissentisch mit Schlauch

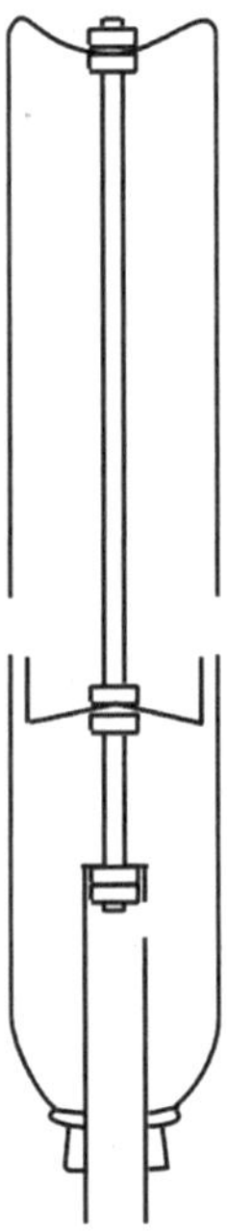

B2 Schnitt durch die Dampfpfeife

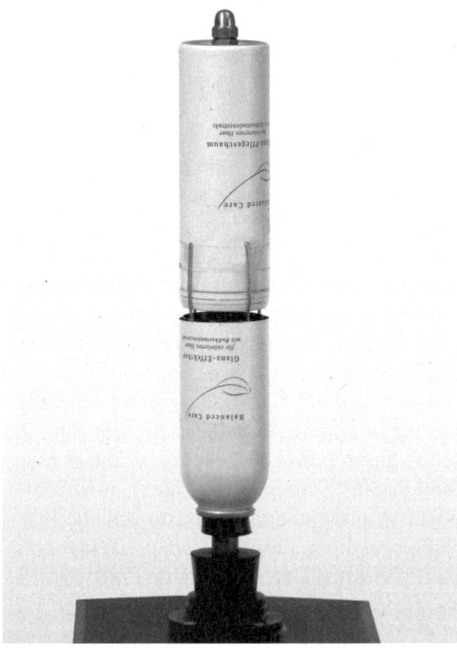

B1 Mit Druckluft betriebene Dampfpfeife

Vorbereitung Von der ersten Dose wird der Boden durchbohrt, so dass der M-8-Gewindestab eingebracht werden kann. Der Deckel der Dose wird entfernt. Die Schnittfläche soll eine scharfe Kante bilden. Von der zweiten Dose wird der Boden entfernt. Dazu wird die Dose etwa 1 cm über dem Boden abgeschnitten. Von der dritten Dose wird das Oberteil entfernt, so dass der Mantel ca. 2 cm hoch stehen bleibt. Das Innere des Deckels der zweiten Dose wird ebenfalls nicht benötigt. Die Wulst soll jedoch erhalten bleiben. In die Öffnung steckt man den großen durchbohrten Gummistopfen hinein (→**B1**). In die Bohrung des Gummistopfens bringt man das kurze Stück Kupferrohr. In das Innere der zweiten Dose bringt man in den oberen Bereich gemäß der Skizze (→**B2**) den Boden der dritten Dose symmetrisch auf dem 8-mm-Gewindestab an, nachdem man sie durchbohrt hat. Auf diese Weise entsteht eine ringförmige Düse, aus der die Luft nach oben austreten kann. Die Pfeife wird mit dem großen Gummistopfen auf die Luftaustrittsöffnung des Gebläses aufgesetzt, so dass die Gebläseluft durch das Kupferrohr ins Innere des unteren Hohlraumes der Anordnung gelangen kann. Das Kupferrohr endet in einem Verschluss, an dem auch der Gewindestab befestigt ist. Zwei Muttern werden dicht hintereinander auf den Gewindestab geschraubt und so weit abgefeilt, dass sie in das Kupferrohr passen und eingelötet werden können. Dadurch wird die axiale Ausrichtung der Teile ermöglicht. Damit die Luft austreten kann, ist das Kupferrohr seitlich in der Nähe seines oberen Endes durchbohrt. Auf diese Weise erzeugt der untere Teil der Dampfpfeife eine ringförmige Strömung, die dann in einer Entfernung von 6 mm bis 7 mm auf die ringförmige Schneide der oberen großen Dose trifft.

Durchführung des Experiments Das Gebläse wird eingeschaltet. Man stellt es auf etwa halbe Leistung ein. Die Pfeife sendet einen schrillen Ton aus. Man erhöht schrittweise die Geschwindigkeit des Luftstromes. Mit zunehmender Geschwindigkeit nimmt die Lautstärke zu. Außerdem verschiebt sich die Tonhöhe nach größeren Frequenzen hin.

Ergebnis Aus Spraydosen kann man eine leistungsfähige Pfeife herstellen.

Hinweis Die Pfeife kann auch mit Dampf betrieben werden.

Orgelpfeife

Geräte und Materialien

1. zwei Spraydosen, 25 cm
2. Kunststoffflasche, im Durchmesser zu den Spraydosen passend
3. Holzstab, 40 cm, 1 cm Durchmesser
4. Styrodurzylinder, 4 cm, Durchmesser ca. 1 mm kleiner als der Dosendurchmesser
5. Styrodurzylinder, 2 cm, Durchmesser ca. 1 mm kleiner als der Flaschendurchmesser
6. Styrodurscheibe, 4 cm × 4 cm × 1 cm
7. Gummistopfen, groß, Durchmesser der Bohrung entsprechend dem Gewindedurchmesser der Kunststoffflasche
8. Klebeband, 1 m, durchsichtig
9. Alleskleber, 2 g
10. Gewebeband, 30 cm
11. Gebläse vom Luftkissentisch
12. zwei Holzklötze, 20 cm × 10 cm × 5 cm

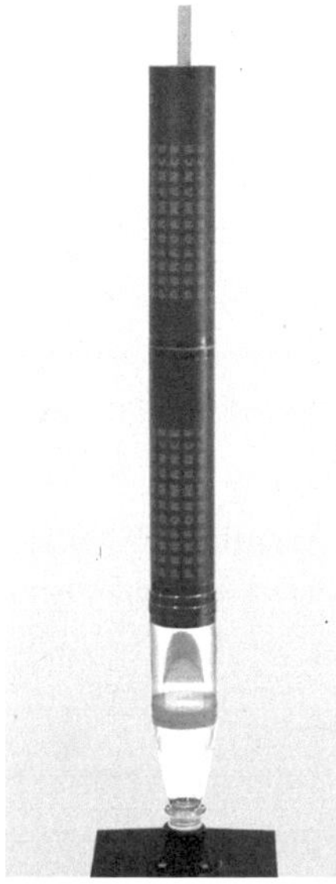

B1 Orgelpfeife aus Blechdosen

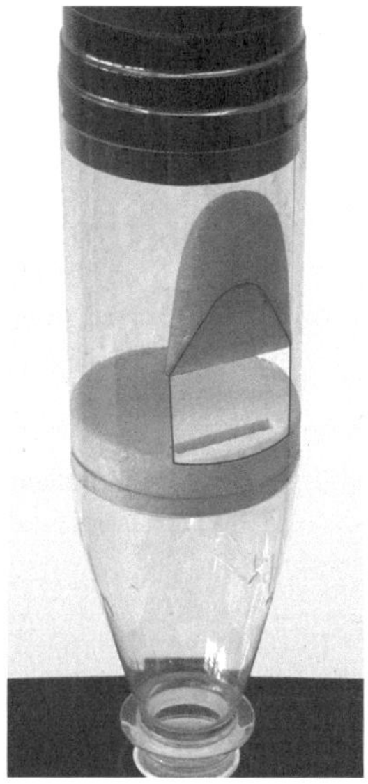

B2 Lufteintritt der Orgelpfeife

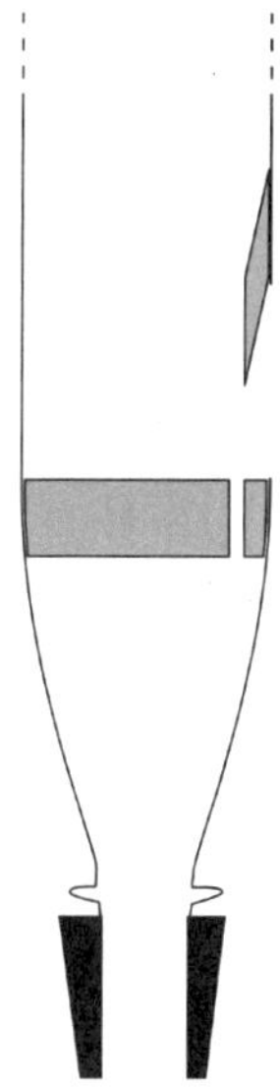

B3 Schnitt durch die Orgelpfeife

Vorbereitung Von beiden Spraydosen werden Boden und Deckel entfernt, so dass zwei glatte Rohre entstehen. Sie werden auf Stoß mit Klebeband zusammengeklebt. In den flacheren Styrodurzylinder schneidet man z. B. mit einem Cuttermesser einen Spalt, der 3 cm lang und 5 mm breit ist. Von der Kunststoffflasche entfernt man den Boden und klebt etwa in halber Höhe, wo die Verjüngung zum Flaschenhals beginnt, diesen Luftspalt ein. Über dem Spalt schneidet man ein viereckiges Loch der Abmessungen 3 cm × 3 cm in die Flasche und darunter unmittelbar anschließend eine dreieckförmige Öffnung. Aus der Styrodurscheibe fertigt man eine Schneide an und bringt sie in die ausgeschnittene Öffnung der Flasche. Die Schneide wird so mit Klebeband befestigt, dass der Luftstrom ganz dicht unter ihr verläuft. Dann schiebt man die Kunststoffflasche mit dem Teil, an dem ihr Boden entfernt wurde, auf ein Ende des Rohres. Durch Umwickeln mit Klebeband wird sein Durchmesser an den Flaschendurchmesser angepasst. Der Gummistopfen hat die Aufgabe, die Orgelpfeife mit dem Gebläse zu verbinden (→**B1, B2**). Den großen Styrodurzylinder durchbohrt man längs der Zylinderachse. Er wird auf das eine Ende des Holzstabes aufgesteckt und festgeklebt. Den Mantel des Zylinders beklebt man zur besseren Abdichtung mit einer Lage Gewebeband. Er soll leichtgängig in das Rohr hineinpassen.
Das Gebläse wird auf die beiden Holzklötze gestellt, so dass die Ausströmöffnung der Luft nach oben zeigt. In die Ausströmöffnung steckt man den Gummistopfen so, dass die Orgelpfeife vertikal steht. Den Zylinder schiebt man mit dem Stab von oben her einige Zentimeter in das Rohr und hält ihn in dieser Lage.

Durchführung des Experiments Das Gebläse wird eingeschaltet und ein mittlerer Luftstrom eingestellt. Die Orgelpfeife sendet einen Ton aus. Der Luftstrom wird verstärkt. Die Lautstärke des Tons nimmt zu. Den Styroporzylinder bewegt man schrittweise nach unten. Die Tonhöhe nimmt zu.
Der Luftstrom, der aus dem Spalt austritt, trifft auf die scharfe Schneide. Dort treten heftige Turbulenzen auf und es kommt zu einer periodischen Ablösung von Wirbeln (→**B3**). Wenn sich diese Wirbel mit einer Frequenz von mehr als 16 Hz ablösen, hört man sie als Töne. Die Luft im darüber liegenden Rohr wird zum Mitschwingen in Resonanz angeregt. Im Rohr tritt eine stehende Welle auf. Ist die wirksame Rohrlänge geringer, so ist die Eigenfrequenz größer. Der Ton ist höher.

Ergebnis Der aus dem Spalt austretende Luftstrom trifft gegen die Schneide. Dabei pendelt er zwischen beiden Seiten der Schneide hin- und her, wodurch die Luftsäule im Inneren der Orgelpfeife zu Schwingen in Resonanz angeregt wird.

Hinweis Bei den Musikinstrumenten finden solche „Lippenpfeifen" nur in der Orgel und bei Flöten Verwendung.

3 Experimente zur Thermodynamik

Wärmeströmung in Gasen

B1 Ein Flügelrad rotiert in der Wärmeströmung.

Geräte und Materialien

1. zwei Konservendosen, 1 l bis 5 l und 5 l bis 10 l
2. Tonnenfuß
3. zwei Telefonbuchsen mit Mutter
4. Metall- oder Holzstab, 25 cm, 1 cm Durchmesser
5. Messingstab, 50 cm, 4 mm Durchmesser
6. Holzquader, 8 cm × 8 cm × 1 cm
7. Stopfnadel
8. drei Kerzen, groß

B2 Herstellung des Flügelrades

Vorbereitung Die Deckel werden von den Blechdosen entfernt. Die scharfen Kanten der Deckel werden vorsichtig mit feinem Sandpapier etwas geglättet. Zur Herstellung des Flügelrades wird beim kleinen Deckel um den Mittelpunkt ein Kreis von 2 cm Durchmesser gezeichnet. Dann reißt man zwölf Radien an, wobei nebeneinanderliegende immer einen Winkel von 30° miteinander bilden. An den Stellen, an denen die angerissenen Radien den Kreis schneiden, wird jeweils ein Loch von 2 mm Durchmesser gebohrt. Danach schneidet man jeweils von der Peripherie beginnend längs aller gezeichneten zwölf Radien geradlinig bis zu den kleinen Bohrungen. Jeden der Flügel verdrillt man gleichsinnig um 20°. Der Dosendeckel erhält in der Mitte eine Bohrung von 6 mm Durchmesser. Um die Leichtgängigkeit und die stabile Lage zu garantieren, wird die Telefonbuchse mit der Öffnung nach unten eingeschraubt und mit der Mutter befestigt (→B2). Die Lagerung der Buchse des präparierten Deckels erfolgt auf der Spitze der Stopfnadel. Sie wird von oben her in die Mitte eines dünnen Holzstabes hineingesteckt, so dass ihre Spitze nach oben zeigt. Beim Metallstab ist es erforderlich zentral eine dünne Bohrung einzubringen, in die man die Nadel mit der Öse nach unten einführt. Der Stab wird unten in den Tonnenfuß gesteckt (→B1).

Zur Herstellung einer drehbaren Spirale wird aus dem großen Deckel ein spiralförmig gewundener Blechstreifen ausgeschnitten. Die Dose soll einen Durchmesser von 20 cm haben, der Streifen eine Breite von 2,5 cm. Zunächst wird ausgehend vom Mittelpunkt eine spiralförmig verlaufende Linie gezeichnet. Das Schneiden der Spirale erfolgt wie oben beschrieben von der Peripherie eines kleinen Kreises um den Deckelmittelpunkt ausgehend, der einen Durchmesser von 5 cm besitzt. In der Mitte des kleinen Kreises bringt man die Telefonbuchse an.

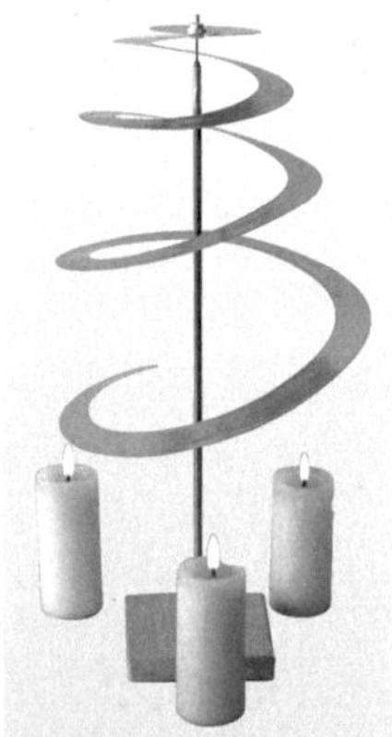

B3 Spiralband zum Nachweis der Wärmeströmung

Den liegenden Holzquader versieht an in der Mitte mit einer 4-mm-Bohrung und streckt den Messingstab hinein. Er wird oben zu einer Spitze gefeilt.

Durchführung der Experimente Die Kerzen werden unter das Flügelrad gestellt und angezündet. Die Flammen sollen sich etwa 10 cm unter dem Flügelrad befinden. Das Rad beginnt sich zu drehen. Damit wird die nach oben gerichtete Wärmeströmung über den Kerzen nachgewiesen.

Zur Untersuchung der Wärmeströmung mit dem Spiralband wird auf den hohen Messingstab, der mit der Spitze nach oben gerichtet in dem Holzquader steckt, das Band aufgelegt. Die drei darunter befindlichen Kerzen werden angezündet. Es beginnt sich zu drehen (→B3).

Ergebnis Brennende Kerzen erzeugen eine nach oben gerichtete Wärmeströmung der Luft. Sie kann durch leicht drehbar gelagerte Blechteile nachgewiesen werden, die Propeller- oder Schraubenform besitzen.

Hinweise

1. Die beschriebenen Anordnungen sind sehr langlebig. Sie können auf Heizkörpern oder anderen Stellen im Zimmer aufgestellt werden, wo ständig eine Wärmeströmung auftritt.
2. Die beschriebenen Geräte zeigen auch Strömungen an, die in umgekehrter Richtung auftreten. In diesem Falle kehrt sich der Drehsinn um. Deshalb ist es möglich, an den verschiedenen Stellen eines Zimmers Aussagen über die Strömungen zu treffen.
3. Ein Flügelrad oder ein Spiralstreifen können auch als Antrieb für eine kleine Weihnachtspyramide eingesetzt werden.

Wärmeabgabe eines Körpers in Abhängigkeit von der Art und der Größe seiner Oberfläche

Geräte und Materialien

1. sieben Getränkedosen, 0,33 l
2. zwei Getränkedosen, 0,5 l
3. zwei Getränkedosen, 1 l
4. 40 Kupferblechstreifen, 10 cm × 1 cm × 0,1 cm
5. Styrodurscheibe, 60 cm × 20 cm × 3 cm
6. Uhr
7. Farben weiß, schwarz, gelb und blau, je 30 ml
8. Eisenfeilspäne, 200 g
9. Alleskleber, 10 ml
10. zehn Styrodurscheiben, 3 cm, Durchmesser etwas geringer als der Dosendurchmesser
11. vier Thermometer, 0 °C bis 100 °C, oder elektronisches Temperaturmessgerät mit Messsonden
12. Wasserkocher

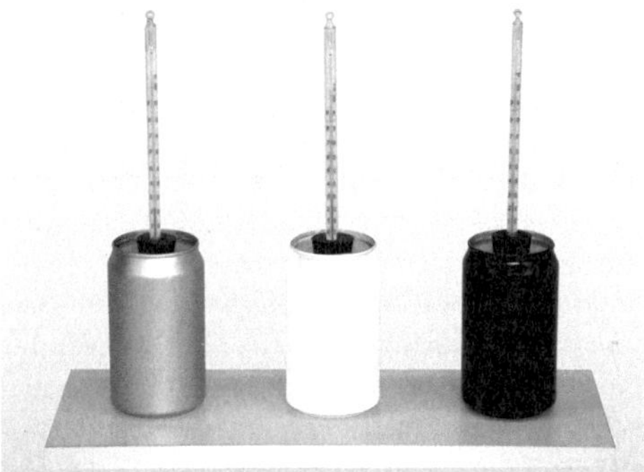

B1 Wärmeabgabe – Abhängigkeit von der Farbe

Vorbereitung Von den 0,33-l-Getränkedosen werden fünf wie folgt präpariert:
Eine Dose schleift man mit feinem Schmirgelpapier metallisch blank, eine zweite wird weiß gestrichen, eine dritte gelb, eine vierte blau und eine fünfte schwarz. Die 0,5-l- und die 1-l-Dose streicht man ebenfalls schwarz. Die sechste kleine Dose wird mit Alleskleber bestrichen und dann in den Eisenfeilspänen gewälzt, die man auf einem Blatt Papier ausgebreitet hat.
Die siebte kleine Dose wird mit Kühlrippen versehen (→**B2**).
Dazu lötet man die Kupferstreifen in gleichem Abstand voneinander auf den Dosenmantel auf. Auch diese beiden Dosen sollten schwarz gestrichen werden.

Durchführung der Experimente Zur Untersuchung der Abhängigkeit der Wärmestrahlung von der Größe der Oberfläche werden die schwarzen Dosen der Volumen 0,33 l, 0,5 l und 1,0 l nebeneinander auf die Styrodurplatte gestellt.
Man gießt in jede Dose möglichst schnell nacheinander 0,3 l siedendes Wasser. Die Dosen werden durch Auflegen je einer Styrodurscheibe abgedeckt. In jede wird durch eine Öffnung ein Thermometer oder ein Messfühler eines elektronischen Thermometers bis in den Wasserraum der Dose hineingesteckt.
Bei Beginn des Einfüllens startet man die Uhr. Zwei Minuten nach dem Einfüllen bestimmt man in derselben Reihenfolge möglichst zügig die Temperatur und notiert sie. Nach jeweils zwei weiteren Minuten wiederholt man die Messung in gleicher Weise.
Bei der Dose mit dem größten Volumen und damit der größten Oberfläche sinkt die Temperatur am schnellsten ab, bei der Dose mit der kleinsten Oberfläche sinkt sie wesentlich langsamer.
Zur Untersuchung der Abhängigkeit der ausgestrahlten thermischen Energie von der Farbe des strahlenden Körpers verwendet man die kleinen Dosen der Färbung weiß, gelb, blau und schwarz. Am langsamsten nimmt die Temperatur bei der weißen Dose ab, am schnellsten bei der schwarzen (→**B1**).
Zur Untersuchung der Wärmestrahlung, die von Dosen mit verschiedenartiger Oberfläche ausgeht, verwendet man die metallisch blanke und die schwarze Dose, sowie die mit Eisenfeilspänen und Kühlrippen (→**B2**). Sie werden in möglichst großem Abstand voneinander auf

B2 Wärmeabgabe – Abhängigkeit von der Art der Oberfläche

die Styrodurplatte gestellt. Man füllt sie zügig nacheinander bis möglichst dicht an den Verschluss heran mit siedendem Wasser, legt die Styrodurscheiben auf und führt die Thermometer ein. Die Temperaturverringerung ist bei den letzten Dosen am größten, bei der metallisch blanken am kleinsten. Die abgestrahlte Energie nimmt also in der angegebenen Reihenfolge zu [4, 13].
Infolge der guten Wärmeleitfähigkeit des Blechs und der Wasser- und Luftströmungen im Inneren der Dose kann man davon ausgehen, dass die Oberflächentemperatur etwa überall gleich ist (→**B3**).

Ergebnis Je größer die Oberfläche eines Körpers ist, umso mehr thermische Energie kann er in bestimmter Zeit ausstrahlen. Ein Körper mit metallisch glänzender oder weißer Oberfläche sendet die geringste Wärmestrahlung aus, ein schwarzer Körper die meiste. Eine Vergrößerung der Oberfläche z. B. durch Kühlrippen ist eine sehr wirksame Methode, um die Abstrahlung von thermischer Energie zu vergrößern.

Hinweise
1. Die benutzte Methode, die Wärmestrahlung von Körpern dadurch zu vergleichen, dass man die Abkühlung misst, ist ein sehr einfaches und sicheres Verfahren. Es setzt voraus, dass sich die strahlenden Körper nicht gegenseitig beeinflussen und dass keine wesentliche Luftbewegung oder zusätzliche Wärmestrahlung auftritt. Von Nachteil ist, dass außer der Energieabgabe durch Strahlung auch noch Wärmeleitung und Wärmeströmung auftreten. Außerdem ist die Messzeit sehr groß.
2. Anstelle der Flüssigkeitsthermometer ist es zweckmäßig, mehrere Messsonden für die elektronische Temperaturmessung zu benutzen.

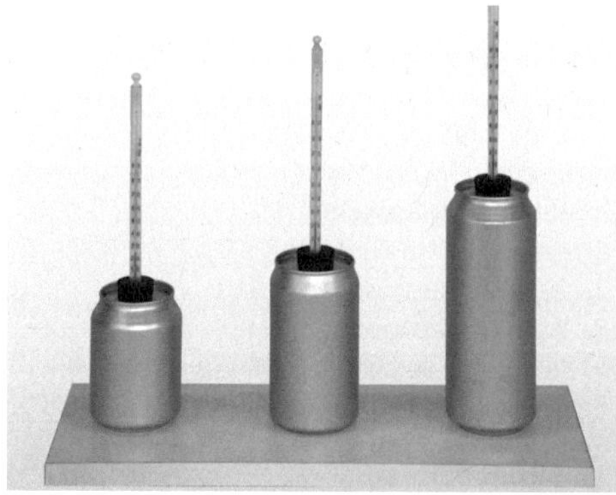

B3 Wärmeabgabe – Abhängigkeit von der Größe der Oberfläche

3. Die einzelnen Experimente können auch nacheinander durchgeführt werden. Der Zeitaufwand wird dadurch jedoch wesentlich größer.

Didaktisch-methodische Anregung Diese Erkenntnisse werden vielfältig praktisch genutzt beziehungsweise berücksichtigt. So haben Heizkörper in unterschiedlich großen Räumen eine verschieden große Oberfläche. Zur Erwärmung eines großen Zimmers muss auch die Oberfläche des Heizkörpers groß sein. Die Oberfläche von Elektromotoren als auch von luftgekühlten Kraftfahrzeugmotoren (z. B. von Motorrädern) wird künstlich durch Kühlrippen vergrößert. Um die Strahlungsverluste bei Leitungen vom fernen Heizwerk, die oberhalb der Erdoberfläche verlaufen, klein zu halten, sind sie in der Regel mit Aluminium verkleidet, so dass von der hellen und glänzenden Oberfläche weniger Wärmestrahlung ausgeht als von vergleichbaren Anlagen mit dunkler Umhüllung.

Absorption von Wärmestrahlung

Geräte und Materialien

1. Geräte 1. bis 9. wie im Experiment „Wärmeabgabe eines Körpers ...", S. 55
2. vier Stopfen, durchbohrt, in die Öffnungen der Getränkedosen passend
3. vier Glühlampen, 230 V / 60 W mit Innenreflektor
4. vier Fassungen mit Ständer für die Lampen
5. vier Glasrohre, 30 cm, in die durchbohrten Stopfen passend
6. Lebensmittelfarbe, eine kleine Messerspitze

B1 Die Dosen absorbieren unterschiedlich viel Wärme.

Vorbereitung Alle Dosen werden so präpariert, dass ihre Öffnung im Deckel mit einem Stopfen verschlossen werden kann. Dazu feilt man die Trinköffnungen kreisrund. Danach werden die Dosen mit den gewünschten Oberflächen versehen, wie das im Experiment „Wärmeabgabe eines Körpers ...", S. 55 beschrieben ist. Zunächst wird z. B. eine Dose metallisch blank geschliffen. Dann erfolgt das Aufbringen einer möglichst dünnen Schicht von weißer Plakatfarbe usw. Schließlich werden die verschieden großen Dosen und die mit Kühlrippen und Eisenfeilspänen versehenen schwarz angestrichen.

Durchführung des Experiments Zur Untersuchung der Abhängigkeit des Absorptionsvermögens von der Oberflächenbeschaffenheit werden die Dosen im einfachsten Falle alle 2 cm hoch mit gefärbtem Wasser gefüllt.
Durch den Stopfen im Deckel der Dose wird das Steigrohr aus Glas gesteckt. Dieses sollte bis zum Boden der Dose reichen.
Zunächst werden die Dosen in möglichst großem Abstand nebeneinander aufgestellt und in gleicher Weise mit einer Glühlampe mit Innenreflektor so bestrahlt, dass überall etwa die gleiche Licht- und Wärmestrahlung auftrifft. Am Steigen der Flüssigkeit im Glasrohr sind die Unterschiede im Absorptionsvermögen der Dosen gut zu erkennen. Bei der Dose mit glatter schwarzer Oberfläche steigt das Wasser viel weniger als bei den Dosen mit Feilspänen und Kühlrippen.
In entsprechender Weise werden die Dosen unterschiedlicher Farbe angeordnet und bestrahlt.
Die weiße Dose absorbiert die wenigste Strahlung. Deshalb ist der Flüssigkeitsstand der niedrigste (→**B1**).
Das Experiment wird mit den drei schwarzen Dosen unterschiedlicher Größe wiederholt. Mit dem Volumen nimmt auch die Größe der Oberfläche zu, wobei der Zuwachs an Volumen stärker ist. Die etwa gleiche Oberflächentemperatur der Dosen führt zur gleichen Temperaturzunahme und damit zum gleichen Druckanstieg und gleichem Flüssigkeitsstand. Daraus folgt, dass eine Dose umso mehr Strahlung absorbiert, je größer ihr Volumen und damit ihre Oberfläche ist.

Ergebnis Blechdosen können benutzt werden, um das unterschiedliche Absorptionsvermögen von Körpern verschiedener Farbe und Oberflächenbeschaffenheit für auftreffende sichtbare und infrarote Strahlung zu untersuchen. Körper mit dunkler und rauer Oberfläche absorbieren wesentlich mehr sichtbare und infrarote Strahlung als Körper mit heller, farbiger und glatter Oberfläche.

Hinweis Da man zu Beginn des Experiments die Steighöhe der Flüssigkeitssäule im Inneren der Dose nicht sehen kann, empfiehlt es sich, so viel Luft in das Glasrohr hineinzupusten, bis die Flüssigkeitssäule dicht über dem Stopfen steht. Dann ist ein unmittelbarer Vergleich der Höhenzunahmen besser und schneller möglich.

Wärmemesskammer zur Bestimmung der Solarkonstanten

Geräte und Materialien

1. Cremedose, flach, aus Aluminium, 3 cm Höhe, 10 cm Durchmesser
2. fünf Styroporscheiben, 12 cm × 12 cm × 2 cm
3. Uhr
4. Thermometer mit ein Zehntel-Grad-Teilung
5. Schlauch, 1 cm, dicht auf das Thermometergefäß passend
6. Holzklotz, 10 cm × 5 cm × 2 cm, zum Ausrichten der Lage nach der Sonne
7. Silikonkautschukpaste, 5 ml
8. Tusche, schwarz, 2 ml
9. Netzmittel, 1 ml

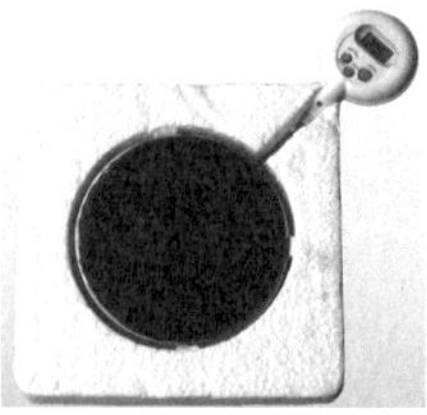

B1 Absorption der Sonnenstrahlung mit einer geschwärzten Cremedose

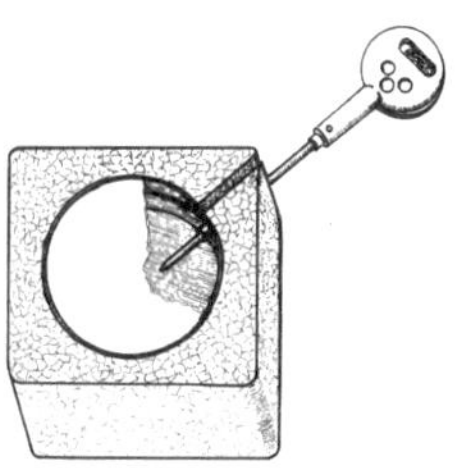

B2 Blick in die Wärmemesskammer

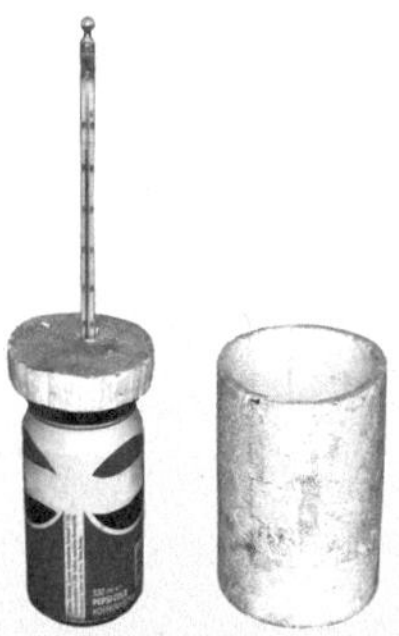

B3 Wärmemesskammer aus einer Getränkedose

Vorbereitung Um die Solarkonstante zu bestimmen, ist es erforderlich, die Energie der Sonnenstrahlung zu messen, die auf eine absorbierende Fläche in einer bestimmten Zeit auftrifft. Hierfür eignet sich eine Wärmemesskammer, deren Kernstück eine Blechdose ist. Damit sie weitgehend alle einfallenden Spektralanteile der Solarstrahlung absorbiert und in thermische Energie umwandelt, wird ihre große Deckfläche mit schwarzer Tusche, der etwas Netzmittel beigefügt ist, geschwärzt.
Sie wird mit Silikonkautschukpaste aufgeklebt. Die Mantelfläche der Dose wird mit einem kleinen Loch versehen, in das das Thermometergefäß bzw. die Messsonde eingeführt werden kann. In die Bohrung wird das kleine Stück Gummischlauch eingebracht, das der guten Abdichtung dient. Zuvor wird durch das Loch die Dose weitestgehend mit Wasser gefüllt. Um die Cremedose dicht zu verschließen, wird der Deckel mit einer Silikonkautschukpaste aufgeklebt. Handelsübliche Cremedosen haben einen Durchmesser von etwa 9,5 cm und eine Höhe von 2,5 cm. In eine solche Dose können maximal 150 g Wasser eingefüllt werden. Um die Wärmeverluste niedrig zu halten, wird die Dose mit einem Schaumstoffmantel versehen und auf eine Schaumstoffplatte gelegt. Zur Ummantelung werden aus zwei Styroporplatten entsprechend der Absorber-Geometrie je eine Scheibe ausgeschnitten. Man legt sie über die Dose und verklebt sie miteinander und mit der darunter liegenden Platte mit Silikonkautschukpaste [4, 16, 17].

Durchführung des Experiments Die Anfangstemperatur des Absorbers sollte ca. 2 K unter und die Endtemperatur ca. 2 K über der Umgebungstemperatur liegen. Die Dose wird so angeordnet, dass die Sonnenstrahlung senkrecht auf die geschwärzte Fläche auftrifft. Bei maximaler Sonnenstrahlung beträgt die Temperaturerhöhung etwa 1 K pro Minute. Die Verwendung eines Zehntel-Grad-Thermometers ermöglicht eine Messzeit von wenigen Minuten (→**B1**).
Aus der Temperaturerhöhung des Wassers errechnet man die vom Wasser aufgenommene Wärme zu $Q = m \cdot c \cdot \Delta T$.
Die Sonnenstrahlung überträgt die Wärme $Q = S_0 \cdot A \cdot t$. Dabei ist S_0 die Solarkonstante. Durch Gleichsetzen der Gleichung für die Wärme, die durch die Sonnenstrahlung transportiert wird, und die Wärme, die im Wasser gespeichert wird, ergibt sich
$S_0 = \frac{m \cdot c \cdot \Delta T}{A \cdot t}$.

Ergebnis Mit einer wärmeisolierten Blechdose, die eine geschwärzte Bodenfläche besitzt, kann man auf einfache Weise die Solarkonstante bestimmen. In einer Stunde trifft auf einen Quadratmeter unter günstigsten Bedingungen eine Energie von 1 kWh auf.

Hinweise

1. Eine Wärmemesskammer lässt sich auch aus einer Getränkedose herstellen. In die Trinköffnung wird mittels eines Stopfens das Thermometer eingebracht, nachdem die Dose mit Wasser gefüllt wurde. Der Boden der Dose wird geschwärzt. Für die gute Wärmeisolierung sorgt ein Styroporblock, aus dem die entsprechende Öffnung für das Einbringen der Dose ausgeschnitten wurde. Es gibt auch Trinkflaschenwärmer aus Schaumstoff für Babys, in die eine Getränkedose gut hineinpasst, so dass sich der Aufbau des Experiments weiter vereinfacht (→**B2**).
2. Die zuerst beschriebene Anordnung mit der Cremedose zeichnet sich gegenüber der zuletzt beschriebenen durch ihre größere Absorberfläche und ihr geringeres Wasservolumen aus, so dass die Messungen mit ausreichender Genauigkeit in einer wesentlich kürzeren Zeit durchgeführt werden können.
3. Einen besonders matten Glanz der Absorberfläche erreicht man durch Berußen mit einer Kerze.
4. Das Arbeiten parallel zur Umgebungstemperatur hat den Vorteil, dass die Dose zu Beginn der Messung von der Umgebung zusätzlich geringfügig Wärme aufnimmt und nach Erreichen des Temperaturgleichgewichts wieder abgibt.

Treibhauseffekt mit zwei Blechdosen

Geräte und Materialien

1. zwei Konservendosen, 1 l
2. elektronisches Thermometer mit zwei Messsonden
3. zwei Gummistopfen, 1 cm Durchmesser
4. Glasscheibe, kreisrund, Durchmesser gleich dem Innendurchmesser der Blechdosen
5. zwei kleine Heizplatten, 150 W
6. Stativ, 100 cm
7. zwei Stativstäbe, 75 cm
8. acht Stativmuffen
9. zwei Rohrklemmen, groß
10. Silikonkautschukpaste, 3 ml

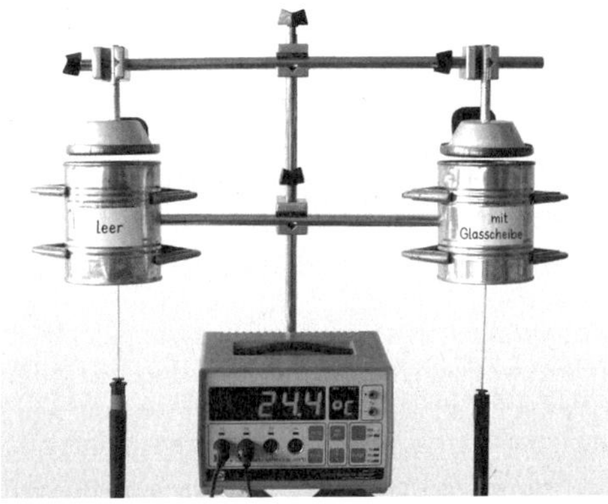

B1 Eine Glasplatte (rechts in der Dose) absorbiert die langwellige infrarote Strahlung sehr stark.

Vorbereitung Die Dosen werden in der Mitte ihres Bodens mit einem Loch von 1 cm Durchmesser versehen. In jede Öffnung wird mittels eines kleinen Gummistopfens eine Messsonde eines digitalen Thermometers eingeführt. Die beiden Dosen werden im Abstand von etwa 20 cm so nebeneinander befestigt, dass ihre Öffnungen nach oben zeigen. In die Mitte der einen Dose klebt man mit Silikonkautschukpaste die Glasscheibe ein. Die andere Dose wird nicht präpariert. Über jede Dose bringt man im Abstand von etwa 1 cm eine kleine Heizplatte.

Durchführung des Experiments Der Heizstrom wird eingeschaltet. Die Temperatur nimmt in beiden Blechdosen zu. Im Falle der Blechdose ohne Glasplatte beträgt die Temperatursteigerung etwa das Dreifache gegenüber der mit einer Glasscheibe versehenen Dose. Während die Wärmestrahlung in der nicht präparierten Blechdose ungehindert zum Messfühler gelangen kann, ist die Glasscheibe zwar für sichtbares Licht, jedoch nicht für die langwellige Infrarotstrahlung durchlässig (→B1).

Ergebnis Licht und kurzwellige Wärmestrahlung können Glas weitgehend ungehindert durchdringen. Die langwellige Wärmestrahlung wird stark absorbiert.

Hinweise

1. Stehen keine Heizplatten mit 150 W zur Verfügung, so können als Wärmequellen auch Glühlampen größerer elektrischer Leistung genutzt werden. Die Temperaturerhöhung vollzieht sich dann langsamer als bei den Heizplatten. Dieser Nachteil wird weitgehend dadurch wieder beseitigt, dass man Innenreflektorlampen mit 60 W Leistung verwendet, die in gleicher Position wie die Heizplatten angeordnet werden.
2. Wenn man im Experiment statt der Heizplatten Glühlampen verwendet, so ist der Unterschied der Temperaturzunahme an beiden Messstellen geringer. Er beträgt allerdings immer noch etwa das Doppelte gegenüber dem der unpräparierten Dose. Obwohl die Glasscheibe für sichtbares Licht durchlässig ist, tritt dennoch ein großer Unterschied auf, da das Strahlungsmaximum der Lampe im infraroten Bereich liegt und ein erheblicher Teil davon langwellige infrarote Strahlung ist.
3. Um die Temperaturzunahme verfolgen zu können, ist entweder die gleichzeitige Messung der Temperaturen wünschenswert oder die Intervallmessung, bei der nach jeweils einigen Sekunden in der einen und dann wieder in der anderen Dose die Temperatur gemessen wird.
4. Die im Experiment benutzte Glasscheibe ist durchsichtig. Das heißt, dass sie sichtbares Licht aller Spektralfarben hindurchlässt. Die Heizplatten senden jedoch vorwiegend langwellige unsichtbare infrarote Strahlung aus. Diese wird von der Glasplatte stark absorbiert. Dieser Prozess tritt beim Treibhauseffekt in der Phase auf, in der im Gewächshaus die langwellige Infrarotstrahlung des Erdbodens nicht das Glas durchdringen und nach außen gelangen kann beziehungsweise die Treibgase in den oberen Schichten der Lufthülle der Erde die langwellige Strahlung nur teilweise hindurchlassen.

Treibhauseffekt in Gasen

Geräte und Materialien

1. Spraydose, 25 cm, 5 cm Durchmesser, innen verspiegelt
2. Holzleiste, 40 cm × 4 cm × 3 cm
3. Lampenfassung mit Stiel
4. Reflektorglühlampe, 60 W
5. Küvette, 10 cm × 8 cm × 2 cm, mit Stiel
6. Aluminiumscheibe, 6 cm Durchmesser, schwarz mit Stiel
7. Zellglasfolie, 16 cm × 16 cm
8. zwei Paketgummis, klein
9. zwei kleine Hähne (Aquarienbedarf)
10. zwei Haltestiele, 15 cm, mit Gewinde und Mutter
11. zwei Halbringe aus Messing oder Kunststoff, 5 cm Durchmesser
12. Butangas in durchsichtiger Flasche, 100 ml, für Feuerzeuge
13. Silikonschlauch, 30 cm, dünn
14. Thermosäule nach Moll
15. Mikrovoltmeter

Vorbereitung Deckfläche und Boden der Dose werden entfernt. Man verschließt die beiden Öffnungen des entstandenen Rohres mit Zellglasfolie.
Das kann dadurch geschehen, dass man Blättchen aus Zellglas mit den Abmessungen 8 cm × 8 cm schneidet und diese mit jeweils einem Gummiring am Dosenmantel befestigt. Das Rohr wird in der Nähe beider Enden mit einem kleinen Hahn versehen. Man befestigt das horizontal liegende Rohr am oberen Ende zweier Haltestiele. Dazu schraubt man auf ihr Gewinde je einen Halbring, nachdem man ihn in der Mitte durchbohrt hat und befestigt ihn mit einer Mutter.
Längs der Holzleiste bohrt man eine Reihe von Löchern mit 13 mm Durchmesser. Ihr gegenseitiger Abstand soll 3 cm betragen, Für die Anordnung der Teile wählt man, von dem ersten Loch beginnend, die geeigneten aus.
In dem Rohr befindet sich zunächst Luft. Nachfolgend kann als Treibgas ein Propan-Butan-Gemisch eingebracht werden. Es ist auch ein Füllen mit Kohlenstoffdioxid möglich. Vor die eine mit Zellophan verschlossene Öffnung des Rohres bringt man in wenigen Zentimetern Abstand die Netzspannungs-Reflektor-Glühlampe der Leistung 60 W, so dass ihr Lichtbündel axial durch das Rohr verläuft. Auf der gegenüberliegenden Seite des Rohres befindet sich in wenigen Zentimetern Abstand vom Rohrende eine Thermosäule nach Moll. Sie ist ebenfalls an einem Stab befestigt. Die Symmetrieachsen von Glühlampe, Rohr und Thermosäule stimmen überein. Die Thermosäule ist mit den Anschlüssen eines Demonstrationsvoltmeters verbunden.
Zunächst kann demonstriert werden, dass Luft und Treibgas die Strahlung von der Sonne nahezu unbeeinflusst hindurch lassen. Das Maximum der Sonnenstrahlung liegt dabei im gelbgrünen Spektralbereich bei einer Wellenlänge von 555 nm. Das Maximum der Strahlung einer Glühlampe liegt dagegen im infraroten Bereich.
In das erste Loch bringt man den Stiel mit der Fassung und der Reflektorglühlampe. Die Reflektorglühlampe ersetzt die Sonne. Das Glühlampenlicht besitzt gegenüber dem Sonnenlicht im infraroten Spektralbereich einen viel größeren Anteil von langwelliger Strahlung. Um das Glühlampenlicht dem Licht der Sonne ähnlicher zu machen, ist es erforderlich, vor die Glühlampe einen Wärmeschutzfilter zu bringen. Diese Aufgabe löst die mit kaltem Wasser gefüllte Glasküvette. Dicht hinter dieser Küvette ordnet man die präparierte Spraydose an.
In dem Rohr befindet sich Luft. Es ist beiderseits mit Zellophan verschlossen. Da das Zellophan kaum Strahlung absorbiert und die Innenverspiegelung den Lichtdurchgang durch das Rohr begünstigt, erreicht bei der Luftfüllung des Rohres fast die gesamte Strahlung die am Ende angeordnete Thermosäule. Sie ist mit dem Mikrovoltmeter verbunden und misst die ankommende Strahlung (→**B1**).

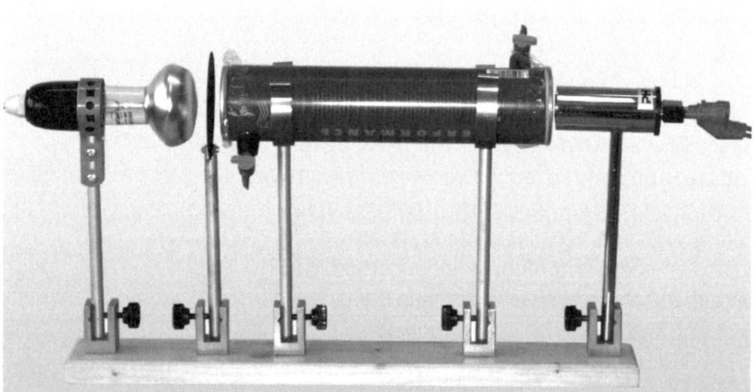

B1 Treibgase verhalten sich beim Durchgang von Sonnenstrahlung ähnlich wie die Luft. Die langwellige Infrarotstrahlung lässt die Luft gut hindurch, Treibgase absorbieren die langwellige Strahlung.

Durchführung des Experiments Die Glühlampe wird eingeschaltet.

Zunächst wird die Spannung an der Thermosäule gemessen, wenn die sonnenlichtähnliche Strahlung die Luft in der Spraydose durchdringt. Nachfolgend öffnet man die beiden Hähne und lässt mit einem dünnen Schlauch das Propan-Butan-Gemisch aus der Nachfüllpatrone für Feuerzeuge in das Rohr eintreten. Danach werden die Hähne verschlossen. Nach Einschalten der Glühlampe ergibt sich ein etwa gleich großer Ausschlag des Zeigers, der einer Spannung von etwa 15 mV entspricht.

Bei beiden Messungen sollte einige Minuten gewartet werden, bis sich die Apparatur und die Thermosäule erwärmt haben.

Diese Vorgänge entsprechen denen beim Durchdringen des Sonnenlichtes durch die Erdatmosphäre. Die Energie der Sonnenstrahlung erreicht die Erdoberfläche nur wenig geschwächt. Weder die Luft, noch das Treibgas (im Experiment Propan/Butan) absorbieren die relativ kurzwellige Sonnenstrahlung erheblich.

Nachfolgend wird anstelle des Wärmeschutzfilters die schwarze Aluminiumscheibe vor die Glühlampe in den Lichtstrom gebracht. Sie erhitzt sich infolge der auftreffenden Strahlung der Glühlampe und sendet ihrerseits langwellige infrarote Strahlung (Wärmestrahlung) aus. Diese entspricht der langwelligen Wärmestrahlung, die von der Erdoberfläche ausgeht.

Diese Strahlung durchdringt zunächst das Rohr, das wieder mit Luft gefüllt ist, nahezu ungehindert. Der Ausschlag des Voltmeters ist jedoch geringer, da die schwarze Scheibe die Infrarot-Strahlung nach allen Seiten aussendet. Der Strahlung entspricht eine Spannung von etwa 5 mV. Danach wird die Luft wieder durch Treibgas ersetzt. Der Ausschlag des Messgerätezeigers sinkt dabei etwa auf die Hälfte ab. Das Treibgas absorbiert die langwellige Infrarotstrahlung wesentlich stärker als die kurzwelligere Sonnenstrahlung.

Die schwarze Scheibe entspricht in der Natur dem dunklen Erdboden. Er absorbiert die auftreffende Strahlung weitestgehend, erwärmt sich dabei und sendet eine langwellige Infrarotstrahlung aus. Diese Strahlung kann die Atmosphäre der Erde nur in geringem Maße durchdringen. Dadurch heizt sich die Oberfläche der Erde und ihre Umgebung auf.

Ergebnis Der Treibhauseffekt der Erde wird durch die Treibgase in der oberen Atmosphäre bedingt (CO_2, CH_4 u. a.).

Luft und Treibgase lassen die Sonnenstrahlung nahezu ungehindert hindurch. Diese Strahlung erwärmt die Erdoberfläche. Diese sendet eine sehr langwellige Wärmestrahlung aus, die von den Treibgasen daran gehindert wird, ins Weltall zurückzukehren. Deshalb heizt sich die Erde ständig mehr auf.

Didaktisch-methodische Anregung Das Experiment „Treibhauseffekt mit zwei Blechdosen", S. 59 zeigt das Verhalten von Glas hinsichtlich der Durchlässigkeit von langwelliger infraroter Strahlung. Das Experiment „Treibhauseffekt

in Gasen" stellt die direkte Nachbildung des Treibhauseffektes in der Lufthülle der Erde dar.

Ausdehnung von Wasser beim Erstarren

Geräte und Materialien
1. Getränkedose, 0,33 l, mit Deckel
2. Kunststoffbeutel, 5 l
3. Tiefkühlschrank
4. Becherglas, 2 l, mit abgekochtem Wasser

B1 Wasser dehnt sie sich beim Gefrieren aus.

Vorbereitung Die entleerte Getränkedose wird zunächst mit Wasser ausgespült. Dann füllt man sie vollständig mit abgekochtem Wasser, das sich gut abgekühlt hat. Das erfolgt soweit, dass sich auf dem Deckel noch eine etwa 1 mm dicke Wasserschicht befindet. Dabei muss besonders darauf geachtet werden, dass sich keine Luftblasen in der Dose befinden. Das erreicht man durch vollständiges Eintauchen der Dose in das Wasser und Schütteln unter Wasser.

Durchführung des Experiments Die Dose wird bei mäßigem oder strengem Frost ins Freie oder in den Tiefkühlschrank gestellt. Im letzteren Falle sollte man sie in die Kunststofftüte stecken, die verschlossen wird.

Infolge der Ausdehnung des Wassers beim Erstarren beult sich der Boden der Dose aus. Es ist auch möglich, dass der Dosenmantel aufreißt (→**B1**).

Ergebnis Während sich die meisten Stoffe beim Erstarren zusammenziehen, dehnt sich Wasser beim Erstarren zu Eis aus. Der Vorgang des Erstarrens ist in spätestens einem halben Tag abgeschlossen.

Didaktisch-methodische Anregungen

1. Die Ausdehnung von Wasser kann man in vielfältigen Zusammenhängen beobachten. Gefäße, vor allem solche aus Glas, die mit Wasser gefüllt sind, zerspringen in den meisten Fällen, wenn sie bei Frost im Freien stehen.
In der Regel erstarrt das Wasser an der Oberfläche zuerst. Dann wird die Eisschicht immer dicker. Dadurch hat das darunter befindliche Wasser keine Möglichkeit, sich auszudehnen. Deshalb zersprengt es das Gefäß. Wasserrohrleitungen, die im Freien verlaufen, müssen im Winter isoliert werden. Wenn man das nicht beachtet, können die Leitungen zerplatzen.
In Spalten und Rissen von Felsen und Steinen dringt im Herbst Wasser ein. Im Winter gefriert es, taut bei mildem Wetter wieder auf und gefriert bei Frost erneut usw. Auf diese Weise werden Risse und Spalten immer mehr ausgeweitet, so dass das Gestein allmählich in immer kleinere Stücke zerfällt. Um einer solchen Zerstörung entgegenzuwirken, werden die Wände in Steinbauten vor Wasser geschützt, vor allem im Bereich der Fundamente. Dort verhindern undurchlässige Stoffe, dass Wasser aus dem Boden in die Mauer eindringt.

2. Da sich Wasser beim Erstarren ausdehnt, ist Eis leichter als Wasser. Deshalb schwimmt es auf Seen, Teichen, Flüssen und Bächen. Dadurch kann auch der Schnee nicht in das Wasser hineinfallen und isoliert das Wasser unter dem Eis gegenüber der kalten Luft im Freien. Dadurch werden die Tiere und Pflanzen im Wasser vor dem Erfrieren geschützt.

Destillation

Geräte und Materialien

1. Getränkedose, 0,33 l bis 0,5 l
2. Konservendose, 1 l
3. Stopfen, durchbohrt, zur 1-l-Dose und zum Glasrohr passend
4. Glasrohr, 30 cm, 8 mm Durchmesser, abgewinkelt
5. Becherglas, 100 ml
6. Propangasbrenner
7. Dreifuß
8. Kochsalz, 20 g
9. Lebensmittelfarbe, eine kleine Messerspitze

Vorbereitung Der Deckel der Konservendose wird in seiner Mitte mit einem Loch versehen, in das der durchbohrte Stopfen gut passt. Dann lötet man ihn wieder auf die Dose auf. Die Dose wird auf den Dreifuß gestellt. Das Loch wird mit dem durchbohrten Stopfen verschlossen. In den Stopfen steckt man den kurzen Schenkel des abgewinkelten Glasrohres hinein. Auf das lange Ende stülpt man die 0,5-l-Dose, nachdem man in der Nähe ihrer Trinköffnung in den Zylindermantel ein kleines Loch gebohrt hat.
Diese Dose soll so auf dem Glasrohr liegen, dass dieses Loch nach unten zeigt. Vertikal unter diese Bohrung wird das Becherglas gestellt (→**B1**).

Durchführung des Experiments Die große Blechdose wird zu einem Drittel mit Wasser gefüllt, dem ein Teelöffel Kochsalz und eine kleine Messerspitze Lebensmittelfarbe zugesetzt wurde. Durch kräftiges Umrühren ist eine rote, salzige Lösung entstanden.
Man verschließt die Dose mit dem Stopfen und stellt den angezündeten Propangasbrenner darunter. Zuerst vernimmt man das Geräusch der siedenden Flüssigkeit, dann erwärmt sich der obere Teil der kleineren Dose immer stärker. Nach wenigen Minuten tropft aus der Öffnung der oberen Dose Wasser aus. Es ist ungefärbt und nicht salzig.

Ergebnis Salze, die im Wasser gelöst sind, verbleiben in der Lösung, wenn das Wasser siedet. Auf diese Weise können die im Wasser gelösten Stoffe vom Wasser getrennt werden. Es entsteht destilliertes Wasser und eine konzentrierte Lösung der Salze bzw. Verunreinigungen.

Hinweise

1. Sollte ein längeres Betreiben der Anlage vorgesehen sein, so kann man deren Kessel stärker füllen. Dadurch wird auch die Standfestigkeit der Anordnung weiter vergrößert.
2. Beim Lösen der Stoffe in Wasser vollziehen sich keine chemischen Prozesse. Deshalb kann durch Destillieren der ursprüngliche Zustand leicht wieder hergestellt werden.

B1 Einfache Destillationsanlage

Geysir

Geräte und Materialien

1. Spraydose, 15 cm, 4 cm Durchmesser
2. Getränkedose, 0,5 l
3. Deckel einer Gebäckdose, 25 cm Durchmesser
4. Propangasbrenner
5. doppelt durchbohrter Stopfen, groß
6. zwei durchbohrte Stopfen
7. Messingrohr, 8 cm, 8 mm Durchmesser
8. Messingrohr, 20 cm, 5 mm Durchmesser, in die zweite Bohrung des Stopfens passend
9. Messingrohr, 4 cm, 8 mm Durchmesser
10. Messingrohr, 4 cm, 5 mm Durchmesser.
11. Kunststoffschlauch, 80 cm, 8 mm Durchmesser, durchsichtig
12. Kunststoffschlauch, 100 cm, 5 mm Durchmesser, durchsichtig
13. Stativ, 125 cm, mit 3 Stativmuffen,
14. drei Rohrklemmen
15. fünf Kupferdrahtstücke, 20 cm, 0,5 mm Durchmesser

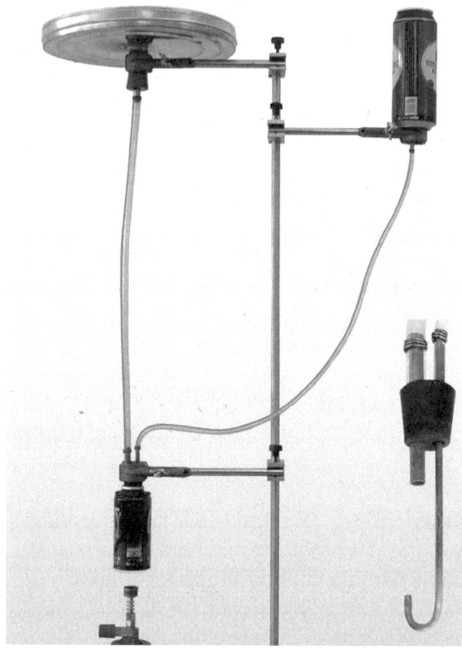

B1 Der Geysir sprudelt in zeitlichen Abständen von wenigen Minuten.

Vorbereitung Von der Spraydose wird das Ventil nach vollständigem Entleeren der Dose sorgfältig entfernt, so dass der kreisrunde Wulst erhalten bleibt. Die Dose wird mit Wasser gefüllt und mit einer Rohrklemme so an einem stabilen Stativ befestigt, dass die Flamme eines Propangasbrenners den unteren Teil der Dose erreicht. Die Öffnung wird mit dem doppelt durchbohrten Stopfen verschlossen. In die eine Bohrung wird das 8 cm lange Messingrohrstück hineingesteckt, so dass es zur Hälfte nach unten und zur Hälfte nach oben aus dem Stopfen herausragt. Es soll straff in den Stopfen hineinpassen. Die zweite Bohrung hat einen Durchmesser von 5 mm. In diese wird das 20 cm lange Messingrohrstück straff eingepasst, dessen Oberteil ebenfalls ca. 4 cm aus dem Stopfen herausragt. Der untere Teil des dünnen Rohres wird am Boden der Dose nach oben gebogen.

Auf das 8-mm-Rohrstück wird der dickwandige durchsichtige Kunststoffschlauch aufgesteckt und durch Umwickeln mit Kupferdraht in der Art einer Schelle befestigt. Das untere Ende des langen Schlauches wird auf das dünne Messingrohr geschoben und in gleicher Weise gesichert.

Das obere Ende des dicken Schlauches wird auf das kurze 8-mm-Rohr gesteckt, dass sich in einem weiteren großen durchbohrten Stopfen befindet. Er ist an einem hohen Stativ so mit einer Rohrklemme befestigt, dass das freie Ende des Rohrstücks vertikal nach oben zeigt. Der Stopfen steckt in dem großen flachen Blechdosendeckel. Auf das dünne Rohr, das im unteren Stopfen befestigt ist, wird in entsprechender Weise der passende durchsichtige Kunststoffschlauch von 100 cm Länge aufgeschoben und mit Kupferdraht befestigt. Dieser Schlauch verläuft schräg nach oben und mündet in dem zweiten dünnen Rohrstück von 4 cm Länge, das ebenfalls mit Kupferdraht an seinem oberen Ende befestigt ist und in der Bohrung eines kleinen Stopfens steckt. Dieser Stopfen wird von unten her in die 0,5-Liter-Getränkedose eingeführt, deren Boden in entsprechender Größe durchbohrt wurde. Die Dose ist oben offen und überragt die flache Blechdose mit ihrem Oberteil um etwa 5 cm (→B1).

Durchführung des Experiments In die obere Blechdose wird Wasser eingefüllt. Es soll in dieser wenige Zentimeter hoch stehen. Der Brenner wird angezündet.

Er erwärmt das Wasser in der Spraydose. Infolge der Wassersäule, die im Schlauch über der Dose steht, siedet das Wasser erst bei einer

Temperatur, die über 100 °C liegt. Wenn diese erreicht ist und sich ausreichend Dampf gebildet hat, drückt dieser das Wasser in dem dicken Schlauch nach oben. In der großen Dose bildet sich eine mehrere Dutzend Zentimeter hohe Wasserdampf-Fontäne aus.
Das Abkühlen des Wassers oberhalb der Sprayflasche bewirkt, dass der Dampf kondensiert und dass das etwas abgekühlte Wasser wieder zurück in die Spraydose gelangt.
Nachdem das ganze Wasser hinreichend erwärmt ist, wiederholt sich dieser Vorgang in zeitlichen Abständen von einer halben bis einer Minute immer wieder.
Bei einem Geysir wird das Wasser in einem unterirdischen Hohlraum bis zum Sieden erhitzt. Infolge der Wassersäule, die über dem Hohlraum steht, siedet das Wasser erst bei einer Temperatur von über 100 °C. Dann treibt der Dampf das Wasser infolge des zunehmenden Drucks aus dem nach oben verlaufenden Kanals heraus, so dass auch Dampf ausströmt. An der Oberfläche kühlt sich das Wasser ab, so dass ein Teil des Dampfes kondensiert und das abgekühlte Wasser wieder zurück in den Hohlraum fließt. Nach erneutem Erwärmen des Wassers wiederholt sich dieser Vorgang in regelmäßigen Zeitabständen.

Ergebnis Infolge der Erdwärme wird das Wasser, das sich in Hohlräumen der Erde befindet, unter günstigen Bedingungen teilweise bis zum Sieden erhitzt. Wegen des hohen Drucks liegt der Siedepunkt über 100 °C. Dieser Druck treibt das heiße Wasser und den Dampf teilweise in Form einer Fontaine aus der Erde. Nach dem Abkühlen fließt das Wasser wieder in den Hohlraum zurück. Diese Prozesse wiederholen sich mehr oder weniger regelmäßig.

Hinweise
1. In der experimentellen Anordnung bewirkt die hohe Blechdose, die mit dem dünnen Schlauch mit der Spraydose verbunden ist, eine jeweilige Verzögerung der Vorgänge. Insbesondere wirkt sie beim Zurücksaugen des Wassers in die Spraydose nach dem Abkühlen druckausgleichend. Das dünne Rohr in der Spraydose ist deshalb nach oben abgewinkelt, damit keine Luft eindringen kann.
2. Die Anordnung entspricht einem Geysir. Dabei stellt die Spraydose mit dem dicken Schlauch und der flachen oberen Dose den zentralen Teil dar. Die Spraydose bildet den mit Wasser und Dampf gefüllten Raum im Inneren der Erde nach, aus dem das Wasser nach entsprechendem Ansteigen des Druckes und der Siedetemperatur nach oben geschleudert wird. Der dünne Schlauch mit der großen Getränkedose entspricht einer Nebenöffnung mit entsprechendem Wasserreservoir.
3. Es empfiehlt sich, bei der Vorbereitungsphase nur die Spraydose mit Wasser zu füllen. Zu Beginn des Experiments wird dann heißes Wasser in die hohe Blechdose gegossen, um den Vorgang der nächsten Eruption zu beschleunigen.
4. Das untere Wasserreservoir muss durch eine Spraydose realisiert werden, da eine Getränkedose dem Luftdruck nicht ausreichend standhält.
5. Die experimentelle Anordnung kann dadurch verbessert werden, dass man auf den dünnen Schlauch und die Getränkedose verzichtet. Das hat den Vorteil des geringeren Aufwandes und der einfacheren Erklärung. Es zieht jedoch nach sich, dass dieser Geysir einige Minuten benötigt, bis er wiederholt Wasser und Dampf ausstoßen kann. Außerdem sind die Zeitabstände zwischen den Wasserfontainen unterschiedlich und es bedarf eines sorgfältigen Einstellens der Flamme des Brenners.

Äolipile des Heron von Alexandria (Wasserdampf-Rückstoßturbine)

Geräte und Materialien

1. Getränkedose, 0,33 l
2. Gummistopfen, groß, auf die Dosenöffnung passend
3. Messingrohr, 30 cm, 4 mm Durchmesser
4. zwei Messingrohre, 1,5 cm, 8 mm Durchmesser
5. Messingrohr, 10 cm, mit 7 mm Durchmesser
6. Lochband, 30 cm
7. Hohlprofil aus Aluminium, 5 cm, quadratisch, 1,5 cm × 1,5 cm
8. Maschinenschraube M 6 mit Mutter
9. Stativstab, 5 cm, mit Gewinde, mit Mutter
10. Silikonkautschukpaste, 2 ml
11. Gewindestab, 22 cm, M 6, mit Mutter
12. Stativ, 50 cm, mit Stativmuffe
13. Dreifuß

Vorbereitung Um den Mantel der Getränkedose wird das Lochband gelegt, dessen Länge einige Zentimeter größer als der Dosenumfang ist. Die beiden Enden des Bandes werden etwa 1 cm lang senkrecht nach außen abgewinkelt. Durch ihre Bohrungen wird die M-6-Maschinenschraube gesteckt, die gleichzeitig durch zwei einander gegenüberliegende Bohrungen des 5 cm langen quadratischen Hohlprofils verläuft. Damit werden Dose, Lochband und Hohlprofil fest miteinander verbunden. In das Hohlprofil wird ein Loch gebohrt, das senkrecht zu seinen Kanten verläuft. Dieses nimmt das Ende eines etwa 5 cm langen Stativstabes mit Gewinde auf. Im Innern des Profils wird der Stab durch Aufschrauben einer Mutter auf sein Gewinde befestigt. Den Stativstab schraubt man mit einer Stativmuffe am Stativ fest. Die Trinköffnung der Dose wird auf einen Durchmesser von 2,5 cm kreisförmig aufgeweitet.
Im oberen Teil wird die Dose ca. 2,5 cm unter der Deckfläche an zwei einander gegenüberliegenden Stellen durchbohrt. Der Durchmesser der Bohrungen soll 8 mm betragen. In jede dieser Bohrungen wird eines der 15 mm langen Messingrohrstücke eingelötet. Die Welle der Rückstoßturbine wird von dem 10 cm langen Rohr gebildet. Am hinteren Ende der Welle wird der 2 cm lange M-6-Gewindestab eingelötet. Die Arretierung erfolgt auf der Rückseite mit einer M-6-Mutter. Sie kann im Bedarfsfalle abgeschraubt werden, so dass man dann die Welle aus der Blechdose herausziehen kann. Am vorderen Ende ist die hohle Welle quer mit einem Durchmesser von 4 mm durchbohrt. In diese Bohrung steckt man das 30 cm lange Messingrohr von 4 mm Außendurchmesser. Seine Enden werden mit einem Krümmungsradius von etwa 3 cm s-förmig gebogen und düsenförmig zusammengequetscht. Damit der Dampf in dieses s-förmige Rohr eintreten kann, ist es in seiner Mitte mit einer Bohrung versehen, die ins Innere der horizontalen Welle hineinverläuft. S-förmiges Rohr und Welle werden miteinander verlötet. Das erfolgt so, dass aus der Welle nach vorn kein Dampf austreten kann. Die horizontale Welle ist in ihrer Mitte zweimal doppelt durchbohrt, so dass der Dampf in sie eindringen kann (→**B1**).

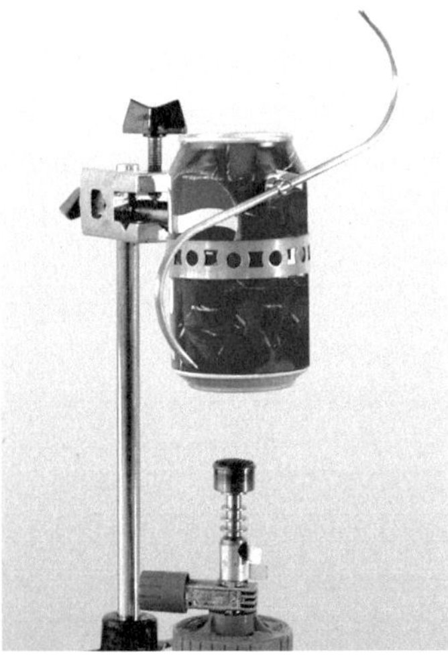

B1 Die erste Wärmekraftmaschine konstruierte um 50 n. Chr. Heron von Alexandria.

B2 Auch bei dieser Äolipile bewegt sich der Dampfkessel nicht. Die Dampfstrahlen bewirken einen Rückstoß, der die Rotation der Düsen verursacht.

Durchführung des Experiments Um die Äolipile für wenige Minuten in Betrieb zu setzen, wird die Getränkedose etwa 1 cm hoch mit Wasser gefüllt und mit dem Stopfen verschlossen. Der Brenner wird angezündet. Innerhalb einer Minute strömt Dampf aus der Düse aus. Das erfolgt mit so großer Geschwindigkeit, dass das Laufrad in Drehbewegung versetzt wird. Der erzeugte Dampf tritt durch die Bohrungen im mittleren Teil der Hohlwelle in diese ein, und strömt nach vorn, wo er in das s-förmige Rohr gelangt und aus dessen Enden austritt. Durch den Rückstoß beginnt sich die Welle mit den Düsen lebhaft zu drehen. Infolge der 1,5 cm langen Rohre, die als Lagerschalen an die Rohre angelötet sind, tritt nur wenig Dampf aus den Übergangsstellen vom ruhenden in den bewegten Teil aus [5].

Für längere Drehzeiten kann die Dose bis maximal $\frac{2}{3}$ mit Wasser gefüllt werden.

Ergebnis Tritt Dampf, der unter Druck steht, aus einer Düse aus, so gilt das 3. Newton'sche Gesetz actio = reactio. Die Düse erfährt einen Rückstoß. Wenn es möglich ist, bewegt sie sich rückwärts. Bei einer drehbar gelagerten Düse kann die tangential gerichtete Kraft bewirken, dass ständig thermische Energie des Dampfes in kinetische Energie des rotierenden Rades umgewandelt wird.

Hinweis Eine zweite mögliche Anordnung, die noch stärker der Äolipile des Heron von Alexandria gleicht, ist dadurch gekennzeichnet, dass eine Blechdose als Kessel zur Erzeugung des Dampfes dient und eine zweite als Dampfturbine wirkt (→**B2**, S. 66). In einer einfachen Form findet eine Getränkedose, die auf einem Dreifuß steht, als Dampfkessel Verwendung. Sie wird mit etwas Wasser gefüllt. Unter der Dose befindet sich der Brenner. Die Trinköffnung der Dose wird durch Ausfeilen zu einem kreisrunden Loch vergrößert. In dieser Öffnung befindet sich ein durchbohrter Stopfen mit einem Messingrohr, das vertikal nach oben ragt. Es endet in einer eingesetzten Spitze. Damit der Dampf aus dem Rohr austreten kann, ist es seitlich ggf. mehrfach durchbohrt. Auf die Spitze wird eine kleine Blechdose aufgesetzt. Boden und Deckel werden in ihrer Mitte durchbohrt. In den Deckel lötet man eine Telefonbuchse so ein, dass ihre Öffnung nach unten zeigt. In den Boden der Dose klebt oder lötet man ein etwa 5 cm langes Rohr ein, dessen Innendurchmesser nur geringfügig größer als der Außendurchmesser des Messingrohres in der unteren Dose ist.

Vereinfachte Äolipile (Wasserdampf-Rückstoßturbine)

Geräte und Materialien

1. Blechdose, 0,33 l
2. Stativ, 50 cm, mit Stativmuffe
3. Stativstab, 25 cm, mit Ring mit Haken
4. Messingrohr, 30 cm, 4 mm Innendurchmesser
5. Kugelgliederkette, 25 cm
6. Kupferdraht, 20 cm, 0,5 mm Durchmesser
7. Gummistopfen, 6 cm Durchmesser, flach
8. Propangasbrenner
9. Silikonkautschukpaste, 3 ml

B1 Vereinfachte Äolipile. Der Dampfkessel rotiert mit.

B2 Sehr einfache Rückstoßturbine, bestehend aus wenigen Teilen

Vorbereitung Eine Anordnung, die gegenüber der Äolipile des Heron von Alexandria wesentlich einfacher ist und den gleichen Effekt bewirkt, erhält man, wenn Wasserdampfkessel und Turbinenlaufrad starr miteinander verbunden und gemeinsam drehbar sind (→**B1**). Zu ihrer Herstellung werden in den Mantel der Trinkdose in halber Höhe an gegenüberliegenden Stellen zwei Bohrungen von 4 mm Durchmesser eingebracht. In diese steckt man das 30 cm lange Rohr von etwa 4 mm Durchmesser. Auch dieses Rohr wird in seiner Mitte beidseitig durchbohrt, so dass der Dampf in dieses eintreten kann. Das Rohr wird mit dem Mantelblech der oberen Dose verlötet. Falls der Deckel nicht straff genug auf der Dose aufsitzen sollte, empfiehlt es sich, Deckel und Dose in gleicher Weise aneinander zu befestigen.

Die beiden äußeren Enden des Rohres werden rechtwinklig abgewinkelt, so dass der Dampf senkrecht zum Radius der Dose austreten kann. Die Öffnungen werden etwas zusammengequetscht. Den Deckel der Dose entfernt man durch Abfeilen der Wulst. In die Öffnung bringt man den großen Gummistopfen. Die Kugelgliederkette befestigt man an ihrem oberen Ende mit Draht an dem Ring mit Haken, der an dem galgenförmigen Stativ angebracht ist. Entsprechendes erfolgt am unteren Ende der Kette mit dem großen Stopfen, der durchbohrt ist.

Durchführung des Experiments Die Dose wird 2 cm hoch mit Wasser gefüllt. Der Brenner wird unter die Dose geschoben und das Gas entzündet. Nach einer halben Minute tritt aus den Düsen Dampf aus. Je nach Wärmezufuhr rotiert die Dose unterschiedlich schnell [7, 9].

Ergebnis Siehe Ergebnis im Experiment „Äolipile des Heron von Alexandria", S. 67!

Hinweise

1. Eine noch weitere Vereinfachung ist dadurch möglich, dass man die Dose an einem Heftfaden aufhängt. Zunächst wird die Dose zu einem Drittel mit Wasser gefüllt. Dann schneidet man eine Scheibe aus Karton, die in die runde Vertiefung im Deckel hineinpasst, sie wird in der Mitte mit einer Nadel durchstochen. Dort steckt man den Faden hinein und verknotet ihn auf der Rückseite. Die Kartonscheibe wird mit schnell trocknendem Klebstoff aufgeklebt. Im oberen Teil des Dosenmantels macht man mit einem spitzen Messer gegenüberliegend je einen kleinen Einschnitt. Dort führt man einen kleinen Schraubendreher ein, den man dann um 90° dreht, so dass er tangential verläuft. Auf diese Weise schafft man zwei gleichsinnig wirkende Düsen, aus denen der Dampf gerichtet ausströmt. Der Heftfaden wird mit einer Schlaufe versehen und in den Ring mit Haken eingehängt, der an einem galgenförmigen Stativ befestigt. Beim Austreten des Dampfes verdrillt sich der Faden mehr und mehr. Die Kugelgliederkette ermöglicht gegenüber dem Heftfaden eine beliebig lange Rotation der Dose (→**B2**).

2. Ein Vorteil der zuerst beschriebenen Anordnung im Experiment „Äolipile des Heron von

Alexandria", S. 66 besteht darin, dass auf dem Gewinde am hinteren Ende der Welle eine kleine Schnurrolle angebracht und über einen Gummiring zum Antrieb anderer Geräte genutzt werden kann. Sollte das Drehmoment nicht ausreichen, so kann man den Abstand der Düsen vergrößern, wodurch allerdings die Drehzahl abnimmt.

Didaktisch-methodische Anregungen

1. Die Äolipile wurde vom großen griechischen Techniker Heron von Alexandria (um 50 n. Chr.) erfunden. Diese Dampfturbine war die erste von Menschen entwickelte Wärmekraftmaschine. Sie besteht aus dem Dampfkessel und dem Turbinenlaufrad (→**B3**). Herons Erfindung wurde jedoch wahrscheinlich gar nicht praktisch genutzt.
1769 erwarb James Watt ein Patent auf seine Dampfmaschine. Sie war der Ausgangspunkt der industriellen Revolution in England.
Es ist interessant darüber nachzudenken, warum eine solche Entwicklung nicht schon 50 n. Chr. einsetzte, zumal ja die Äolipile der unmittelbare Vorläufer der Dampfturbine war, die heute in Wärme- und Kernkraftwerken und auf Seeschiffen zur Umwandlung von thermischer Energie in mechanische Energie unersetzbar ist.

2. Ganz analog wie die Heron'sche Äolipile arbeiten die Anordnungen in den Experimenten „Segner'sches Wasserrad" und „Spitzenrad" (Band 1). Beim Wasserrad treten statt der Dampfstrahlen Wasserstrahlen aus, beim Spitzenrad sind es Elektronen.

3. Mit der Erfindung der Äolipile um 50 n. Chr. durch Heron von Alexandria wurde die erste praktisch nutzbare Dampfturbine geschaffen. Sie kann mit einem beliebigen Brennstoff betrieben werden. Einen gewissen Nachteil stellt die Lösung dar, dass der Dampf vom ruhenden Kessel zum rotierenden Turbinenlaufrad übertragen werden muss. Das trifft auch für das Segner'sche Wasserrad zu. Das ist gewiss ein wichtiger Grund dafür, dass sich beide Turbinen praktisch nicht durchgesetzt haben.

4. Die Äolipile des Heron ist nach dessen Originalzeichnungen nachgebaut worden. Sie erreichte eine Drehzahl von 1500 Umdrehungen pro Minute. Der Wirkungsgrad der Anlage lag bei 1%. Das entspricht dem Wirkungsgrad der ersten atmosphärischen Dampfmaschine. Es ist anzunehmen, dass die Äolipile in gleichem Maße wie die Dampfmaschine von Newcomen die industrielle Entwicklung hätte maßgeblich beeinflussen können.

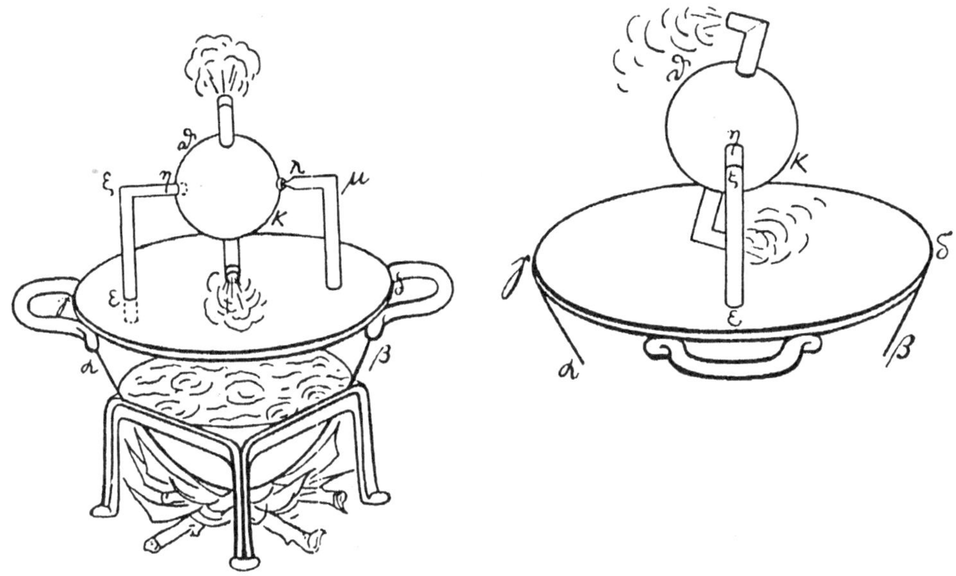

B3 Äolipile des Heron (Darstellung aus dem Mittelalter)

Püsterrich (Dampfturbine)

Geräte und Materialien

1. Deckel einer großen Konserven- oder Gebäckdose, 25 cm Durchmesser
2. Getränkedose, 0,33 l oder 0,5 l
3. acht Deckel von Getränkedosen, 0,2 l oder 0,33 l
4. Grundbrett, 50 cm × 25 cm × 2 cm
5. Gewindestab, 20 cm, M 8, mit zwei Muttern
6. Mutter, M 8, groß
7. zwei Gewindestäbe, 6 cm, M 4
8. zwei Hutmuttern M 4
9. Messingrohr, 15 cm, 10 mm Durchmesser
10. Messingrohr, 35 cm, 6 mm Durchmesser
11. Messingrohr, 15 cm, 8 mm Durchmesser
12. Maschinenschraube M 4 mit drei Muttern
13. Gummistopfen, durchbohrt
14. Glasrohr, 25 cm, 4 mm Innendurchmesser, gebogen, mit Düse, in den Stopfen passend
15. Kochring mit Stiel, klein
16. Stativ 50 cm, mit drei Stativmuffen
17. zwei Rohrklemmen
18. Propangasbrenner
19. Silikonkautschukpaste, 10 ml

Vorbereitung Der Deckel der großen Dose wird in seiner Mitte mit einer Bohrung von 8 mm Durchmesser versehen. In dieser Bohrung wird an seinem oberen Ende vertikal der lange M-8-Gewindestab eingeführt und mit zwei Muttern festgeschraubt.

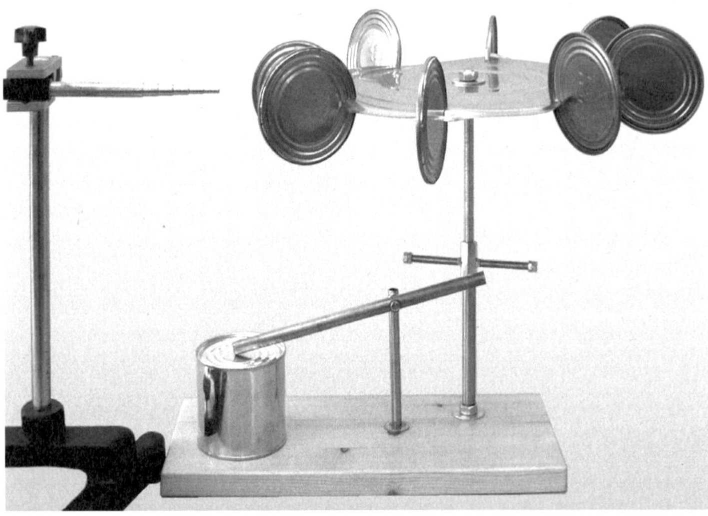

B1 Diese bereits als erste praktisch genutzte Wärmekraftmaschine ist der Vorläufer der modernen Dampfturbinen. Sie wurde zum Zerkleinern von Erz genutzt.

An der Peripherie des großen Deckels werden radial acht Einschnitte vorgenommen, die im Abstand von 45° liegen. In diese Einschnitte bringt man die acht Deckel der kleinen Blechdosen und klebt sie so an, dass sie mit dem großen Dosendeckel einen rechten Winkel bilden. Der weitere Aufbau erfolgt nach **B1**. Das ist wie folgt möglich: Der Gewindestab steckt drehbar in dem Messingrohr. Das Rohr wird senkrecht auf der Grundplatte befestigt. Das geschieht im einfachsten Falle durch Hineinstecken in eine Bohrung von 10 mm Durchmesser. Über dem Messingrohr wird auf den Gewindestab die große Mutter aufgeschraubt und durch eine Kontermutter befestigt. Die große Mutter wird an zwei einander gegenüberliegenden Seiten horizontal durchbohrt. In die Bohrungen werden Gewinde M 4 geschnitten und die M-4-Gewindestäbe eingeschraubt. Am anderen Ende trägt jeder Stab eine Hutmutter.
Gegenüber dem ersten Messingrohr wird im Abstand von 20 cm ein zweites ebenfalls vertikal auf der Grundplatte befestigt. Es trägt an seinem oberen Ende eine Bohrung, durch die eine Maschinenschraube gesteckt wird. Mit dieser Schraube wird das lange Messingrohr in der Form eines zweiseitigen Hebels drehbar horizontal befestigt. Auf das untere Ende des Gewindestabes wird ein Messingrohr mit 8 mm Durchmesser und 15 cm Länge gelötet. Es hat die Aufgabe, beide Gewindestäbe axial und leicht drehbar zu haltern. Der längere Arm des Hebels, der dem Laufrad abgewandt ist, liegt auf der kleinen Dose auf, die dort auf der Grundplatte steht.
Der gegenüberliegende kürzere Hebel wird beim Drehen des Rades durch die Hutmuttern an den kleinen Gewindestäben wiederholt nach unten gedrückt. Dadurch bewegt sich der lange Hebelarm nach oben. Beim nachfolgenden nach unten Fallen kann er in der Art eines Hammers wirken, z. B. beim Zerkleinern von Erz. Dieser Vorgang wird im Experiment dadurch veranschaulicht, dass der lange Hebelarm mit seinem Ende auf dem nach oben gekehrten Boden der kleinen Blechdose aufliegt. Das Laufrad wird von einem Dampfstrahl in Drehbewegung versetzt. Als Dampfkessel dient die größere Blechdose, die auf dem Kochring steht. Unter dem Kochring steht der Propangasbrenner. Die Dose wird zusätzlich mit einer Rohrklemme am Stativ befestigt. Die Öffnung der Getränkedose wird rund gefeilt, so dass der hineingesteckte Stopfen festsitzt. In die Bohrung im Stopfen bringt man das gewinkelte Glasrohr mit Spitze (→**B1**).

Durchführung des Experiments Der Propangasbrenner wird entzündet. Nach ca. einer Minute hat das Wasser die Siedetemperatur erreicht und es tritt Wasserdampf aus der Düse aus. Dieser trifft aufeinanderfolgend auf die Schaufeln des Turbinenrades und versetzt es in eine schnelle Drehbewegung. Die abgegebene Energie wird zum Teil auf den dünnen, fest mit dem Turbinenlaufrad verbundenen Gewindestab und die Gewindestäbe mit den Hutmuttern übertragen.
Nach jeder halben Drehung erreicht eine Hutmutter die als Hebel aufgebaute Vorrichtung. Sie hebt beim darüber Hinweggleiten den gegenüberliegenden Hebelarm an. Nach dem Verlassen der Hutmutter des jeweiligen Gewindestabes fällt der lange Hebelarm wieder nach unten auf die Blechdose. Die Hutmuttern wirken wie Nocken und der Hebelarm wie ein Hammer. Er erzeugt beim Aufprallen auf die kleine Dose ein Geräusch. Der Hebelarm signalisiert damit, dass der Püsterrich die thermische Energie des Dampfes zunächst in kinetische Energie der Rotation des Turbinenrades, dann in potenzielle Energie des gehobenen großen Hebelarms umwandelt. Der fallende Arm wirkt dann mit seiner kinetischen Energie auf das Erz ein und zerkleinert es [12].

Ergebnis Trifft schnell strömender Dampf auf ein Schaufelrad, so führt dieses eine schnelle Drehbewegung aus. Eine der ersten Anwendungen einer Dampfturbine war der Püsterrich. Er zerkleinerte in einem Pochwerk Erz.

Hinweis Der Püsterrich wurde 1629 von Branca erfunden und gebaut. Er ist der unmittelbare Vorläufer unserer modernen Dampfturbinen und wurde vereinzelt in Pochwerken zur Zerkleinerung von Erz genutzt. Branca hatte schon erkannt, dass Wasserdampf mit großen Geschwindigkeiten strömen kann. Das führte zu sehr hohen Drehzahlen. Um diese Rotationsenergie effektiv nutzen zu können, verwendete er Zahnräder zur Untersetzung der Drehzahl (→**B2**).

Didaktisch-methodische Anregung Die im Experiment „Wärmeströmung in Gasen“, S. 54 beschriebene Anordnung stellt das Modell einer sehr einfachen Wärmekraftmaschine dar, in dem thermische Energie in mechanische Energie umgewandelt wird. Dabei fällt sofort der geringe Wirkungsgrad auf. Es ist jedoch leicht möglich, den Wirkungsgrad zu erhöhen, indem man die thermische Energie der Flammen zum Erzeugen von Wasserdampf benutzt. Der Dampf, der schneller als die erwärmte Luft strömt, bedingt eine wesentlich höhere Drehzahl des Turbinenrades.

B2 Dampfbetriebenes Pochwerk von Branca (1629)

Dampfturbine

Geräte und Materialien

1. Cremedose aus Aluminium
2. Blechdose, 1 l
3. Fahrraddynamo
4. Gummistopfen mit Bohrung
5. Messingrohr, 6 cm, 6 mm Durchmesser, straff in die Bohrung des Stopfens passend
6. Gummischlauch, 60 cm, mit Glasdüse, 1 mm geringster Düsendurchmesser
7. Propangasbrenner
8. drei Stative, 50 cm mit je zwei Stativmuffen
9. drei Rohrklemmen
10. Kochring mit Stiel, klein
11. Glühlampe, 3,8 V / 0,07 A mit Fassung

B1 Das Turbinenlaufrad kann man aus einer Aluminium-Cremedose herstellen.

Vorbereitung Die kleine Blechdose wird zu einem Turbinenlaufrad umgestaltet (→B1). Das erfolgt, wie im Teil 1 im Experiment „Peltonturbine", S. 38 beschrieben. Anstelle des Wasserstrahls findet ein Dampfstrahl Verwendung. Für die Erzeugung des Dampfes wird die große Blechdose genutzt. Sie wird auf den Kochring gestellt und zusätzlich mit einer großen Rohrklemme an dem einen Stativ befestigt, wie das im Experiment „Püsterrich (Dampfturbine)", S. 70 beschrieben ist.

Die Öffnung der Dose wird kreisrund aufgeweitet, damit der durchbohrte Stopfen in die Öffnung eingeführt werden kann. Das Messingrohr wird in die Öffnung des Stopfens hineingesteckt. Den Schlauch mit Düse streift man über das Rohr. Die Düse wird an dem zweiten Stativ befestigt und die Turbine mit Dynamo am dritten. An den Dynamo schließt man die Glühlampe an.

Durchführung des Experiments Die Dose wird zu einem Drittel mit Wasser gefüllt. Dann bringt man den Brenner mit Flamme unter die Dose. Nach etwa einer Minute tritt Dampf aus der Düse aus. Seine Geschwindigkeit ist so groß, dass sich das Turbinenlaufrad dreht und die Lampe leuchtet.

Ergebnis In einer Dampfturbine wird die thermische Energie von heißem Dampf, der unter großem Druck steht, in die kinetische Energie der rotierenden Turbinenräder umgewandelt.

Hinweise

1. In einem Heizkessel wird die chemische Energie des Brennstoffes in thermische Energie der Verbrennungsgase und von dieser in thermische Energie des Dampfes umgewandelt. Der hohe Dampfdruck bewirkt eine große Geschwindigkeit des auf die Turbinenschaufeln auftreffenden Dampfes. Dort wird die kinetische Energie des Dampfes in Rotationsenergie des Turbinenlaufrades umgewandelt. Obwohl jede einzelne Energiewandlung mit gutem Wirkungsgrad erfolgt, liegt der Gesamtwirkungsgrad einer Dampfturbine nur bei 50 %.

2. Der unter großem Druck stehende Dampf (ca. bis zu 60 bar) kann Strömungsgeschwindigkeiten erreichen, die weit über der Schallgeschwindigkeit liegen. Das würde zu einer zu großen Drehzahl des Turbinenlaufrades führen. Die Laufräder würden durch die Fliehkraft auseinandergerissen. Deshalb ordnet man viele Laufräder auf einer Turbinenwelle an. Zwischen zwei benachbarten Rädern wird jeweils der Dampf durch unbewegliche Leiträder immer wieder so abgelenkt, dass er auf das nächste Laufrad trifft. Dabei verringert sich der Druck von Rad zu Rad.

Dampfmaschine

Geräte und Materialien
1. Spraydose, 30 cm, 6 cm Durchmesser
2. Gummistopfen, 3 cm größter Durchmesser
3. zwei Lochbänder, Länge 3 cm länger als der Umfang der Dose
4. Hohlprofil, 20 cm, quadratisch mit 15 mm Seitenlänge
5. Stativstab, 5 cm, mit Gewinde und Mutter
6. Messingrohr, 14 cm, 9 mm Außendurchmesser
7. Messingrohr, 13 cm, 8 mm Außendurchmesser
8. Messingrohr, 3 cm, 7 mm Außendurchmesser
9. Messingrohr, 9 cm, 8 mm Außendurchmesser
10. Messingrohr, 10 cm, 6 mm Außendurchmesser
11. Kunststoffstreifen, 30 cm × 3 cm × 0,7 cm
12. Stativ, 75 cm, mit Stativmuffe
13. sechs Maschinenschrauben M 6 mit Muttern
14. Gewindestab M 6, 9 cm, mit drei Muttern

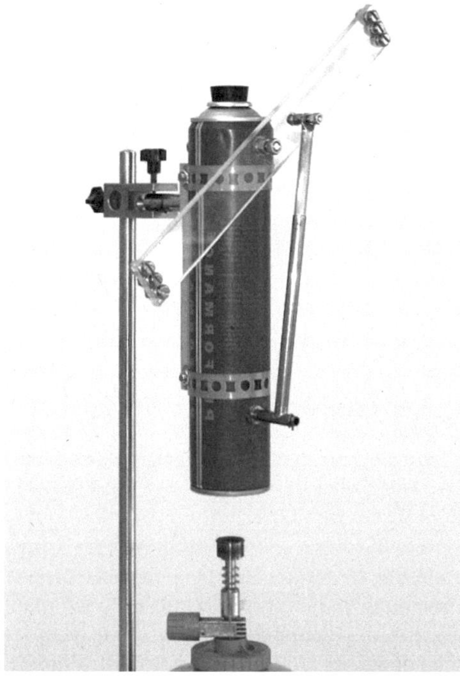
B1 Dampfmaschine mit einfacher Steuerung des Dampfweges

Vorbereitung Die kleine Blechdose wird, wie im Band 1 unter dem Experiment „Wasserturbine" beschrieben, präpariert.
Der Verschluss der Dose wird entfernt. Dadurch entsteht eine kreisrunde Öffnung von etwa 2,5 cm Durchmesser, die mit dem Gummistopfen verschlossen wird. Die Befestigung der Dose als Dampfkessel erfolgt wie das im Experiment „Äolipile", S. 66, beschrieben und in **B1** dargestellt ist. Es finden jedoch zwei Lochbänder zur Befestigung Verwendung, so dass die Dose etwa 8 cm über dem Boden und das andere 5 cm unter der Deckfläche umfasst. Der kurze Stativstab mit Gewinde, auf das im Inneren des Hohlprofils eine Mutter geschraubt ist, dient als Stativanschluss.
Das lange Messingrohr übernimmt die Aufgaben des Zylinders. In dem Zylinder befindet sich der Kolben, der aus dem 13 cm langen Messingrohr von 8 mm Außendurchmesser gebildet wird. Dieses Rohr ist am oberen Ende auf 10 mm Länge durch Zusammenquetschen verschlossen. In der Mitte befindet sich eine Bohrung von 4 mm Durchmesser. In die Bohrung ist eine Welle von 4 cm Länge hineingesteckt. Auf dieser Welle sind beiderseits der Quetschstelle am Kolben Muttern aufgebracht, die ein seitliches Herabgleiten von der Welle verhindern. Auf der dem Kessel zugewandten Seite durchdringt diese Welle den durchsichtigen Kunststoffstreifen. Dieser Streifen dient als Schwungmasse. Er ist in der Mitte durchbohrt. Durch diese Bohrung ragt der Gewindestab von 9 cm Länge, der wie bei der Äolipile den oberen Teil der Dose mit zwei Bohrungen durchsetzt. In diese Bohrungen sind die kurzen Messingrohre eingeklebt, die der Lagerung der Maschinenwelle und der Abdichtung gegenüber dem Dampf dienen. An jedem Ende des Kunststoffstreifens sind drei M-6-Maschinenschrauben mit Muttern zur Vergrößerung der Masse angeordnet (→**B1**).
Das untere Ende des Zylinders ist senkrecht an dem Messingrohr von 3 cm Länge und 7 mm Außendurchmesser angelötet. In dieser Höhe befindet sich das horizontal aus der Dose herausragende Messingrohr von 4 cm Länge und 6 mm Durchmesser. Es ist an der Dose angelötet und auf der Rückseite verschlossen. Auf dieses dünnere Rohr wird das eben beschriebene dickere am unteren Ende des Zylinders aufgeschoben und durch einen Splint gegen Herausrutschen gesichert.

Durchführung des Experiments Die Dose wird für den kurzzeitigen Betrieb etwa 2 cm hoch mit Wasser gefüllt und mit einem Brenner erhitzt.
Am schwachen Zischen erkennt man, dass das Wasser siedet. Dann versetzt man den Kunst-

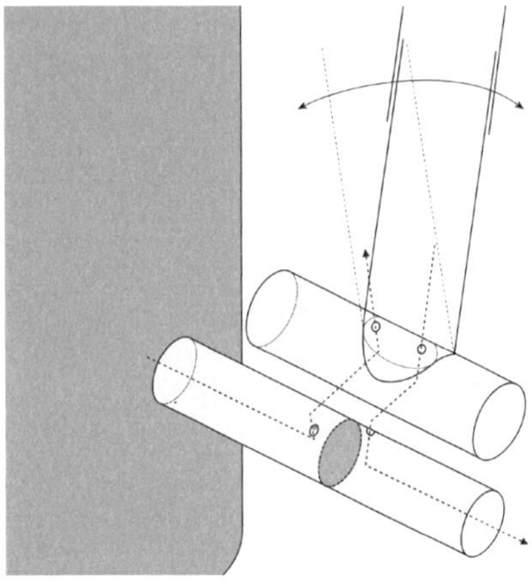

B2 Die Kolbenstange überträgt einerseits die Kraft des Kolbens, andererseits steuert sie den Weg des Dampfes.

stoffstreifen mit der Hand in langsame Drehbewegung im richtigen Umlaufssinn, den man leicht durch Probieren ermitteln kann, wenn man dabei nur kleine Kräfte anwendet. Wenn die Drehzahl zu groß ist, sollte man sofort die Flamme verkleinern oder den Brenner teilweise unter der Dose hervorziehen. Die Drehzahl nimmt dann ab. Umgekehrt kann man durch stärkeres Heizen erreichen, dass die Dampfmaschine schneller läuft. Aus Stabilitätsgründen sollte die maximale Drehzahl fünf Umdrehungen pro Sekunde nicht übersteigen. Die Wärmezufuhr sollte man möglichst niedrig halten. Auf diese Weise vermeidet man, dass der Stopfen aus der Öffnung herausgedrängt wird. (Vorsicht!) Weiterhin muss man rechtzeitig Wasser nachfüllen.

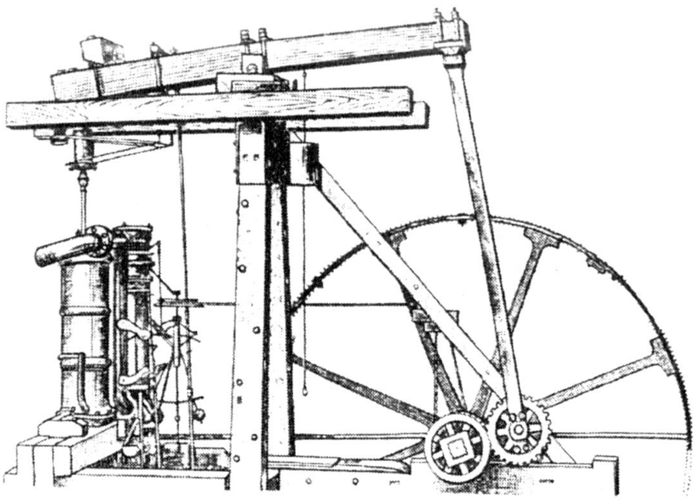

B3 Diese Dampfmaschine von James Watt (1788), die ohne Dampfkessel dargestellt ist, ist wesentlich komplizierter aufgebaut als die in B1 dargestellte.

Der Wasserdampf dringt in das horizontal verlaufende Rohr hinein und gelangt von dort aus nach oben in den Zylinder. Dort drängt er den Kolben nach oben. Dabei dreht sich der Kunststoffstreifen um 180°. Wenn sich der Kolben seiner höchsten Lage nähert, wird die Dampfzufuhr unterbrochen. Infolge der Trägheit des Kunststoffstreifens dreht sich dieser weiter und verdrängt den Dampf aus dem Zylinder. In der Nähe der niedrigsten Lage des Zylinders wird dann die Dampfzufuhr erneut geöffnet und der Dampf drängt den Kolben wieder nach oben, so dass sich die Schwungmasse zunehmend schneller dreht.
Das Steuern der Dampfzufuhr geschieht auf folgende Weise:
Das Steuerventil besteht aus zwei ineinander steckenden Messingrohren, die sich leicht gegeneinander verdrehen lassen.
Die Bewegung des äußeren Rohres bewirkt, dass sich entweder zwei Löcher für den Dampfeintritt oder zwei Löcher für den Dampfaustritt gegenüberstehen und damit diesen Weg öffnen (→**B2**). Eine Platte zwischen den beiden Bohrungen im inneren Rohr sorgt dafür, dass der Dampf erst am Arbeitskolben Arbeit verrichtet, bevor er ins Freie tritt. Bei dieser Dampfmaschine wirkt der Dampf nur einseitig auf den Kolben und verrichtet dabei Arbeit. Der periodisch austretende Dampf lässt erkennen, dass dieser jeweils bei der Bewegung des Kolbens nach unten aus dem Zylinder verdrängt wird.

Ergebnis Bei einer Dampfmaschine verrichtet der Dampf Arbeit, indem sein Dampfdruck zeitweilig auf den Kolben einwirkt und ihn längs des Zylinders bewegt. Nachfolgend drängt der Kolben jeweils den Dampf aus dem Zylinder hinaus [7, 14].

Hinweise
1. Ein Vorzug dieser Dampfmaschine besteht in der relativ einfachen Konstruktion. Der Dampf wirkt einseitig auf den Kolben und verrichtet dabei Arbeit. Der periodisch austretende Dampf lässt erkennen, dass dieser jeweils bei der Bewegung des Kolbens nach unten aus dem Zylinder verdrängt wird.
2. Die Bewegung des oberen Kolbenendes auf einer Kreisbahn ermöglicht die direkte Steuerung der Dampfzufuhr, ohne dass eine zusätzliche Steuerstange erforderlich ist. Beide Funktionen werden durch die Kolbenstange wahrgenommen.

Stirlingmotor

Geräte und Materialien
1. Kaffeemaschine
2. Becherglas, 1 l bis 2 l, auf die Heizplatte der Kaffeemaschine passend
3. Konservendose, flach, Innendurchmesser etwas größer als der Außendurchmesser des Becherglases
4. Konservendose, dünnwandig und flach, Durchmesser einige Millimeter geringer als der Innendurchmesser des Becherglases
5. Deckel einer Blechdose, 15 cm Durchmesser
6. Gummistopfen, klein
7. Gummistopfen, mittlere Größe
8. Metallrohr, 2 cm, 0,6 mm Innendurchmesser
9. Nylonfaden, 1 m, 0,5 mm Durchmesser
10. Kolbenprober, 50 ml
11. Radnabe mit Achse vom Fahrrad
12. Fahrradspeiche, 25 cm
13. Stativ, 75 cm, mit Stativmuffe und Rohrklemme
14. Tischklemme
15. U-Stück und andere Kleinteile von einem Metallbaukasten
16. Stativstab, 1 m, mit Stativmuffe
17. Alleskleber, 10 g
18. Kupferdraht, 1 m, 0,3 mm Durchmesser.

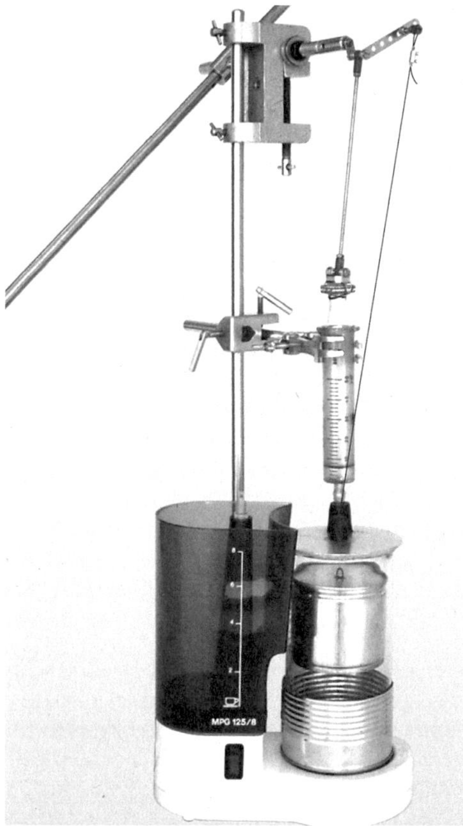

B1 Einfach aufgebauter Stirlingmotor aus zwei Blechdosen, einem Becherglas, einer Kaffeemaschine und einem Kolbenprober

Vorbereitung Ein Stirlingmotor besteht aus zwei Zylindern, die durch einen Kanal miteinander verbunden sind. In den Zylindern befindet sich ein Arbeitsgas, im einfachsten Falle Luft. Die Öffnung des Arbeitszylinders AZ ist mit dem Arbeitskolben AK verschlossen. Dieser Kolben überträgt die Energie auf die Kurbelwelle (→**B2 a**).
Der zweite Zylinder, der Verdrängerzylinder VZ, ist an beiden Enden geschlossen. Er wird im unteren Bereich erhitzt und im oberen Bereich gekühlt. In dem Verdrängerzylinder VZ bewegt sich der Verdrängerkolben VK. Er ist so lang, dass er das Arbeitsgas vollständig sowohl in den heißen als auch den kalten Teil des Zylinders drängen kann. Der Verdrängerkolben ist von Längskanälen durchsetzt, durch die das Gas bei möglichst geringem Strömungswiderstand von einem Teil des Verdrängerzylinders in den anderen überströmen kann. Das Volu-

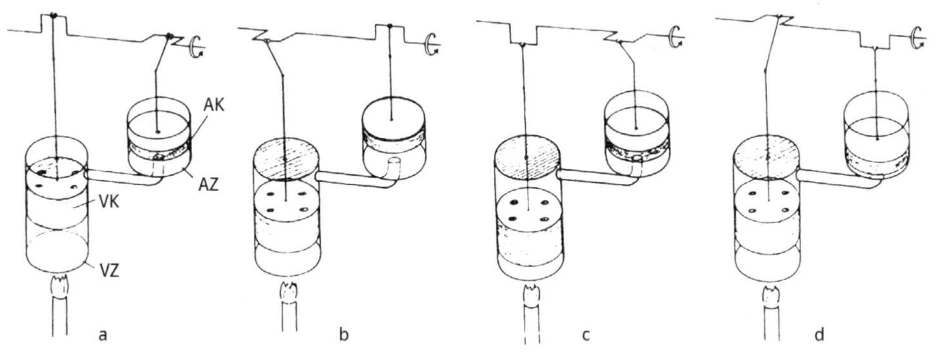

B2 Wirkungsweise eines Stirlingmotors

men dieser Kanäle wird klein gewählt, damit sich möglichst alles Gas zeitweilig im kalten bzw. heißen Teil des Zylinders befindet. Die Bewegung des Verdrängerkolbens wird von der Kurbelwelle aus gesteuert. Dabei ist der Verdrängerkolben dem Arbeitskolben jeweils um eine viertel Periode voraus (→**B2 a** bis **d**).
Dem Stirlingmotor liegt folgendes Wirkprinzip zugrunde. Wenn sich der Verdrängerkolben zur Kurbelwelle hin bewegt (→**B2 b**) so strömt das Arbeitsgas durch dessen Kanäle in den unteren, heißen Teil des Zylinders. Dabei erwärmt es sich und es erhöht sich sein Druck. Dadurch wird der Arbeitskolben in Richtung der Kurbelwelle gedrückt. Das komprimierte Gas verrichtet Arbeit, sowohl an der Kurbel, als auch gegen den äußeren Luftdruck.
Danach bewegt sich der Verdrängerkolben in den unteren Teil des Zylinders (→**B2 c**). Das Gas strömt durch die Kanäle nach oben in den kalten Teil des Verdrängerzylinders und kühlt sich dort ab. Der Druck des Gases verringert sich, und der äußere Luftdruck drückt den Kolben in den Arbeitszylinder hinein. Dabei wird erneut Arbeit an der Kurbel verrichtet. Schließlich wird der Verdrängerkolben wieder in den oberen Teil geschoben (→**B2 d**) usw.
Ein einfacher Stirlingmotor lässt sich unter Verwendung einer nicht mehr benutzten Kaffeemaschine herstellen. Ihre Heizplatte dient als Wärmequelle geeigneter Temperatur.
Als Verdrängungszylinder findet das große Becherglas Verwendung. Um eine gleichmäßige Erwärmung des unteren Teils zu erreichen, bringt man das Becherglas in die flache Blechdose ohne Deckel. Dose und Becherglas stellt man auf die Heizplatte der Kaffeemaschine.
Der Verdrängerzylinder wird aus der dünnwandigen Konservendose hergestellt. Man öffnet sie sorgfältig, entnimmt den Inhalt und verschließt sie wieder luftdicht durch Verlöten. Als Abdeckplatte des Becherglases wird der Deckel der Konservendose benutzt. Er wird in der Mitte durchbohrt. Darauf wird der kleinere Gummistopfen mit seiner großen Fläche nach unten aufgeklebt. Er ist mit einer kleinen Bohrung versehen. Um den Luftaustausch durch die Bohrung klein zu halten, wird in diese das sehr dünne Metallrohr von etwa 2 cm Länge eingeklebt. Sein Innendurchmesser soll nur geringfügig größer als der Durchmesser des 0,5 mm dicken Nylonfadens sein, der an der Oberseite des Verdrängerzylinders an der aufgeklebten Öse befestigt wird und von dort aus nach oben durch das dünne Rohr verläuft.
Als Arbeitszylinder findet der Kolbenprober Verwendung. Er garantiert einerseits ein sicheres Abdichten des Gasvolumens, andererseits ist die Reibung an den Zylinderwänden relativ klein.
Die Befestigung des Kolbenprobers an den anderen Teilen des Motors erfolgt über den größeren Gummistopfen, dessen Bohrungsdurchmesser entsprechend dem Rohransatz am Kolbenprober gewählt wird. Der Gummistopfen wird mit Alleskleber auf die durchbohrte Deckplatte des Verdrängungszylinders aufgeklebt. Die Befestigung der Kolbenstange am Kolbenprober erfolgt mit einem U-Stück aus einem Metallbaukasten. Das kann durch Ankleben erfolgen oder Anbinden mit dünnem Draht. Durch die Bohrungen in den Schenkeln des U-Stücks wird dann mittels einer Schraube mit Mutter die Kolbenstange befestigt. Dazu eignet sich eine Fahrradspeiche.
Detailhinweise enthält Band 1 im Experiment „Stirlingmotor". Als Kurbelwelle des Stirlingmotors wird eine Fahrradnabe verwendet. Sie ist am oberen Ende des Stativs befestigt. Als Schwungmasse dient der lange Stativstab.
Die notwendige Phasenverschiebung zwischen dem Verdränger- und dem Arbeitskolben wird mittels Bauteilen des Metallbaukastens erreicht. Aus diesen wird eine Art Nockenwelle hergestellt, bei der ein erster Metallstreifen so an der Drehachse befestigt ist, dass eine exzentrische Bewegung des Verdrängerkolbens erfolgt. Ein zweiter Metallstreifen bewirkt das Entsprechende für den Arbeitskolben. Beide Befestigungspunkte sind um 90° gegeneinander verschoben. Der Abstand der Befestigungspunkte der beiden Kolbenstangen vom Drehpunkt muss jeweils gleich dem halben Hub des Kolbens sein. Der Hub des Verdrängerkolbens ist durch die Apparatur vorgegeben. Er wird so eingestellt, dass der Kolben weder am oberen noch am unteren Ende des Verdrängerzylinders anschlägt.
Die Hubhöhen des Arbeitskolbens richten sich nach dem Durchmesser des Arbeitszylinders, nach dem Volumen des Verdrängerzylinders und nach der Temperaturdifferenz. Um den optimalen Hub des Arbeitskolbens zu ermitteln, wird der Verdrängerkolben von Hand wiederholt in seine obere und untere Endlage gebracht und gemessen, um wie viele Zentimeter sich dabei der Arbeitskolben hebt bzw. senkt. Danach wird die Länge des Hebelarmes gleich der Hälfte des Hubs gewählt. Die ungefähren Maße können den Bildern entnommen werden. Durch Probieren kann man leicht ermitteln, ob sich beim Vergrößern oder Verringern des Hubes vom Arbeitskolben der Wirkungsgrad der Anordnung verbessert.

B3 a Detailansicht von Steuerkolben und Arbeitskolben

B3 b Detailansicht der Kurbel

Durchführung des Experiments Die Heizung der Kaffeemaschine wird eingeschaltet. Der Verdrängerkolben wird in seine höchste Lage gebracht, damit er sich nicht zu stark erwärmt. Nach wenigen Minuten ist der Motor arbeitsbereit. In jedem Fall ist dann ein Anstoßen der Schwungmasse erforderlich, um den Motor in Bewegung zu versetzen. Die Drehachse dreht sich gleichmäßig. Die Drehzahl nimmt allmählich zu, so lange die Temperatur der Heizplatte noch ansteigt. Sie erreicht Drehzahlen von 1 Hz bis 2 Hz. Nach Ausschalten der Heizung läuft der Motor noch einige Minuten weiter [7, 10, 11, 14, 15].

Ergebnis Bei einem Stirlingmotor wird eine eingeschlossene Gasmenge abwechselnd erhitzt und abgekühlt. Dadurch nimmt der Druck im Gas periodisch zu und ab. Das Gas kann in einem angeschlossenen Zylinder den Kolben hin- und herschieben und damit Arbeit verrichten.

Hinweise

1. Sollte der Kolbenprober zu schwergängig sein, so ist leicht ein geringfügiges Nachschleifen möglich. Dazu wird eine geringe Menge sehr feines Schmirgelpulver in den Zylinder gebracht und der Kolben wiederholt bewegt. Als Schmirgelpulver kommen u. a. in der Küche verwendete sehr feinkörnige Scheuermittel, Quarzmehl und technische Schleifmittel in Betracht. Eine solche Behandlung des Kolbenprobers ist auch deshalb sinnvoll, weil infolge höherer Temperaturen beim Betrieb des Stirlingmotors die Leichtgängigkeit eingeschränkt werden kann.
2. Anstelle des langen Stativstabs kann man auch als Schwungmasse eine Holzleiste benutzen, an der metallene Massen angebracht sind. Die Leiste wird nach Durchbohren in ihrer Mitte auf der Achse aufgeschraubt.

Didaktisch-methodische Anregungen

1. Der beschriebene Motor ist eine einfache, durchsichtige und langsam laufende Maschine, deren Aufbau und Wirkprinzip gut beobachtbar ist. Sie belegt, dass der Betrieb von Stirlingmotoren auch bei geringen Temperaturdifferenzen möglich ist.
Da der Wirkungsgrad von Stirlingmotoren dem von Verbrennungsmotoren gleicht, aber beliebige Brennstoffe verwendet werden können, die außerhalb des Zylinders schadstoffarm verbrennen, ist in den nächsten Jahren eine starke praktische Nutzung zu erwarten.
2. Gegenüber Dampfturbinen, Diesel- und Ottomotoren benötigen die Stirlingmotoren keinen Stoff (Dampf, Kraftstoff-Luft-Gemisch), wie die Wärmektraftmaschinen, der in sie hineinströmt und nach der Umwandlung der Energie wieder verlässt. Stirlingmotoren sind mit einer bestimmten Menge Gas gefüllt, die abwechselnd erhitzt und gekühlt wird. Dieser prinzipielle Unterschied kann zu Lernschwierigkeiten führen. Auch der Vorgang, dass der Verdrängerkolben vom Gas umströmt wird, ist ungewöhnlich.
3. Stirlingmotoren haben gegenüber den Verbrennungsmotoren einige wesentliche Vorzüge.
   - Sie erzeugen keine störenden Geräusche.
   - Sie können mit beliebigen Brennstoffen und beliebigen Wärmequellen betrieben werden.
   - Die Verbrennung kann langsam und dadurch schadstoffarm erfolgen.
   - Sie haben wie Dieselmotoren einen hohen Wirkungsgrad.

Ein wesentlicher Nachteil der Stirlingmotoren als Pkw-Antrieb besteht in einer notwendigen Vorheizzeit und in der Schwierigkeit, kurzzeitig die abgegebene Leistung zu verändern. Eine mögliche Lösung dieses Problems ist die kurzzeitige Zwischenspeicherung der Energie in Akkumulatoren. Dabei ist vor allem beim Starten und kurz danach ein Energieschub notwendig. Beim verkehrsbedingten Halten, bergab und nach dem Beenden der Fahrt kann die überschüssige Energie in den Akkumulatoren gespeichert werden.

Heißluft-Wasserdampfmotor

Geräte und Materialien

1. Blechdose, 1 l
2. zwei Kupferrohre, 25 cm, 28 mm Außendurchmesser
3. Kupferkappe, auf die Kupferrohre passend
4. Kunststoffschlauch, 6 cm, 2,5 cm Durchmesser
5. zwei Schellen
6. zwei Gummistopfen, doppelt durchbohrt, in das Rohr passend
7. Kolbenprober, 50 ml
8. zwei Messingrohre, 4 cm, 0,5 mm Innendurchmesser
9. Fahrradspeiche
10. Radnabe mit Welle
11. Kleinteile aus einem Metallbaukasten
12. Stativfuß mit zwei Stativstäben, 100 cm, mit vier Stabmuffen
13. zwei kleine Rohrklemmen
14. große Rohrklemme
15. Propangas-Brenner oder Heißluftgebläse
16. Stativstab, 75 cm
17. Tischklemme
18. Kunststoffschlauch, 5 m, 2,5 cm Durchmesser, durchsichtig
19. zwei Stative, 1 m, mit sechs Stativmuffen
20. Stativstab, 50 cm
21. sechs Rohrklemmen
22. Stativ, 50 cm
23. Lebensmittelfarbe, 10 mg
24. Gummistopfen, durchbohrt
25. Kunststoffschlauch, 30 cm, 10 mm

Vorbereitung Zur Demonstration eines Heißluft-Wasserdampfmotors, der eine Drehbewegung erzeugt, wird die untere Öffnung des einen Kupferrohres durch Anlöten der Kupferkappe verschlossen. Auf die obere Öffnung schiebt man den 10 cm langen Kunststoffschlauch und steckt dann das zweite Kupferrohr von oben hinein. Zwischen beiden Rohren soll ein Abstand von 2 cm bleiben.
Der Kunststoffschlauch wird mit zwei Schellen angebracht. Dicht darüber wird diese Anordnung mittels einer Rohrklemme am Stativ vertikal befestigt. Von der Blechdose entfernt man den Deckel und durchbohrt den Boden, so dass sie straff auf das Kupferrohr aufgesteckt werden kann. Die Dose wird dicht über der Verbindungsstelle der Rohre durch Verlöten an ihrem Boden abgedichtet. Die obere Öffnung des Rohres verschließt man mit dem doppelt durchbohrten Stopfen. In eine seiner Bohrungen wird eines der dünnen Messingrohre eingebracht, in die andere Bohrung steckt man den Schlauchanschluss des Kolbenprobers. Der Kolbenprober wird entsprechend dem Experiment „Stirlingmotor", S. 75 mit einer Rohrklemme am Stativ befestigt. Den Kolben verbindet man mittels der Fahrradspeiche als Kolbenstange mit der Kurbel an der Fahrradnabe. Das Zusammensetzen ausgewählter Teile aus dem Metallbaukasten erfolgt nach den Ausführungen zum Experiment „Stirlingmotor".

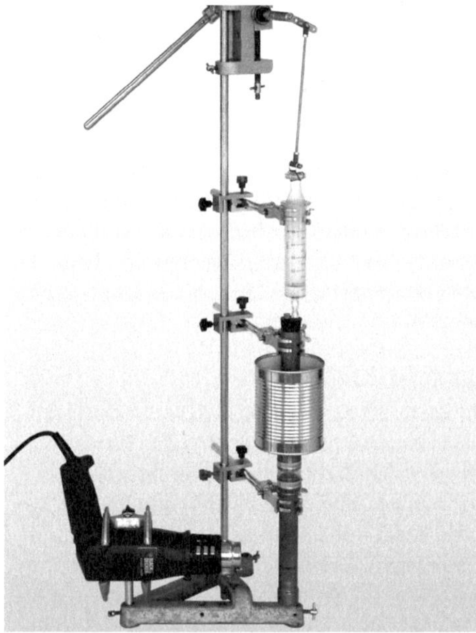

B1 In diesem einfach aufgebauten Motor bewegen sich heiße Luft und Wasserdampf durch Erhitzen und Kühlen periodisch auf und ab.

Die Blechdose wird zur Kühlung mit kaltem Wasser gefüllt. In dem Kupferrohr soll das Wasser 10 cm hoch stehen. Genau in dieser Höhe befindet sich der Gasbrenner oder die Heißluftpistole. Will man einen Heißluft-Wasserdampfmotor herstellen, der einen frei schwingenden Kolben besitzt, stellt zunächst eine Anordnung zusammen, die der oben beschriebenen gleicht. Es wird lediglich auf das Anbringen des Kolbenprobers und der Kurbel verzichtet. Anstelle dieser Teile tauscht man den doppelt durchbohrten Stopfen gegen den zweiten aus, bei dem eine der Bohrungen größer ist. In diese Bohrung bringt man den dünneren Kunststoffschlauch. Dessen zweites Ende steckt man auf den einfach durchbohrten Stopfen, der sich am linken oberen Ende des langen Kunststoffschlauches befindet. Der weitere experimentelle Aufbau erfolgt nach **B3**. Zunächst wird der mittlere Teil des langen Schlauches mit schwach gefärbtem Wasser gefüllt. Dieser Teil wird zu einer Schraube aufgewickelt und mit Rohrklemmen in dieser Lage befestigt. In den beiden schräg nach oben verlaufenden Schlauchenden soll die Länge der Luftsäule 50 cm betragen.

Durchführen der Experimente Beim Heißluft-Wasserdampfmotor wird die Heißluftpistole eingeschaltet. Das Kupferrohr wird dicht über der Wasseroberfläche erhitzt. Das dünne Messingrohr sorgt für den notwendigen Druckausgleich nach dem Erwärmen. Dann versetzt man die Schwungmasse mit einer Frequenz von 2 Hz bis 3 Hz in Drehung. Die Welle rotiert weiter. Die Drehzahl nimmt zunächst zu.
Das Wirkprinzip des Motors besteht in Folgendem: Im unteren Teil des Kupferrohres befinden sich über dem heißen Wasser heiße Luft und Wasserdampf. Im oberen Teil des Rohres und im Kolbenprober befindet sich mit Wasserdampf gesättigte kalte Luft mit kleinsten Wassertröpfchen.
Diese Anordnung stellt ein schwingungsfähiges System dar. Wenn das Wasser kurzzeitig etwas stärker siedet, bilden sich Bläschen aus und zerplatzen. Auch diese Wassertröpfchen gelangen zum Teil zur heißen Wandung und verdampfen. Dadurch erhöht sich der Druck. Wasserdampf und heiße Luft bewegen den Kolben nach oben. Dabei gelangen von unten her heiße Luft und Wasserdampf in den Bereich der kühlenden Blechdose. Dadurch kondensiert ein Teil des Wassers. Der Druck sinkt. Der Kolben wird nach unten gezogen. Von oben her gelangt kalte Luft in das erhitzte Rohr. Die Luft und die darin enthaltene Feuchtigkeit erwärmen sich wieder. Die von der Kondensation herrührenden kleinen Wassertröpfchen verdampfen. Der Druck steigt wieder an, usw. Der infolge der Trägheit der Kurbel auf- und abschwingende Kolben steuert diesen Prozess. Entsprechend der Dimensionierung tritt eine Schwingung auf, die teilweise Energie an die Schwungmasse abgibt. Die geringe Frequenz wird dabei in erster Linie durch die Apparatur bestimmt. Sie ist wenig variabel.
Zur Demonstration der Wirkungsweise eines Heißluft-Wasserdampfmotors wird der eine doppelt durchbohrte Gummistopfen gegen den anderen einschließlich dem Zubehör ausgetauscht. Das Kupferrohr wird mit dem Brenner erhitzt. Die Schwingungsbewegung der Wassersäule setzt von selbst ein, wobei die Amplituden eine Höhe von 50 cm erreichen.

Ergebnis Wird ein geschlossenes Gefäß, das teilweise mit Wasser gefüllt ist, in der Nähe der Oberfläche des Wassers punktuell erwärmt und ist das Gefäß mit einem weiteren verbunden, in dem der Wasserdampf kondensieren kann, so kann eine Schwingung auftreten. Luft und Wasserdampf strömen dabei abwechselnd verstärkt in den heißen und den kalten Bereich. Dabei kann die thermische Energie teilweise in mechanische Energie umgewandelt werden.

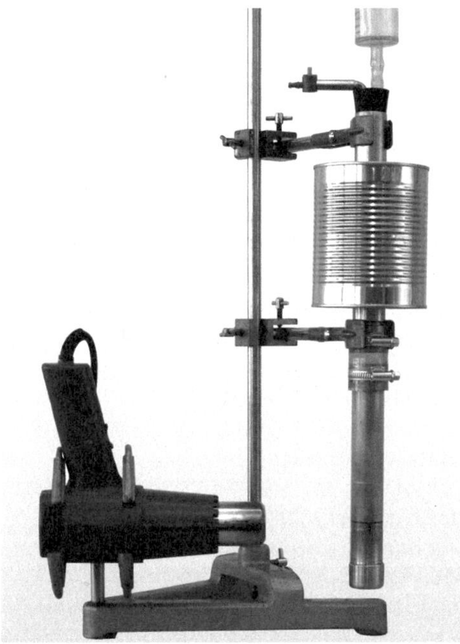

B2 Detailansicht der Heizung und Kühlung

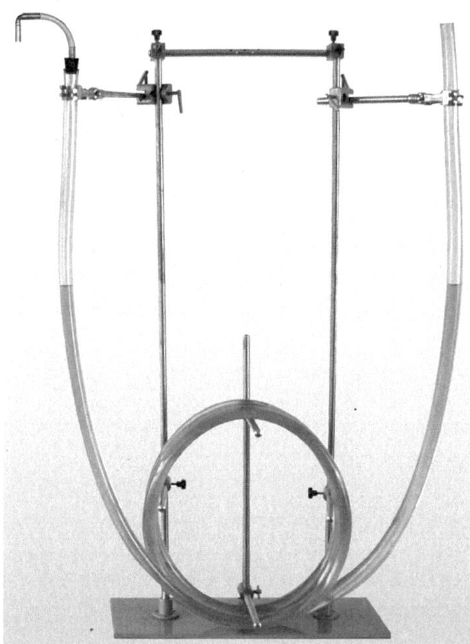

B3 Anstelle von Kolben und Kurbel kann diese Wassersäule angeschlossen werden. Sie beginnt selbstständig zu schwingen.

4 Experimente zur Elektrizitätslehre

Anziehung elektrisch ungleichnamig geladener Körper

Geräte und Materialien

1. zwei Getränkedosen, 0,33 l
2. zwei Heftfäden, 80 cm
3. Stromversorgungsgerät für Hochspannung (25 kV) oder Influenzmaschine
4. Stativ, 100 cm, mit einer Stativmuffe
5. Stativstab, 25 cm, mit zwei Stativmuffen
6. zwei Isolierstützen
7. Bleistift, sehr weich

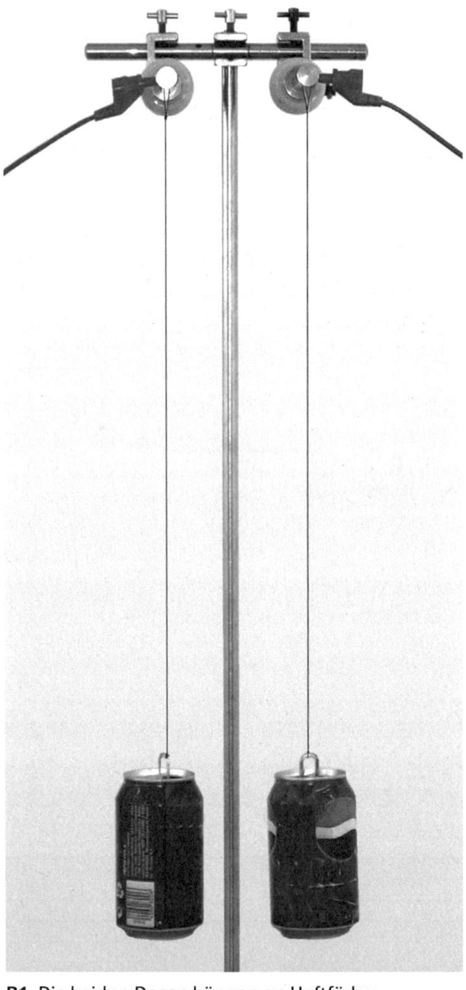

B1 Die beiden Dosen hängen an Heftfäden. Was wird geschehen, wenn eine Hochspannung angelegt wird?

Vorbereitung Die beiden Getränkedosen werden an je einem Heftfaden aufgehängt. Die Befestigung des Fadens an der Dose erfolgt durch Anknoten an der Lasche, die zum Öffnen der Dose dient.
Diese wird so nach oben gebogen, dass die Befestigungsstelle auf der verlängerten Zylinderachse liegt. Oben enden die Fäden an je einer Isolierstütze, die an einem Stativ befestigt ist. Die Isolierstützen sind leitend mit je einem Pol des Stromversorgungsgerätes für Hochspannung (25 kV) oder einer Influenzmaschine verbunden. Die Stative werden so aufgestellt, dass der kleinste Abstand zwischen den Dosen etwa 5 cm beträgt.
Um die Leitfähigkeit der Fäden zu erhöhen, werden sie mit Grafit berieben, d.h. mehrmals mit einem weichen Bleistift bestrichen. Es ist auch ein geringfügiges Anfeuchten mit Leitungswasser möglich.

Durchführung des Experiments Nach Anlegen der Spannung bewegen sich die Dosen langsam aufeinander zu. Nachdem sie sich berührt haben, schwingen sie in ihre Ruhelage und darüber hinaus zurück. Dann bewegen sie sich erneut aufeinander zu usw.
Nach dem Anlegen der Spannung nimmt die Ladung der Dosen wegen des hochohmigen Widerstandes ihrer Zuleitungen nur langsam zu. Beim Berühren erfolgt der Ladungsausgleich. Beim Zurückschwingen fließt in den Zuleitungen ebenfalls ein sehr kleiner Strom. Die Dosen werden wieder aufgeladen und ziehen sich an. Sie bewegen sich erneut aufeinander zu. Beim Berühren erfolgt ein weiterer Ladungsausgleich.

Ergebnis Werden zwei Metallkörper an je einem Faden dicht nebeneinander aufgehängt, der nur schwach leitfähig ist und an je einem Pol einer Hochspannungsquelle angeschlossen ist, so können sie aufeinander zu bzw. von einander weg schwingen.

Hinweis Der sehr hohe Widerstand der Fäden bewirkt, dass beim Berühren nur wenig Ladung transportiert wird, so dass die Spannung an der Spannungsquelle nicht zusammenbricht.

Bewegung eines geladenen Körpers im homogenen elektrischen Feld

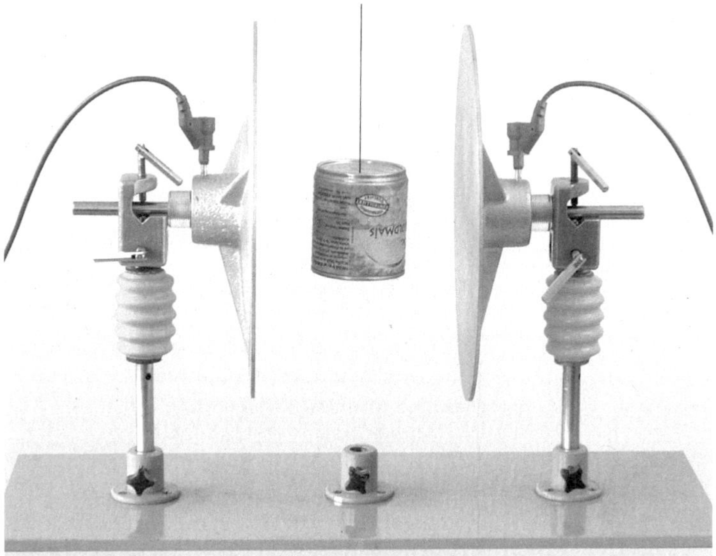

B1 Die Dose bewegt sich im elektrischen Feld hin und her.

Geräte und Materialien

1. Getränkedose, 50 ml
2. zwei Kondensatorplatten mit Stiel
3. zwei Stative mit Stativmuffe
4. Stativ, 1 m, mit Stativmuffe
5. Stativstab, 25 cm, mit Ring, mit Haken
6. zwei Isolierstützen
7. Faden, 70 cm, dünn
8. Stromversorgungsgerät für Hochspannung (25 kV) oder Influenzmaschine

Vorbereitung Die kleine Getränkedose wird, wie im Experiment „Anziehung elektrisch ungleichnamig geladener Körper", S. 80 beschrieben, an dem hohen galgenförmigen Stativ hängend befestigt, so dass sich ihre Ruhelage im Zentrum der beiden vertikalen, parallel zueinander angeordneten, entgegengesetzt geladenen Kondensatorplatten befindet (→**B1**). Das Aufladen des Plattenkondensators erfolgt mit der Influenzmaschine oder einem Stromversorgungsgerät für Hochspannung.

Durchführung des Experiments Zur Demonstration des Ladungstransportes wird die Dose durch leichtes Drücken gegen den Faden bis an eine Kondensatorplatte herangeführt und dann losgelassen. Sie pendelt anschließend zwischen den Platten hin und her und transportiert dabei Ladung jeweils von der einen zur anderen Platte. Abgesehen von den Umkehrpunkten ist die elektrische Kraft, die im Feld zwischen den Platten auftritt, in jedem Falle in Richtung der jeweiligen Bewegung gerichtet.
Das Stromversorgungsgerät wird ausgeschaltet bzw. die Influenzmaschine nicht mehr betätigt. Die Geschwindigkeit der Dose wird kleiner. Schließlich hört die Bewegung auf [2].

Ergebnis Im elektrischen Feld wirkt auf einen elektrisch geladenen Körper längs der Feldlinien oder in entgegengesetzter Richtung eine Kraft, je nach Art der Ladung. Bei dieser Bewegung kann der Körper Ladung transportieren.

Elektrostatischer Motor mit vertikaler Welle

Geräte und Materialien

1. vier Getränkedosen, 0,33 l
2. zwei Getränkedosen, 0,5 l
3. Kunststoffflasche, 1,5 l, dickwandig
4. drei Telefonbuchsen mit Mutter
5. Stopfnadel
6. Holzstab, 40 cm, 8 mm Durchmesser
7. Holzbrett, 15 cm × 15 cm × 2 cm
8. zwei Styroporquader, 15 cm × 15 cm × 4 cm
9. Zweikomponentenkleber, 10 g
10. Stromversorgungsgerät für Hochspannung, 25 kV

Vorbereitung Der Boden der Kunststoffflasche wird bis auf einen 3 cm breiten Rand entfernt, der der Stabilisierung dient. Der Schraubdeckel wird in seiner Mitte durchbohrt, in diese Bohrung schraubt man von unten her eine Telefonbuchse ein. Diese Buchse wird auf die Spitze der Stopfnadel aufgesteckt, die sich am oberen Ende des Holzstabes befindet.
Der Holzstab steckt in einer Bohrung im Holzbrett.

B1 Durch das Aufladen der großen Dosen dreht sich der mittlere Teil der Anordnung

Am Mantel der Flasche sind vertikal die kleinen Getränkedosen in einem Winkel von jeweils 90° befestigt. Das erfolgt z. B. mit Zweikomponentenkleber. Diesem drehbaren Teil des elektrostatischen Motors stehen die beiden großen Blechdosen gegenüber, jede auf einem der Styroporquader. Im Mantel der großen Dosen wird je eine Telefonbuchse befestigt. Die Buchsen werden mit je einem Pol der Gleichspannungsquelle von mindestens 20 kV verbunden. Der Abstand zwischen den ruhenden und bewegten Dosen soll möglichst nur 2 mm betragen (→**B1**).

Durchführung des Experiments An die großen Blechdosen wird die Hochspannung angelegt. Falls erforderlich, wird durch leichtes Drehen am Schraubverschluss der Kunststoffflaschen die Rotationsbewegung eingeleitet. Die vier Getränkedosen beginnen mit der Kunststoffflasche zu rotieren. Ihre Drehzahl nimmt anfangs ständig zu.
Zwischen der Getränkedose und der ihr gegenüberstehenden kleinen treten bei Annäherung anziehende Kräfte auf, bei Entfernung voneinander abstoßende Kräfte. Diese Vorgänge vollziehen sich gleichzeitig bei beiden großen Blechdosen. Dabei erfolgt jeweils ein Funkenüberschlag, der zur Veränderung der Polarität der kleinen Dosen führt [4, 5, 7].

Ergebnis Unter Nutzung der anziehenden und abstoßenden Kräfte zwischen feststehenden und beweglichen Blechdosen lässt sich eine drehbare Anordnung herstellen, die als elektrostatischen Motor arbeitet.

Hinweis Damit zwischen den ruhenden und bewegten Dosen die Ladungsübertragung schneller erfolgen kann, werden die ruhenden Dosen mit kleinen Spitzen versehen, die den bewegten Dosen zugewandt sind. Im einfachsten Falle kann man das dadurch erreichen, dass vom Inneren der Dose her (durch die Trinköffnung) die Spitze einer Reißnadel in den Dosenmantel gestochen wird. Auf diese Weise entsteht an der einen Stichstelle ein Grat, der nach außen hin unregelmäßige spitze Formen aufweist.

Elektrostatischer Motor mit horizontaler Welle

Geräte und Materialien
1. sechs Getränkedosen, 0,33 l
2. zwei Getränkedosen, 0,5 l
3. zwei Kunststoffbecher, 0,3 l
4. Stativ, 50 cm, mit Stativmuffe
5. Kunststoffdeckel, 20 cm Durchmesser, zylinderförmig
6. zwei Telefonbuchsen
7. Stopfnadel
8. Silikonkautschukpaste, 10 ml
9. Stromversorgungsgerät für Hochspannung (25 kV) oder Influenzmaschine

Vorbereitung Auf den Mantel des zylinderförmigen Kunststoffdeckels werden mit ihren Trinköffnungen die sechs Getränkedosen gleicher Abmessungen sternförmig mit Silikonkautschukpaste aufgeklebt. Die Stopfnadel bildet die Welle, die in die Stativmuffe am Stativ horizontal eingespannt wird. Der Boden der jeweils unteren Getränkedose soll sich nur wenige Zentimeter über der Tischfläche befinden. Zu beiden Seiten des Sterns aus den sechs Dosen werden im Abstand von wenigen Millimetern die beiden großen Getränkedosen vertikal isoliert aufgestellt. Dazu verwendet man die Kunststoffbecher. Die beiden Dosen werden mit je einer Telefonbuchse versehen.

Durchführung des Experiments An die Buchsen wird eine Gleichspannung von mindestens 25 kV aus dem Stromversorgungsgerät gelegt oder es wird langsam an der Kurbel der Influenzmaschine gedreht, nachdem man den Rotor des elektrostatischen Motors von Hand in langsame Drehbewegung versetzt hat. Immer dann, wenn eine geladene Dose sich einer stehenden Dose nähert, springt ein kleiner Funke über, den man hören und im weitgehend abgedunkelten Raum auch sehen kann. Danach treten zwischen diesen beiden Dosen abstoßende Kräfte auf und zwischen der umgeladenen Dose und der gegenüberliegenden großen Dose anziehende Kräfte, so dass sich die drehbaren Blechdosen immer weiter bewegen.

Ergebnis Die anziehenden bzw. abstoßenden Kräfte zwischen geladenen Körpern ermöglichen es, einen elektrostatischen Motor herzustellen.

B1 Auch bei diesem elektrostatischen Motor treten zwischen den ruhenden und den drehbar gelagerten Blechdosen abwechselnd anziehende und abstoßende Kräfte auf.

Faraday'scher Becher

Geräte und Materialien
1. Konservendose, 1 l
2. Elektroskop mit Fuß
3. zwei Messstecker
4. PVC-Rohr, 60 cm, 4 cm Durchmesser
5. Wolltuch
6. Bandgenerator
7. Ladungslöffel

B1 In einen Faraday-schen Becher kann man leicht elektrische Ladung hineinbringen. Man kann sie aber nicht wieder herausholen.

Vorbereitung Von einer 1-Liter-Konservendose wird zunächst der Deckel entfernt. Das sollte so geschehen, dass der gebördelte Rand der Dose möglichst unbeschädigt bleibt. In der Mitte des Bodens der Dose wird z. B. durch Anlöten ein dünner Stecker befestigt, der nach unten zeigt. Dieser Faraday'sche Becher wird mit der Öffnung nach oben auf das Elektroskop gesteckt. Der Fuß des Elektroskops und die Grundplatte des Bandgenerators werden geerdet. Zur Übertragung von Ladung findet der Ladungslöffel Verwendung (→**B1**).

Durchführung der Experimente Im ersten Teilexperiment fasst man den Ladungslöffel an seinem isolierten Stiel an und bringt seinen metallenen Teil mit der elektrisch geladenen, großen kugelförmigen Elektrode des Bandgenerators in Berührung. Dann führt man ihn senkrecht von oben an den Faraday'schen Becher heran und senkt ihn bis zur Berührung mit dem Becherboden ab. In gleicher Weise bewegt man ihn wieder zur Spannungsquelle zurück. Dort wird er erneut mit der Elektrode in Berührung gebracht und in den Faraday'schen Becher hineingeführt. Dieser Vorgang wird mehrfach wiederholt. Beim ersten Einführen des Ladungslöffels in den Becher zeigt das Elektroskop einen geringen Ausschlag. Von Mal zu Mal wird der Ausschlag immer größer.
Im zweiten Teilexperiment soll die Ladung wieder aus dem Faraday'schen Becher heraustransportiert werden. Dazu senkt man den ungeladenen Ladungslöffel bis auf den Boden des geladenen Bechers ab. Nach dem Berühren zieht man ihn in gleicher Weise wieder aus der Dose heraus, ohne dass er sich der Wandung der Dose zu stark nähert. Dann entlädt man den Ladungslöffel dadurch, dass man ihn mit einem geerdeten Kontakt in Berührung bringt. In gleicher Weise wird der Löffel mehrfach in die Dose hinein- und zum Entladen wieder herausbewegt. Dabei ändert sich jedoch der Ausschlag des Elektroskopzeigers nicht. Beim Einbringen des geladenen Löffels werden die überschüssigen Ladungsträger vollständig vom Becher aufgenommen. Sie breiten sich infolge der abstoßenden Kräfte zwischen gleichen Ladungen auf seiner äußeren Oberfläche aus. Dieser Vorgang wiederholt sich bei jedem neuen Einführen des geladenen Löffels. Deshalb gelangen immer mehr Ladungsträger auf die Außenfläche des Bechers. Da der Innenraum frei von überschüssigen Ladungsträgern ist, misslingt der Versuch, Ladungsträger mit dem Ladungslöffel wieder aus dem Becher herauszuholen [4].

Ergebnis Bringt man Ladungsträger einer Polarität ins Innere eines metallischen Leiters, so bewegen sich diese infolge ihrer abstoßenden Kräfte auf seine Oberfläche. Der Innenraum eines solchen Faraday'schen Bechers enthält keinen Überschuss von Ladungsträgern einer Polarität.

Hinweise
1. Für die Experimente mit dem Faraday'schen Becher kann als Hochspannungsquelle ein Bandgenerator, eine Influenzmaschine oder auch ein Stromversorgungsgerät für Hochspannung Verwendung finden. Der jeweils nicht geerdete Pol des Stromversorgungsgerätes wird über eine kurze Leitung mit einer isoliert aufgestellten Konduktorkugel verbunden. Beim Bandgenerator und bei der Influenzmaschine kann die Entnahme der Ladung direkt von der Elektrode erfolgen.
2. Ein Ladungslöffel kann aus einem dünnen Stab aus PVC und einer sehr kleinen Blechdose (z. B. Cremedose) hergestellt werden. Dazu wird die Dose am vorderen Ende des Stabes z. B. durch Ankleben befestigt. Ihre Abmessungen sollen deshalb so gering sein, damit sie während des gesamten Vorganges des Einbringens und Herausziehens des Löffels immer einen Abstand von mehreren Zentimetern von der Becherwand hat.

Zerlegbare Leidener Flasche

Geräte und Materialien

1. Blechdose, 16 cm, 9 cm Durchmesser
2. Blechdose, 14 cm, 11 cm Durchmesser
3. Kunststoffflasche, 1,5 l, weitgehend zylinderförmig und dickwandig
4. Metallplatte, 15 cm Durchmesser, mit Buchse
5. Messingrohr, 25 cm, 4 mm Durchmesser
6. Messingkugel, 2 cm Durchmesser
7. Kunststoffstreifen, 12 cm × 2 cm × 4 mm
8. Kunststoffplatte, 20 cm × 15 cm × 1 cm
9. Ladungslöffel
10. Influenzmaschine

B1 Wo wird in einer Leidener Flasche die elektrische Ladung gespeichert?

Vorbereitung Von der Kunststoffflasche wird der obere Teil entfernt, so dass ein becherförmiges Gefäß von etwa 9 cm Durchmesser und 18 cm Höhe entsteht. Dieses Gefäß wird in die Blechdose gestellt, deren Innendurchmesser nur geringfügig größer als der Außendurchmesser der Kunststoffflasche ist. Abweichungen von bis zu einigen Millimetern wirken sich nicht negativ auf das experimentelle Ergebnis aus. Die Höhe der Blechdose soll etwa 14 cm betragen. Dadurch kann man das becherförmige Kunststoffgefäß leicht aus der Dose herausnehmen.
Ins Innere der abgeschnittenen Kunststoffflasche wird die kleinere Blechdose gebracht. Ihr Durchmesser muss geringfügig kleiner als der Innendurchmesser der Kunststoffflasche sein. Sie soll etwa die gleiche Höhe wie die äußere Blechdose besitzen. In die Mitte des Bodens dieser Dose wird das Messingrohr angelötet. An seinem oberen Ende befestigt man in gleicher Weise die Messingkugel. Schließlich wird der Kunststoffstreifen an seinem einen Ende mit einer gabelförmigen Aussparung von etwa 5 mm Breite und 15 mm Länge versehen.

Durchführung des Experiments Die zerlegbare Leidener Flasche wird auf die geerdete Metallplatte gestellt. Nachfolgend lässt man von der Konduktorkugel einer Influenzmaschine mehrfach Funken auf die Konduktorkugel der Flasche überspringen wobei der andere Pol der Maschine geerdet ist. Um zu überprüfen, ob die Leidener Flasche geeignet ist, Ladung zu speichern, wird die äußere Blechdose mittels des Ladungslöffels mit der Konduktorkugel der Leidener Flasche verbunden. Es springt ein kräftiger Funke über. Er belegt die Speicherfähigkeit.
Nachfolgend lädt man die Flasche wiederholt auf die gleiche Spannung auf. Danach hebt man vorsichtig mit der Kunststoffgabel die innere Blechdose heraus und stellt sie neben der Anordnung auf die Kunststoffplatte. Dann fasst man mit den Fingerspitzen am oberen Rand die Kunststoffflasche an und stellt sie neben die anderen Teile (→**B1**). Zunächst berührt man mit der Hand die äußere Blechdose. Sie ist ohnehin geerdet und belegt außerdem, dass sich auf dieser Flasche keine abnehmbare Ladung befindet. Dann nimmt man die innere Blechdose in die Hand. Dabei verspürt man allenfalls ein leichtes Kribbeln, bewirkt aber durch das Anfassen, dass sie danach ebenfalls keine Ladung mehr trägt.
Nachfolgend wird die Leidener Flasche wieder zusammengesetzt. Man stellt zunächst die abgeschnittene Kunststoffflasche in die äußere Blechdose. Danach erfasst man – wie oben beschrieben – das Messingrohr mit Kugel mittels der Kunststoffgabel und bringt damit die kleine Dose wieder ins Innere der Anordnung. Durch Verbinden der äußeren Blechdose mittels des Ladungslöffels mit der Konduktorkugel der Leidener Flasche überprüft man, ob die Flasche vielleicht doch noch geladen ist. Dabei tritt eine Funkenentladung auf, die an Heftigkeit der im ersten Teil des Experiments beobachteten kaum nachsteht (→**B3**). Wo hatte sich die elektrische Ladung „versteckt"?
Da die äußere Blechdose geerdet ist, können sich in ihr infolge des Verhaltens als Faraday'scher Becher keine Ladungsträger befinden. In dieser Blechdose steht die abgeschnittene Kunststoffflasche. Somit ist auch auf ihrem äußeren Mantel keine Ladung zu erwarten. Beim Aufladen sind die Ladungsträger zur inneren Blechdose gelangt.
Von dort aus haben sie sich wieder zum größten Teil zur inneren Wandung der abgeschnittenen Kunststoffflasche weiterbewegt. Dabei sind folgende Effekte die Ursache. Einerseits

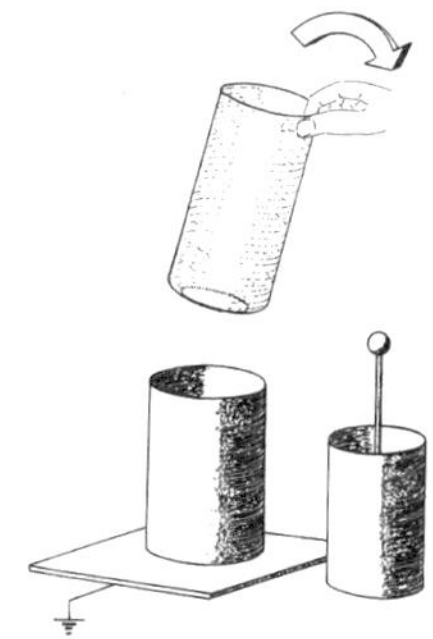

B2 Nachweis der gespeicherten Ladung

kann die innere Blechdose einschließlich der Innenwandung der Kunststoffflasche als Faraday'scher Becher verstanden werden. Infolge der abstoßenden Kräfte zwischen gleichartigen Ladungsträgern wandern diese soweit wie möglich nach außen, d.h. auf die Innenwandung der Kunststoffflasche. Andererseits werden die Ladungsträger auf die Innenwandung der Kunststoffflasche gezogen, da sich auf der Außenwandung der zweite (geerdete) Pol der Spannungsquelle befindet. Im Dielektrikum bildet sich ein starkes elektrisches Feld aus. An diesem Zustand ändert sich auch nichts, wenn man die innere Blechdose mittels des isolierten Griffes herausnimmt. Deshalb ist es nicht verwunderlich, dass sich diese Blechdose als kaum geladen erweist. Erst beim Verbinden der Blechdosen in der wieder zusammengesetzten Leidener Flasche wandern die Ladungsträger von der Innenwandung der Kunststoffflasche über die innere Blechdose durch die Entladungskabel zur äußeren Blechdose. Ein Entladen der auseinandergenommenen Leidener Flasche ist leicht dadurch möglich, dass man langsam mit der Hand ins Innere der Kunststoffflasche hineinfasst und die Hand darin so bewegt, dass sie nacheinander alle Wandteile berührt. Jetzt tritt nach dem Zusammenfügen der Teile kein Funken mehr auf [12, 20].

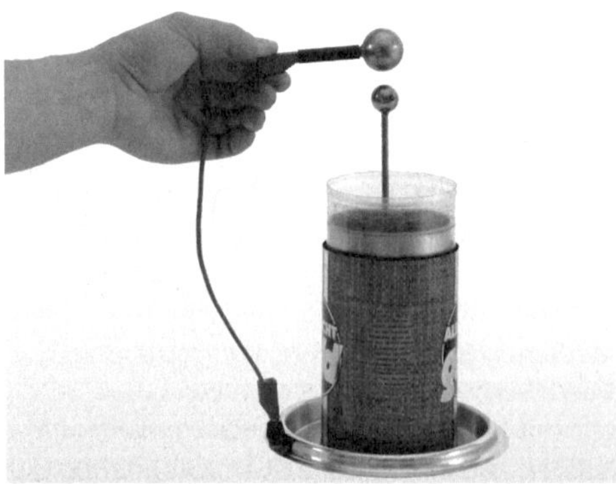

B3 Verbinden der äußeren Blechdose mit der Konduktorkugel der Leidener Flasche.

B4 Im Jahre 1745 versuchte Musschenbroeck Wasser zu elektrisieren. Er erfand dabei die Leidener Flasche.

Ergebnis Der überwiegende Teil der Ladung wird bei einem Kondensator im Dielektrikum gespeichert.

Hinweise

1. Anregungen zur Herstellung von Leidener Flaschen und Experimentierhinweise sind bereits in Band 1 der Experimentierbuchreihe beschrieben.
2. Anstelle der Influenzmaschine können auch andere Hochspannungsquellen wie Stromversorgungsgeräte für Hochspannung Verwendung finden.

Didaktisch-methodische Anregungen

1. Nachdem es 1745 dem Juristen und Domdekan E. J. von Kleist aus Camin und dem Professor Pieter von Musschenbroek aus Leiden gelungen war, mit Hilfe einer Glasflasche „in Wasser" elektrische Ladung zu speichern, wurden viele Experimente durchgeführt, um die Frage zu beantworten, wo denn in einer Leidener Flasche die Elektrizität „gespeichert" ist (→**B2**). Lange Zeit gab es keine einheitliche Auffassung über den Mechanismus der Ladungs- und Energiespeicherung. Einen Beitrag zur Beantwortung dieser Frage leistete das beschriebene verblüffende Experiment.
2. Experimente mit geladenen Leidener Flaschen, insbesondere mit einer Batterie Leidener Flaschen sollten mit größter Vorsicht durchgeführt werden. Über die dabei auftretenden Wirkungen findet man in der Literatur markante Formulierungen. So schreibt Priestley [12], dass der niederländische Physiker von Musschenbroeck das Experiment seines Assistenten Cunäus wiederholte, wobei er die Flasche in der einen Hand hielt und mit der anderen Hand den Metallstab berührte, der zum Wasser ins Innere der Flasche führte. „Herr Musschenbroek, der dieses Experiment mit einem besonders dünnwandigen Glasgefäß ausführte, berichtet in einem Brief an Herrn Reaumur, dem er bald nach den Experimenten schrieb, er hätte in den Armen, der Schulter und der Brust einen Schlag verspürt, so dass es ihm den Atem verschlagen und er sich von dem Schock und dem Schrecken erst nach zwei Tagen erholt hätte. Er fügte hinzu, er würde sich nicht um das Königtum Frankreich einem zweiten derartigen Schlag aussetzen."

Influenz

Geräte und Materialien
1. zwei Getränkedosen, 0,5 l
2. zwei Telefonbuchsen
3. zwei Styroporplatten, 30 cm × 20 cm × 5 cm
4. zwei Styroporstreifen, 30 cm, mit dreieckigem Querschnitt, Kantenlänge 4 cm
5. Multimeter, 1 µA
6. PVC-Rohr, 60 cm, 4 cm Durchmesser
7. Wolltuch

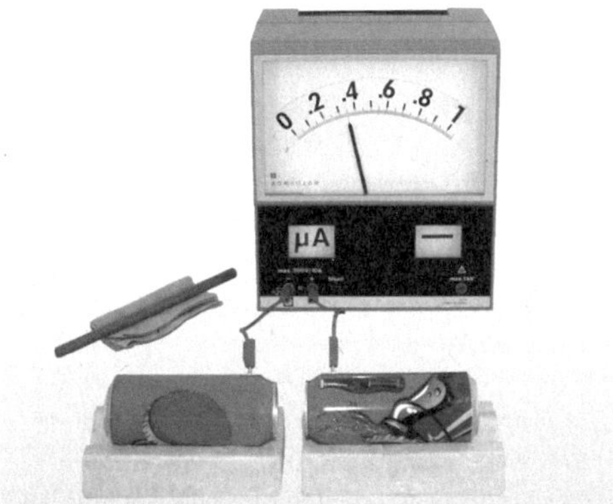

B1 Bei der Influenz tritt in einem massiven Leiter ein Verschiebungsstrom auf.

Vorbereitung Die beiden Getränkedosen werden an ihren Mantelflächen dicht über dem Boden mit je einer Telefonbuchse versehen. Man legt sie mit ihren Bodenflächen aneinander auf je eine Styroporplatte. Damit die Dosen nicht seitlich wegrollen, werden sie an beiden Seiten von je einem Styroporstreifen festgehalten. Man verbindet die beiden Telefonbuchsen leitend mit den Buchsen des Multimeters, das auf den Messbereich 1 µA eingestellt ist. Der Zeiger des Messinstrumentes befindet sich in Skalenmittellage.
Die beiden sich berührenden Blechdosen sollen einen Metallkörper darstellen, in dem beim Annähern eines geladenen Körpers Influenz erfolgt. Um die Verschiebung von Ladungsträgern infolge der Influenz nachzuweisen, werden die beiden Blechdosen geringfügig voneinander getrennt, so dass die verdrängten Ladungsträger nicht mehr direkt von einem Ende des Körpers direkt zum anderen Ende gelangen können, sondern nur über das Messinstrument von einer Dose zur anderen.

Durchführung des Experiments Das PVC-Rohr wird an einem Ende kräftig mit dem Wolltuch gerieben. Man nähert das elektrisch geladene Rohr aus einer Distanz von mindestens 1 m etwa längs der verlängerten Symmetrieachse der Dosen. Eine direkte Berührung des geladenen Rohres mit der Blechdose sollte vermieden werden. Solange sich das Rohr bewegt, schlägt der Zeiger des Messinstrumentes aus. Hört die Bewegung auf, so fließt auch kein Strom mehr. Man bewegt das Rohr weiter. Das Messinstrument zeigt erneut einen Strom gleicher Richtung an. Das negativ geladene PVC-Rohr verdrängt aus der Dose, der es genähert wird, Elektronen, die zur anderen Dose fließen. Dieser Vorgang setzt eine relative Bewegung voraus. Nur dadurch wird die influenzierte Ladung vergrößert beziehungsweise verringert. Nachfolgend bewegt man das Rohr wieder langsam in seine Ausgangslage zurück. Dabei tritt ein Zeigerausschlag in entgegengesetzter Richtung mit gleichem Betrag auf. Die Elektronen verteilen sich mehr und mehr gleichmäßig über beide Dosen. Der Ausschlag ist umso größer, je schneller sich das geladene Rohr den Dosen nähert oder von ihnen entfernt wird (→**B1**).

Ergebnis Bewegt man einen negativ geladenen Gegenstand auf einen elektrischen Leiter zu, so bewirkt die Abstoßung zwischen den Elektronen infolge ihrer gleichnamigen Ladung, dass die beweglichen Ladungsträger gleicher Polarität (Elektronen) im Metallkörper verdrängt werden.

Hinweise
1. Die Aussage, dass beim Annähern des negativ geladenen Rohres Elektronen von der einen Dose auf die gegenüberliegende übergehen, kann durch Überprüfung der Polarität an den Anschlüssen des Messinstrumentes erfolgen.
2. Anstelle des Rohres kann auch ein großer PVC-Stab Verwendung finden.
3. Der Abstand des Messinstrumentes von den Blechdosen sollte einige Dezimeter betragen. Da sich das Annähern des geladenen Rohres an die Dosen störend auf die Elektronik des Messinstrumentes auswirken kann, sollte gegebenenfalls die Annäherung von der gegenüberliegenden Seite her versucht werden.
4. Zum Nachweis des Stromes während des Vorganges Influenz ist auch der 1-mV-Messbereich geeignet.

Elektrophor

Geräte und Materialien
1. Gebäckdose, 8 cm, 20 cm Durchmesser
2. Kunststoffstab, 10 cm, 2 cm Durchmesser
3. zwei Aluminiumfolien, 35 cm × 35 cm
4. Alleskleber, 5 g
5. PVC-Platte, 30 cm × 30 cm × 0,5 cm
6. Wolltuch
7. Elektroskop

B1 Ein Elektrophor ist eine einfache und leistungsfähige Hochspannungsquelle.

Vorbereitung Aus der flachen, großen Gebäckdose kann man einen einfachen, aber sehr wirksamen Elektrophor herstellen (→B1). Der Boden der Dose wird in der Mitte durch Aufkleben des Kunststoffstabes mit einem gut isolierenden Griff versehen. Im einfachsten Falle beklebt man den Deckel der Dose mit einer gespannten Aluminiumfolie. Die Folie wird auf eine glatte Unterlage gelegt. Man bestreicht den oberen Rand des Deckels mit Alleskleber und stülpt ihn auf die Folie. Anstelle des historisch gebräuchlichen Harzkuchens (→B2) wird die PVC-Platte als Dielektrikum benutzt. Der Fuß des Elektrometers wird geerdet. Die Kunststoffplatte beklebt man auf ihrer Unterseite mit Aluminiumfolie und verbindet diese ebenfalls mit der Erde.

Durchführung des Experiments Man reibt die Oberseite der Kunststoffplatte kräftig mit dem Wolltuch, ohne dass die Finger die Platte direkt berühren. Man fasst die Gebäckdose an ihrem Griff an und setzt sie auf die geriebene Platte auf. Dann berührt man den sich oben befindenden Boden der Dose mit dem Finger.

B2 Selbst hergestellter Harzkuchen

B3 Kleines Elektroskop

Es springt ein kleiner Funke über, den man spürt, bei Tageslicht aber kaum sieht. Nach dem Abheben überträgt man die Ladung auf die Konduktorkugel des Elektroskops. Der Zeiger des Elektroskops schlägt aus.
Dann stellt man die Dose erneut auf die Kunststoffplatte, berührt sie mit dem Finger, hebt sie wieder ab und bringt sie wiederum mit dem Konduktor des Elektroskops in Kontakt. Dabei wird weitere Ladung übertragen. Auf diese Weise lässt sich beliebig viel elektrische Ladung „erzeugen" und übertragen. Es vollziehen sich folgende Vorgänge:
Durch das Reiben mit dem Wolltuch wird die Oberseite der PVC-Platte elektrisch negativ geladen. Beim nachfolgenden Aufsetzen der Metalldose wird diese durch Influenz auf der Unterseite positiv und auf der Oberseite negativ geladen. Das Berühren der Blechdose mit dem Finger bewirkt, dass die influenzierte negative Ladung zur Erde abgeführt wird. An der Unterseite der Blechdose verbleibt die positive Ladung in der Nähe der negativen Ladung der geriebenen PVC-Platte. Hebt man die Dose am Isolierstiel ab, so verteilt sich die Ladung auf der gesamten Dose. Diese Ladung kann durch Berührung auf andere leitende Körper teilweise übertragen werden.
Beim Wiederholen des Vorganges vollziehen sich stets die gleichen Prozesse. Dabei wird die Ladung der Kunststoffplatte nicht „verbraucht". Übertragen wird jeweils nur ein Teil der influenzierten Ladung [12].

Ergebnis Das Wirkprinzip des Elektrophors beruht auf der Influenz. Der Elektrophor ist die einfachste „Influenzmaschine". Er ist eine einfache, ungefährliche und sehr leistungsfähige Hochspannungsquelle.
Die Energie, die zur Erzeugung der hohen Spannung erforderlich ist, wird durch die ver-

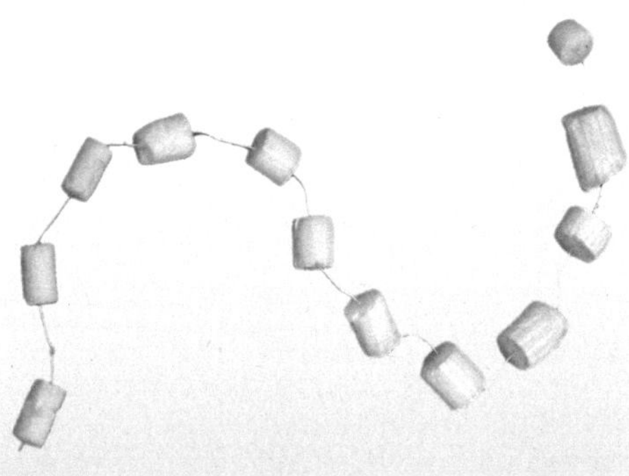

B4 Elektrische Schlange

richtete Arbeit bereitgestellt, die beim Abheben der geladenen Metalldose von der Kunststoffplatte verrichtet wird.

Hinweise

1. Berührt man die Dose nach ihrem Aufsetzen auf die Platte nicht mit dem Finger, lässt sie sich viel leichter von der Platte abheben, da sie dann nur eine geringe influenzierte Ladung trägt.

2. Das Abheben der Blechdose von der geladenen PVC-Platte entspricht der Vergrößerung des Plattenabstandes zwischen zwei geladenen Kondensatorplatten. Da die Ladung konstant ist, nimmt die Spannung stark zu. Das lässt sich gut mit einem kleinen Elektrometer zeigen. Es besteht aus einem Aluminiumsstreifen von 15 cm Länge und 2 cm Breite, der in T-Form gebogen ist.
Das T steht auf dem Kopf, der Querstrich vom T kennzeichnet die Standfläche. Über den vertikal nach oben verlaufenden Teil wird ein geknickter Aluminiumfoliestreifen von 6 cm Länge und 1,5 cm Breite gelegt und angeklebt (→**B3**). An beiden Seiten wird er nach unten geknickt. Dieses kleine Elektroskop wird neben dem Stiel auf die Elektrophor-Elektrode gelegt. Danach setzt man die Elektrode mit dem Elektroskop auf die geriebene PVC-Platte. Das kleine Elektroskop zeigt einen geringen Ausschlag. Berührt man die Elektrode mit einem Finger, so entlädt sich das Elektroskop. Hebt man nachfolgend die Elektrode von der Platte ab, so tritt ein sehr starker Ausschlag auf.

3. Die Form des Gefäßes, dessen Öffnung mit Aluminiumfolie bespannt wird, kann beliebig gewählt werden. Die Befestigung des Isolierstiels auf der Dose kann auch durch alleiniges oder zusätzliches Festschrauben erfolgen, nachdem in den Mittelpunkt des Bodens eine Bohrung eingebracht wurde.

4. Anstelle der PVC-Platte kann man auch eine Platte aus Polystyrol oder einem anderen guten Isolator verwenden. Nach der Erfindung des Elektrophors 1775 durch Alessandro Volta benutzte man in den folgenden Jahrzehnten sog. „Harzkuchen" aus geschmolzenen und wieder erstarrten Gemischen von guten Isolatoren wie z. B. Harz, Wachs und Terpentin (→**B2**).

5. Aus einem 25 cm langem Zwirnfaden und Holundermarkstückchen kann man eine „elektrische Schlange" herstellen. Die zylinderförmigen Stücke sollen eine Länge von 1 cm und einen Durchmesser von 8 mm besitzen. Sie werden axial durchstochen und auf den Faden aufgefädelt. Dabei soll der Abstand zweier benachbarter Holundermarkstücke einige Millimeter betragen. Das eine Ende der Schlange kann die Form eines Kopfes, das andere die Form eines Schwanzes erhalten (→**B4**). Die Schlange wird neben dem Isoliergriff auf die Elektrophor-Elektrode gelegt. Man setzt die Elektrode auf die geriebene PVC-Platte und entlädt sie durch Berühren mit einem Finger. Hebt man nun die Elektrode langsam von der Platte ab, so beginnt sich die Schlange zu bewegen und gleitet von der Elektrode herab.

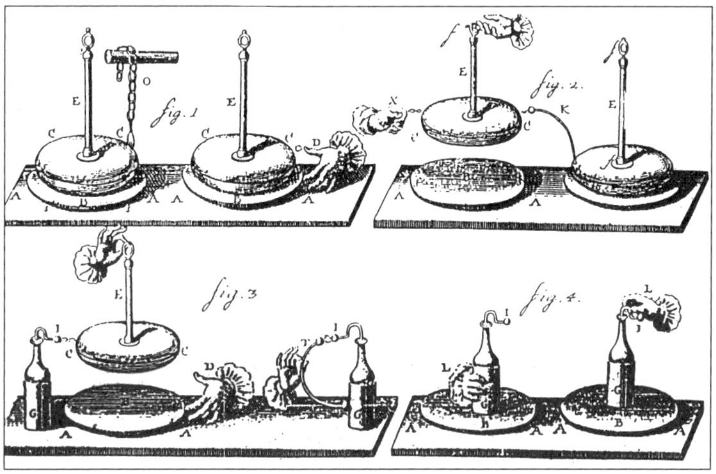

B5 Alessandro Voltas „elettrophoro perpetuo" (beständiger Elektrizitätsträger) 1775 goss Volta auf einen Zinnteller von 1 Fuß Durchmesser eine erhitzte Mischung aus Harz, Terpentin, Kolophonium und Wachs und ließ diese erkalten. Der obere Teil war eine vergoldete Holzscheibe mit einem Stiel aus Glas. Fig. 1 zeigt das Aufladen des Gerätes sowie den Ladungsausgleich durch Zeigefinger und Daumen. In Fig. 2 wird ein zweiter Elektrophor nach Abheben des Deckels durch Funkenüberschlag aufgeladen. Fig. 3 zeigt das Aufladen einer Leidener Flasche. Dies lässt sich beliebig oft wiederholen, ohne dass die elektrische Wirkung des Elektrophors nachlässt.

Selbsterregende Wasserinfluenzmaschine

Geräte und Materialien

1. zwei Konservendosen, 1 l
2. zwei Kunststoffflaschen, 1 l, dickwandig
3. sechs Stopfen, durchbohrt
4. Messingrohr, 3 cm, 2 mm Innendurchmesser
5. zwei Messingrohre, 25 cm, 4 mm Innendurchmesser
6. Kupferrohr, 4 cm, 3 cm Innendurchmesser
7. zwei Kunststoffstäbe, 15 cm, 13 mm Durchmesser
8. Elektroskop
9. Funkenstrecke, 2 mm Länge
10. Leuchtstofflampe, klein, ohne Elektronik
11. zwei Gummistopfen
12. Alleskleber, 2 g
13. zwei Stative, 50 cm, mit je zwei Stativmuffen
14. zwei Rohrklemmen
15. zwei Stativtische mit Isolierstütze und Fuß

B1 Mit Wassertropfen kann man eine elektrische Hochspannung erzeugen.

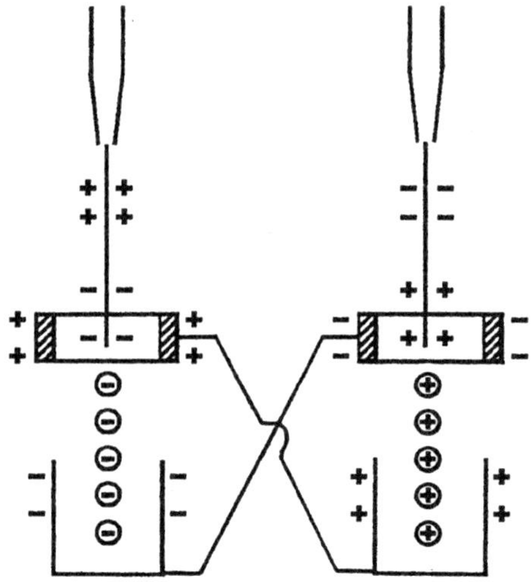

B2 Schaltung der Wasserinfluenzmaschine

Vorbereitung Die beiden Kunststoffflaschen werden an ihrem Boden durchbohrt, so dass jede mit einem Stopfen verschlossen werden kann. Man befestigt die Flaschen im Abstand von etwa 25 cm voneinander an einem Stativ, so dass ihre Trinköffnungen nach unten zeigen. Jede Öffnung wird mit einem Stopfen verschlossen, in dem sich ein Rohr aus Messing befindet. Damit das Wasser ständig mit gleicher Geschwindigkeit ausströmt, wird in jede der Bohrungen im Boden der Flasche ein durchbohrter Stopfen eingebracht, in dem sich ein ca. 25 cm langes dünnes Messingrohr befindet. Das Rohr soll wenige Zentimeter über der unteren Ausflussöffnung der Kunststoffflaschen enden. Das aus jeder Flasche austretende Wasser durchfließt das Kupferrohr. Es wird an den Kunststoffstab angeklebt. Jede der Metallelektroden soll sich etwa 5 cm unter der Austrittsöffnung des Wassers befinden. Dabei wird ihre Lage so gewählt, dass sich das Zerfallen des Wasserstrahls in einzelne Tropfen in ihrem Inneren vollzieht.

Das Wasser gelangt schließlich in je eine Konservendose ohne Deckel, die isoliert aufgestellt ist (→**B2**). Diese Dosen sollen – wie auch die Kupferrohre – eine möglichst glatte Oberfläche besitzen und insbesondere keine Spitzen aufweisen. Jede Rohrelektrode ist leitend mit der jeweils sich gegenüber befindlichen Konservendose verbunden. Die Konservendosen verbindet man außerdem mit einem Elektrometer. Parallel zum Elektrometer wird eine Funkenstrecke von etwa 2 mm Länge geschaltet, die in Reihe mit der kleinen Netzspannungs-Leuchtstofflampe liegt.

Durchführung des Experiments Zunächst werden beide Kunststoffflaschen vollständig mit Wasser gefüllt und ihre Bodenöffnungen mit Stopfen verschlossen. Zum Vorführen ersetzt man dann die Stopfen durch die durchbohrten Stopfen mit Metallrohren. Dabei werden während des Austauschens die Ausflussöffnungen am unteren Ende der Flaschen mit je einem Finger zugehalten. Die beiden Metallrohre werden leitend miteinander verbunden. Nach dem Abheben der Finger strömt Wasser aus, durchläuft die Rohrelektroden und fließt in die Konservendosen. Die z. B. durch ionisierende Strahlung, Berührungselektrizität oder den photoelektrischen Effekt ganz geringfügig gegeneinander geladenen Rohrelektroden üben auf den Wasserstrahl, der sie durchsetzt, eine schwache influenzierende Wirkung aus. Wenn die Elektrode z. B. positiv geladen ist, so wird in dem unteren Teil des Wasserstrahls negative, in dem oberen Teil positive Ladung influenziert. Da der Wasserstrahl innerhalb der Elektrode in einzelne Tropfen zerfällt, sind auch diese Tropfen negativ geladen. Sie gelangen in die Blechdosen und geben dort ihre Ladung ab. Dadurch wird die Dose schwach negativ aufgeladen. Diese Ladung überträgt sich teilweise auf die gegenüberliegende Rohrelektrode, die leitend mit der negativ geladenen Blechdose verbunden ist. In dieser Rohrelektrode entstehen durch Influenz positiv geladene Wassertröpfchen. Sie bewirken, nachdem sie in die zweite Blechdose gefallen sind, eine verstärkte positive Aufladung dieser Dose und damit der mit ihr verbundenen Rohrelektrode. Auf diese Weise vergrößert sich die Spannung zwischen den beiden Blechdosen und damit den beiden rohrförmigen Elektroden zunehmend. Der Influenzvorgang wird immer stärker wirksam. Schließlich wird die Spannung vom Elektroskop angezeigt. Beim Überschreiten einer bestimmten Spannung erfolgt ein Funkendurchbruch, der zum Aufblitzen der Leuchtstofflampe führt [18, 21, 22].

Ergebnis Ein Wasserstrahl kann durch Influenz elektrisch aufgeladen werden. Zerfällt dieser Strahl in einzelne Tropfen, so trägt jeder Tropfen eine Ladung. Wenn sie in einen Faraday'schen Becher fallen, übertragen sie ihre Ladung auf den Becher. Dadurch wächst die Spannung des Bechers gegenüber der Erde. Wird diese allmählich zunehmende Spannung der Influenzelektrode zugeführt, so tritt eine stärkere Influenz auf und die Tropfen tragen eine größere Ladung.

Hinweise

1. Die zufällige und am Anfang sehr geringfügige Aufladung bewirkt, dass der Influenzvorgang nur sehr zögerlich einsetzt. Hat dann aber die Spannung einen bestimmten Betrag erreicht, so nimmt der Elektroskopausschlag rasch zu und die Lampe blitzt in geringen zeitlichen Abständen auf.
Dabei bewirkt die Funkenstrecke ein Aufladen auf eine höhere Spannung und damit ein helleres Aufleuchten der Leuchtstofflampe. Sie verhindert zugleich ein zu starkes Entladen der Blechdosen. Dadurch vollzieht sich das nachfolgende Aufladen der Dosen wesentlich schneller.
2. Die Höchstspannung dieser Wasserinfluenzmaschine nach Weinhold ist von der Größe und dem Abstand der Influenzelektroden von den Düsen abhängig. Die zunehmende Spannung bewirkt nämlich eine Verkleinerung der Oberflächenspannung des Wassers. Dadurch entstehen immer mehr kleine Tropfen, die infolge der gegenseitigen Abstoßung sich nicht auf dem gewünschten Weg weiterbewegen.
3. Entsprechend einer Wasserinfluenzmaschine nach Thomson kann auch die selbsterregende Wasserinfluenzmaschine nach Weinhold als Festgerät aus einem Styroporblock hergestellt werden. Das vereinfacht den Aufbau der Anordnung für die Durchführung der Experimente erheblich.

Didaktisch-methodische Anregung Im Band 1 der Experimentierbuchreihe ist die Wasserinfluenzmaschine von Thomson beschrieben. Ihre Vorteile sind der einfache Aufbau und die leichte Erklärbarkeit ihres Wirkprinzips. Die geladene Ringelektrode ruft lediglich eine Trennung der Ladungen im Wasserstrahl hervor. Dabei verringert sich infolge äußerer Einflüsse ihre Ladung, wenn auch sehr langsam. Demgegenüber vervielfacht die selbsterregende Influenzmaschine die Ladungen und erhöht die Spannung von selbst. Ihr Aufbau und ihr Wirkprinzip sind jedoch komplizierter. Man kann sich vorstellen, dass sie aus zwei Thomson'schen Wasserinfluenzmaschinen besteht. Dadurch tritt eine Rückkopplung auf. Die vorhandene geringfügige Ladungsdifferenz auf der Maschine oder in der Luft reicht aus, um die Ladungstrennung in Gang zu setzen. Durch die Vervielfachung der Anfangsladung steigert sich dann die Spannung, bis sie einen bestimmten Grenzwert erreicht, der durch die Isolationsverluste bedingt ist. Auf diese Weise lassen sich trotz des einfachen Aufbaus Spannungen im Bereich von 20 000 V erzeugen.

Einscheiben-Influenzmaschine

Geräte und Materialien

1. zwölf Getränkedosen, 0,33 l
2. zwölf Gewindestäbe, 19 cm, M 8
3. Blumentopfuntersetzer aus PVC, 40 cm Durchmesser
4. zwei Styrodurplatten, 80 cm × 60 cm × 4 cm
5. zwei Influenzelektroden aus Aluminium, 28 cm × 10 cm × 1 mm
6. zwei Scheiben A4 aus durchsichtigem Kunststoff
7. Fahrradnabe mit Welle
8. Kurbel für die Fahrradwelle
9. zwei weiche Schraubenfedern, 5 cm, 5 mm Durchmesser
10. Gummi von einem schwarzen Fahrradschlauch, 8 cm × 1 cm × 1 mm
11. Funkenstrecke von einigen Zentimetern Länge
12. Alleskleber, 10 g
13. Kupferdraht, 4 m, isoliert
14. zwei Telefonbuchsen

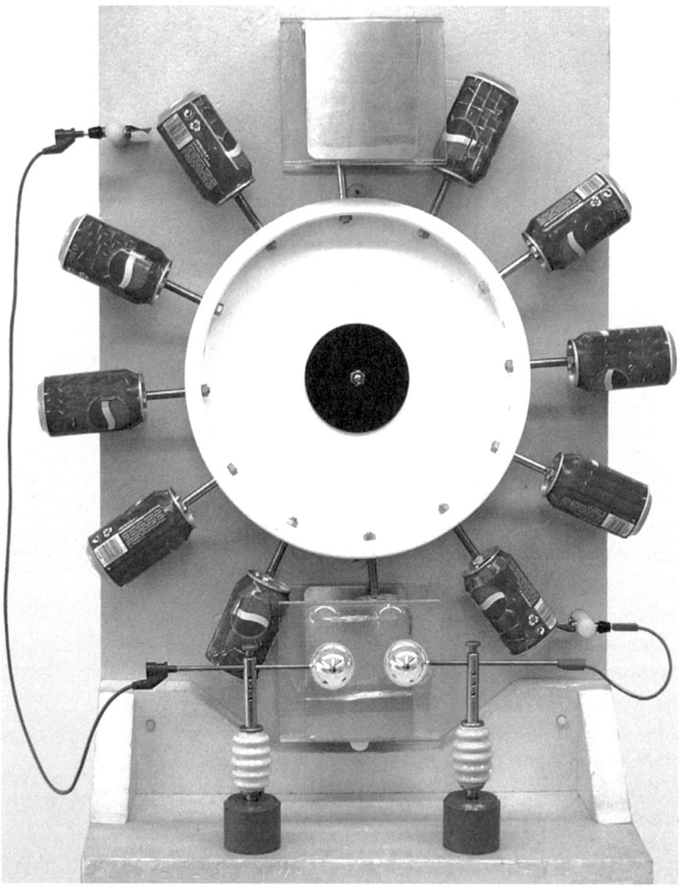

B1 Große Einscheiben-Influenzmaschine aus zwölf Getränkedosen

Das Wirkprinzip einer Influenzmaschine wird viel besser verständlich, wenn anstelle der in der Regel benutzten zwei Influenzscheiben nur eine Verwendung findet. Um eine große Spannung zu erzeugen, empfiehlt es sich, den Durchmesser der Scheibe groß zu wählen.

Vorbereitung In den Rand des großen Blumentopfuntersetzers werden äquidistant zwölf Bohrungen von je 8 mm Durchmesser eingebracht. In diese Bohrungen werden von innen die M-8-Gewindestifte mit einer Mutter befestigt. Auf den äußeren Teil jedes Stabes schiebt man ein Messingrohr von 10 mm Durchmesser und 4 cm Länge. Alle zwölf Dosen versieht man in der Nähe der Trinköffnung mittig mit einer 8-mm-Bohrung. Durch diese werden die äußeren Enden der Gewindestäbe geschoben und in analoger Weise am Blumentopfuntersetzer mit einer Mutter festgeschraubt.
Der Ständer, an dem die Scheibe leicht drehbar befestigt werden soll, wird aus Styrodur hergestellt, zweckmäßigerweise mit den angegebenen großen Abmessungen. Diese Scheibe wird vertikal angeordnet. An ihr wird die Drehvorrichtung mit den Elektroden befestigt. Aus der zweiten Platte wird die Grundplatte mit den Abmessungen hergestellt. Zwei Styroporstreifen von 20 cm beziehungsweise 15 cm Breite und 60 cm Länge werden so auf die Grundplatte aufgeklebt, dass zwischen ihnen ein Spalt von 4 cm Breite bleibt. In diesen Spalt wird die vertikale Scheibe hineingeschoben und bei Bedarf gegebenenfalls durch weitere Styrodurteile zur Erhöhung der Stabilität durch Einkleben befestigt.
Die vertikale Platte wird in der Mitte so durchbohrt, dass eine Fahrradnabe hineingesteckt und horizontal befestigt werden kann. Die Nabe trägt auf der Rückseite ihrer Welle eine Kurbel. Auf der Vorderseite wird sie in einer Bohrung in der Mitte des großen Blumentopfuntersetzers befestigt. Dabei ist darauf zu achten, dass der Abstand von der vertikalen Platte so groß ist, dass zwischen ihr und jeder Blechdose jeweils 4 cm frei bleiben. In der Mitte der Platte werden wenige Zentimeter vom oberen und vom unteren Ende der Platte entfernt die beiden Influenzelektroden aus Aluminium befestigt. Sie werden u-förmig gebogen, so dass die beiden Schenkel 10 cm und das Mittelstück etwa 7 cm breit sind. Die Kanten und Ecken der Aluminiumelektroden werden gut abgerundet. Außerdem werden sie in eine durchsichtige Kunststoffhülle eingeklebt (→**B1**). Etwa 2 cm unter der oberen und 2 cm über der unteren Influenzelektrode ragt von der Rückseite der

vertikalen Platte je eine dünne weiche Schraubenfeder so nach vorn aus der Platte heraus, dass sie die Rohrstücke, an denen die Blechdosen befestigt sind, beim Rotieren der Scheibe berühren. Diese beiden Kontakte sind auf der Rückseite der Anordnung miteinander verbunden. Links oben und rechts unten wird auf der vertikalen Platte je eine weitere Elektrode befestigt. Sie endet auf der der Blechdose zugewandten Seite in einem Streifen aus dem Gummi eines Fahrradschlauches. Auch hier muss garantiert sein, dass die Dosen das Ende des Fahrradschlauchstückes sicher berühren. Die Anschlüsse dieser beiden Elektroden werden mit einer Kugelfunkenstrecke von einigen Zentimetern Länge verbunden.
Außerdem ist die rechte untere Gummielektrode mit der oberen Influenzelektrode verbunden.

Durchführung des Experiments Das Rad mit den Blechdosen wird an der Kurbel langsam in Rotation versetzt. Wenn sich auch nur geringfügig mehr Ladung auf der einen Influenzelektrode befindet, setzt der Prozess der Selbstverstärkung ein und die Spannung zwischen den Elektroden wächst zunächst langsam, dann immer schneller an.
Die erfolgte Ladungstrennung ist durch Zischen in der Nähe der Elektroden zu hören.
Bei Verringerung des Elektrodenabstandes an der Funkenstrecke setzt einen periodisches Aufleuchten der Leuchtstofflampe ein und zwischen den Kugelelektroden tritt jeweils ein Funke auf.
Das Wirkprinzip entspricht dem einer selbsterregenden Wasserinfluenzmaschine. Eine immer vorhandene ganz geringfügige Ladungsdifferenz zwischen den influenzierenden Elektroden verursacht eine geringe Vergrößerung der Ladung, die dann wieder auf die Blechdosen zurückwirkt, wodurch sich der Prozess der Ladungstrennung aufschaukelt. Befindet sich z. B. auf der oberen Influenzelektrode ein Elektronenüberschuss und auf der unteren ein Elektronenmangel, und bewegt sich die Anordnung im Uhrzeigersinn, so vollziehen sich folgende Prozesse: Beim Eintreten der Blechdose in die obere negativ geladene Influenzelektrode wird im oberen Teil der Dose eine positive Ladung influenziert. Die negative Ladung wird nach unten verdrängt. Diese Elektronen gelangen durch den Kontakt am oberen Rohr in dem Moment, wo die Dose sich an der obersten Stelle befindet, auf die Rückseite der Platte, von dort nach unten und durch den Kontakt am unteren Rohr in die untere Blechdose. In gleicher Weise werden infolge der positiven Ladung der unteren Influenzelektrode die Elektronen in den unteren Teil der unteren Dose gezogen, so dass das Rohrstück eine schwach positive Ladung trägt. Diese positive Ladung kompensiert sich mit der negativen Ladung der von dem oberen Influenzvorgang nach unten gedrängten Elektronen. Bewegt sich nun die obere Dose aus der Influenzelektrode heraus, so trägt sie eine influenzierte positive Ladung. Durch das Vergrößern des Abstandes zwischen der Influenzelektrode und dieser Dose vergrößert sich die elektrische Spannung zwischen beiden. Gelangt dann diese obere Dose nach unten, so wird ein Teil der influenzierten positiven Ladungsträger auf die rechte Kugelelektrode übertragen. Dadurch vergrößert sich die positive Ladung der unteren Influenzelektrode, die ebenfalls mit dem Gummiabgriff verbunden ist. Beim Durchgang der Blechdose durch die untere Elektrode vollzieht sich der gleiche Vorgang, nun jedoch mit entgegengesetzter Polarität. Die Dose transportiert die negative Ladung mit höherer Spannung zum oberen Gummiabgriff und damit zur oberen Elektrode. Auf diese Weise nimmt die Ladung der Influenzelektroden ständig zu. Eine Grenze wird dadurch gesetzt, dass infolge der nicht vollständigen Isolation bei höheren Spannungen immer mehr Ladungsträger von den Influenzelektroden an die Umgebung abgegeben werden.
Der Nachweis der influenzierten Ladungen bei hoher Spannung erfolgt durch den Funkenüberschlag zwischen den Kugelelektroden. Schaltet man zu der Funkenstrecke eine kleine Leuchtstofflampe oder eine Spektralröhre in Reihe, so leuchten diese bei jedem Funkenüberschlag.

Ergebnis Auf der Grundlage des Prinzips der selbsterregenden Wasser-Elektrisiermaschine kann man auch eine funktionstüchtige Scheiben-Elektrisiermaschine herstellen. Die Rolle der Wassertröpfchen übernehmen dabei Getränkedosen. Anstelle der Kupferrohre finden gebogene Aluminium-Influenzelektroden Verwendung. Schraubenfeder und Streifen von einem Fahrradschlauch schalten die Kontakte im richtigen Rhythmus. Bei einer Anordnung von einen Meter Scheibendurchmesser treten Spannungen über 30 kV auf.

Hinweise

1. Die selbsterregende Einscheiben-Influenzmaschine erfordert eine sorgfältige Isolation. Die Nutzung eines Blumentopfuntersetzers mit großem Durchmesser stellt eine weitere gute Voraussetzung für die Erzeugung einer hohen Spannung dar.

2. Sollte nach etwa einer Minute der Prozess der Selbsterregung nicht einsetzen, so ist ein geringfügiges Laden einer der Influenzelektroden ratsam. Danach setzt sofort der Prozess der Selbsterregung ein.

Die Influenz war vorher offenbar durch eine gewisse Leitfähigkeit einiger Teile nicht wirksam geworden.

Didaktisch-methodische Anregungen

1. Bei einer herkömmlichen Influenzmaschine laufen analoge Vorgänge ab. Jedoch sind hier die influenzierenden Elektroden nicht fest, sondern auf zwei entgegengesetzt rotierenden Scheiben befestigt, so dass jede Elektrode gleichzeitig influenzierende Elektrode ist als auch Elektrode, in die eine Ladung influenziert wird. Das erschwert das Verständnis in starkem Maße.

2. Die beschriebene Influenzmaschine ist auch als Motor in der Umkehrung einsetzbar. Dazu wird eine große Influenzmaschine oder eine zweite Einscheiben-Influenzmaschine gleicher Bauart mit den Kugelelektroden verbunden. Bei einer Spannung von über 100 000 V beginnt der bewegliche Teil zu rotieren. Voraussetzung ist eine ausreichende Leichtgängigkeit.

3. Mit der im Jahre 1744 erfundenen Reibungselektrisiermaschine konnte man erstmals kontinuierlich elektrische Ladungen erzeugen. Um die notwendige Reibung hervorzurufen, ist dabei eine verhältnismäßig große Kraft erforderlich. Bei Influenzmaschinen erfolgt die Ladungstrennung ohne Berührung. Deshalb war ihre Erfindung 1860 ein wesentlicher Fortschritt. Heute werden solche Maschinen nur noch vereinzelt verwendet, da es viele elektronische Möglichkeiten gibt, hohe Gleichspannungen aus Netzwechselspannung zu erzeugen. Um Funkenüberschläge zu vermeiden, werden moderne Influenzmaschinen unter erhöhtem Gasdruck in geschlossenen Behältern betrieben. Dadurch können die Abmessungen wesentlich verringert werden, ohne dass Funkenüberschläge in den Apparaturen zu befürchten sind.

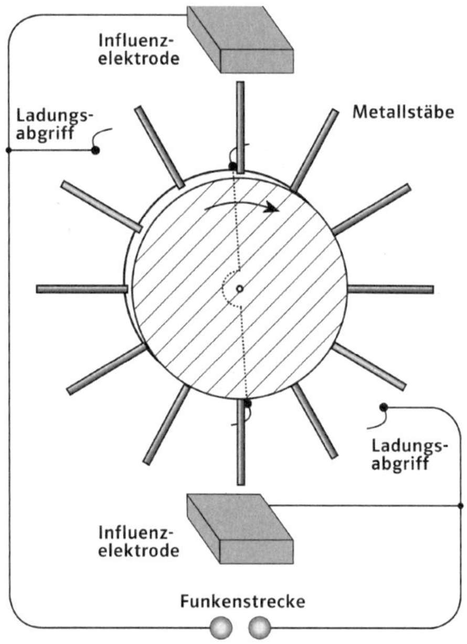

B2 Schaltung der Einscheiben-Influenzmaschine

Hupe

Geräte und Materialien

1. zwei Konservendosen, 5 l
2. Eisenstreifen, 35 cm × 2 cm × 3 mm
3. Eisenkern, 12 cm × 3 cm × 3 cm, geblättert
4. Maschinenschraube M 8
5. Spule, 500 Windungen
6. zwei Schrauben mit vier Muttern
7. vier Schrauben aus Kunststoff mit Muttern und Unterlegscheiben, 10 mm, M 4
8. Kontakt aus Messing, zylinderförmig, 8 mm Durchmesser mit M-6-Gewinde mit Mutter
9. Kupferdraht, 50 cm, 0,5 mm Durchmesser, isoliert
10. Klebeband, 1 m
11. Netzgerät für Gleichspannung 0 V bis 20 V

B1 Hupe aus einer Konservendose

Vorbereitung Von einer Blechdose mit etwa 15 cm Durchmesser wird der Deckel und gegebenenfalls ein Teil des oberen Dosenmantels entfernt, so dass sie eine verbleibende Höhe von etwa 16 cm besitzt. Von der zweiten Dose gleichen Durchmessers entfernt man den oberen Teil so weit, dass vom Zylindermantel nur noch ein etwa 1 cm breiter Ring verbleibt. In die große Dose führt man den dicken breiten Eisenblechstreifen ein, den man in U-Form gebogen hat. Die Schenkellänge soll 10 cm betragen, die Basislänge soll möglichst gut mit dem Innendurchmesser der Dose übereinstimmen. In die Mitte der Basis dieses u-förmigen Streifens bringt man eine Bohrung von 8 mm Durchmesser ein und befestigt daran mittels einer Maschinenschraube den geblätterten I-Kern, in dessen Längsachse man zuvor ein M-8-Innengewinde geschnitten hat. Auf den I-Kern schiebt man die Spule und arretiert sie in dieser Lage mit Klebeband (→**B1**).

Den Eisenblechstreifen befestigt man mit Maschinenschrauben am Zylindermantel der Dose, so dass zwischen Eisenkern und Boden der Dose der geringste Abstand etwa 2 mm beträgt. Der Boden der zweiten Dose wird auf einem Kreis von etwa 8 cm Durchmesser mit acht Bohrungen von 2 cm Durchmesser versehen, damit der Schall gut austreten kann. Der Boden wird in etwa 1 cm Abstand von dem Boden der großen Dose befestigt, so dass der Rest des Dosenmantels von der ersten Dose weg zeigt. Das erfolgt isoliert mit kleinen Kunststoffschrauben und Muttern, die eine konstante Distanz garantieren. In der Mitte der zweiten Dose ist ein zylinderförmiger Kontakt aus Messing angebracht, der einen Durchmesser von wenigen Millimetern besitzt (→**B2**).

Durchführung des Experiments Man schaltet den Kontakt mit der Spule in Reihe und legt eine Spannung von 10 V an. Es ertönt ein Klang, wie er von alten Pkw-Hupen bekannt ist. Die Spannung wird auf 20 V erhöht. Die Lautstärke ist wesentlich größer.
Wenn der Stromkreis geschlossen ist, zieht der Magnet wie in einer elektrischen Klingel den Boden an. Dabei wird der Kontakt unterbrochen. Dadurch kann sich der Boden wieder in die Ausgangslage zurückbewegen usw. Der schwingende Dosenboden wirkt als Membran. Das Blechgehäuse verstärkt den Klang.

Ergebnis Mit der Schaltung einer elektrischen Klingel kann man den Boden einer Blechdose zum Schwingen bringen. Der schwingende Dosenboden wirkt dabei als Membran, die einen lauten Klang erzeugt, wie er von alten Autos bekannt ist.

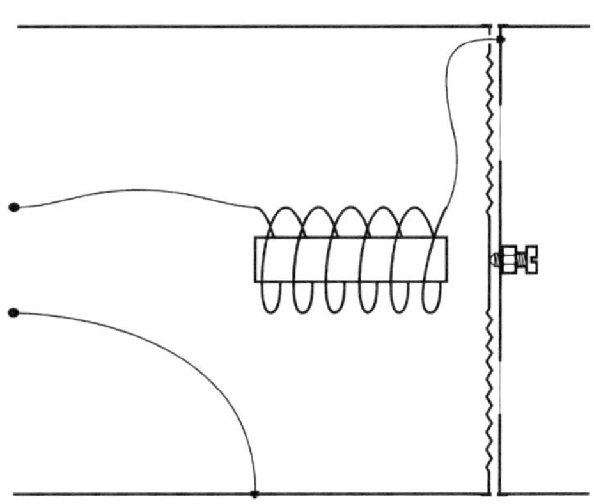

B2 Schaltung der Hupe

Blechdosenmotor

Geräte und Materialien

1. zwei Getränkedosen, 0,5 l
2. Grundplatte aus Holz, 16 cm × 10 cm × 1,5 cm
3. zwei Maschinenschrauben, 5 cm, M 6, mit je einer Unterlegscheibe
4. zwei Messingrohre, 12 cm, 7 mm Durchmesser
5. Gewindestab, 15 cm, M 4, mit 4 Muttern
6. Kupferdraht 50 m, 0,5 mm Durchmesser, isoliert
7. Leiterplatte, 5 cm × 5 cm
8. zwei Blechzungen, 10 cm × 1 cm × 0,5 mm
9. zwei Messbuchsen
10. zwei keramische Magnete, 9 cm × 6 cm × 1,5 cm
11. Alleskleber, 3 g
12. Netzgerät für Gleichspannung, 0 V bis 20 V

Vorbereitung Die Grundplatte, auf der die entsprechenden Bauteile befestigt werden, wird zweckmäßigerweise aus Holz hergestellt. Sie wird jeweils in etwa 2 cm Entfernung von ihren Enden mit einem 6-mm-Bohrer durchbohrt. Auf der Rückseite werden die Bohrungen abgesenkt. Hier bringt man von unten her je eine M-6-Maschinenschraube in die Bohrungen ein. Auf der Oberseite der Platte wird auf jede Schraube eine Unterlegscheibe gebracht und darüber ein Messingrohr gesteckt. Damit die Rohre fest auf den Maschinenschrauben sitzen, werden sie etwas gequetscht. Die oberen Enden der Rohre werden etwa 1 cm lang in einem Schraubstock breit gedrückt und mit einer 4-mm-Querbohrung versehen. Diese Bohrungen dienen zur Aufnahme des Gewindestabes. Um die notwendige Arretierung zu erreichen, wird sein Gewinde an den beiden Enden 1 cm lang abgeschliffen. Zwei kleine Unterlegscheiben, die jeweils an den Enden des Gewindes auf den Schraubenschaft aufsetzen, dienen der Verringerung der Reibung. Der etwa 18 cm lange Rotor hat einen Durchmesser von 6 cm. Er besteht aus den Unterteilen zweier Getränkedosen, deren Oberteile entfernt wurden. Der Mantel einer Dose wird parallel zu seiner Achse etwa 1 cm weit aufgeschnitten. Dadurch wird es möglich, den geschlitzten Dosenteil in den ungeschlitzten hineinzuschieben, so dass er in dieser Lage verbleibt. Dabei empfiehlt es sich, dass sich die Längen der Dosenstücke um etwa 5 cm unterscheiden. Die Dose mit dem längeren Mantel wird mit einem 4-mm-Bohrer so durchbohrt, dass sich die eingesteckte Dosenachse bei der fertig montierten Anordnung in halber Höhe und in der Mitte des Dosenmantels befindet.
Vor dem Aufbringen der Doppeldose auf den Gewindestab wird sie an beiden Enden mit isoliertem Kupferdraht bewickelt. Das erfolgt jeweils am Ende beginnend in zwei Lagen zu etwa 40 Windungen. Die beiden Spulen werden gleichsinnig in Reihe geschaltet [23]. Jedes Windungsende wird mit einem Schleifring des Kommutators verbunden. Der Kommutator wird aus einer Leiterplatte hergestellt. Er besitzt einen Durchmesser von 4 cm und ist kreisrund. Die Kupferschicht wird längs eines Durchmessers in etwa 2 mm Breite abgeschabt. Auch in der Mitte entfernt man die Kupferschicht bis zu einem Radius von 0,5 cm.

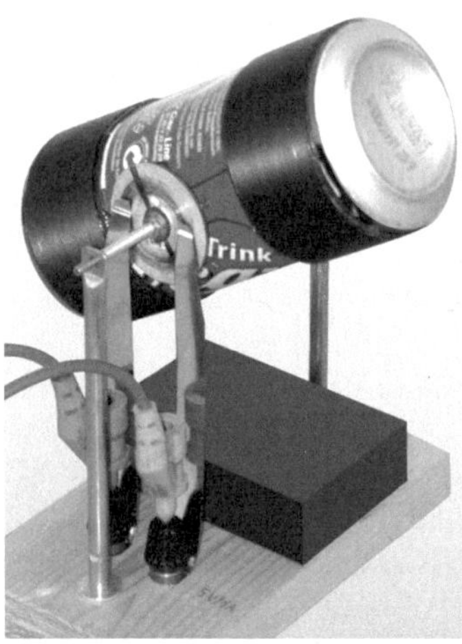

B1 Einfacher Blechdosenmotor

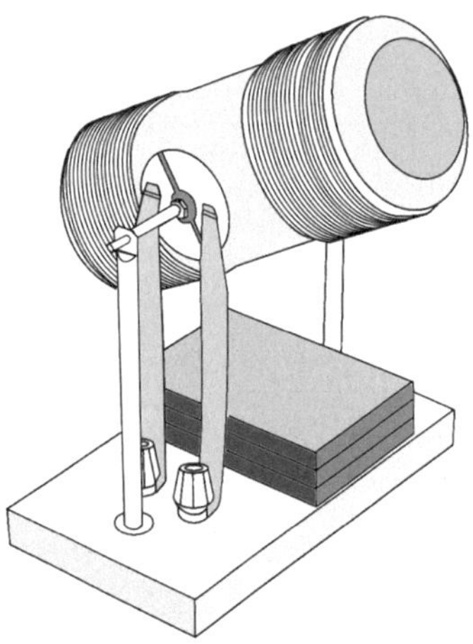

B2 Die Wirkungsweise des Kommutators ist sehr gut zu sehen.

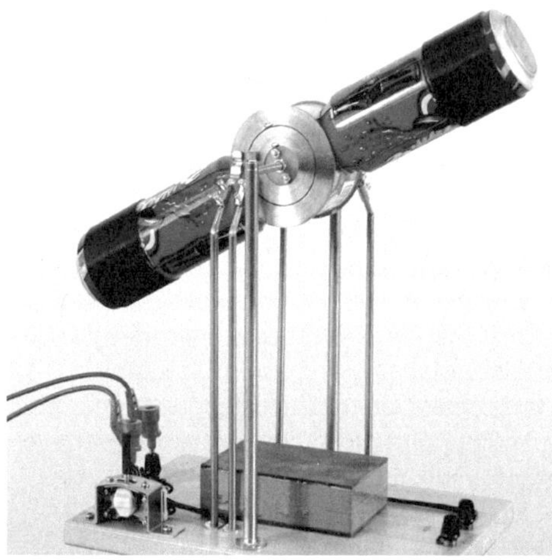

B3 Blechdosenmotor mit zusätzlichem Polwendeschalter

Jetzt wird je ein Spulenende mit einem der Halbkreise verbunden. Nun führt man die Achse durch die Blechdose hindurch und schraubt auf den Gewindestab jeweils eine Mutter bis zur Berührung mit dem Mantel. Auf der dem Kommutator abgewandten Seite wird die Lage der Mutter mit einer Kontermutter fixiert. Auf der anderen Seite schiebt man die Kommutatorscheibe auf die Welle und befestigt ebenfalls diesen Teil der Anordnung mit einer zweiten Mutter.
Zur Zuführung des Stromes dienen zwei Blechzungen, die am oberen Ende etwas eingeknickt sind, damit sie den Kommutator möglichst nur längs einer Linie, die mit dem Durchmesser übereinstimmt, berühren. Ihr unteres Ende ist rechtwinklig abgewinkelt und durchbohrt. Hier werden sie von zwei Messbuchsen in ihrer Lage gehalten. Die Messbuchsen sind in der Grundplatte in Bohrungen befestigt. Auf der Unterseite werden sie in der abgesenkten Bohrung mit je einer Mutter gehalten. Zur Erzeugung des Magnetfeldes werden die beiden quaderförmigen Magnete übereinander auf die Grundplatte gelegt, so dass der geringste Abstand zum Rotor nicht mehr als einige Millimeter beträgt. Die Pole der Magnete sollen sich auf deren Ober- bzw. Unterseite befinden (→**B1, B2**).

Durchführung des Experiments An die Buchsen des Motors wird die Gleichspannung des Stromversorgungsgerätes angelegt. Der Anker des Motors wird geringfügig angestoßen. Seine Drehzahl nimmt zunächst zu, dann rotiert er mit konstanter Drehzahl weiter. Je größer die angelegte Spannung ist, umso größer ist auch die Drehzahl. Bei einer Spannung von 6 V fließt ein Strom von etwa 1 A [18].

Ergebnis Bei einem Elektromotor bewirkt die Anziehung des jeweils nachfolgenden Teils des Rotors ein Drehmoment, solange sich die Spule auf den Magneten zu bewegt. Dieses Drehmoment tritt auch beim Entfernen der Spule von Magneten auf, da der Kommutator die Stromrichtung bei größter Annäherung umgekehrt hat.

Hinweise

1. Anstelle der quaderförmigen Magnete können auch Magnete anderer Form und Größe verwendet werden. Hinweise zu deren Beschaffung werden im dritten Band der Experimentierbuchreihe gegeben.

2. Der beschriebene kreisförmige Kommutator besitzt den Vorzug, dass man die Änderung der Stromrichtung gut beobachten kann.

3. Ein weiterer Vorzug des Blechdosenmotors besteht in seiner übersichtlichen Anordnung. Beide Magnetpole sind gut zu erkennen. Besonders gut ist der seitlich angebrachte Kommutator sichtbar. Er lässt erkennen, wann die Kontakte jeweils von dem einen Halbkreis auf den anderen übergehen. Eine hohe Funktionstüchtigkeit wird dadurch erreicht, dass einerseits das Eisenblech der Dose den Magnetismus verstärkt sowie andererseits von den keramischen Magneten ein starker magnetischer Fluss ausgeht.

Didaktisch-methodische Anregung Das Wirkprinzip eines Elektromotors wird noch verständlicher, wenn man auf der gegenüberliegenden Seite einen flachen Kollektor anbringt, der zwei konzentrische Kreisringe besitzt. Sie liegen in einer Ebene. Der besseren Sichtbarkeit halber können die Rohre zur Lagerung des Ankers sowie die Zungen zur Stromzufuhr einige Zentimeter länger gestaltet werden. Jeder Ring wird leitend mit einem Pol der Gleichspannungsquelle verbunden. Das erfolgt über einen Polwendeschalter. Hierfür ist sehr gut ein Blinkschalter eines älteren Pkw geeignet. Wird er rhythmisch von einem Anschlag zum anderen geschaltet, so verändert sich die Polarität der Anschlussbuchsen. Durch Hin- und Herschieben des Hebels bewirkt man jeweils eine Polwendung (→**B3**).
Nach dem Anlegen der Gleichspannung wird der Anker von Hand in eine langsame Drehbewegung versetzt. Im selben Rhythmus wird der Schalthebel hin und her bewegt. Nach einigen Versuchen hat man gewiss erreicht, dass Schalten und Drehbewegung synchron verlaufen. Bei sehr langsamer Drehung ist gut zu beobachten, dass das Umpolen immer dann notwendig ist, wenn sich ein Pol des rotierenden Elektromagneten unmittelbar dem festen Magnetpol genähert hat.
Bei einem Motor übernimmt der Kommutator dieses Umschalten.
Um das erforderliche Trägheitsmoment zu erreichen, ist es notwendig, die äußeren Dosenböden mit einer dünnen Bleischeibe oder -linse zu versehen. Das kann durch Aufkleben mit Silikonkautschukpaste erfolgen.

Abschirmung eines Magnetfeldes

Geräte und Materialien
1. Konservendose, 5 l
2. Spule mit 250 Windungen, Kernquerschnitt 9 cm^2
3. Spule mit 500 Windungen, Kernquerschnitt 9 cm^2
4. zwei I-Kerne, geblättert
5. Glühlampe, 2,5 V / 0,2 A mit Fassung
6. Netzgerät für Wechselspannung, 0 V bis 20 V

B1 Wenn die linke Spule mit einer Wechselspannungsquelle verbunden wird, entsteht in der rechten Spule eine Induktionsspannung und die Glühlampe leuchtet.

Vorbereitung Die Dose findet ohne Deckfläche Verwendung. Die Spule mit 250 Windungen wird so aufgestellt, dass ihre Achse vertikal verläuft. Sie wird mit dem Eisenkern versehen und mit dem Wechselspannungs-Ausgang des Netzgerätes verbunden. Die Spule mit 500 Windungen dient als Induktionsspule und steht so neben der Feldspule, dass sie parallel zur Achse der Feldspule verläuft. Sie wird in 2 cm Entfernung vom Eisenkern aufgestellt und mit den Anschlüssen der Glühlampe verbunden.

Durchführung des Experiments Man legt an die Feldspule eine Wechselspannung von 10 V an. Die Lampe leuchtet hell auf. Zur Demonstration der Schirmwirkung des Eisens stülpt man die Blechdose so über die Feldspule, dass sich nichts an der Geometrie der Anordnung ändert. Nach Anlegen der gleichen Wechselspannung leuchtet die Glühlampe nicht mehr. Die magnetischen Feldlinien verlaufen weitestgehend in der Blechdose.

Ergebnis Das dünne Eisenblech einer Konservendose ist dazu geeignet, ein elektromagnetisches Wechselfeld weitestgehend abzuschirmen.

Hinweise
1. Der erste Teil des Experiments zeigt, dass die Spule mit Eisenkern ein starkes Magnetfeld erzeugt. Das zweite Teilexperiment macht die beachtliche Wirkung einer dünnwandigen Abschirmung deutlich.
2. Die Spulen können auch in andere Lagen gebracht werden (→**B1**).

B2 Abschirmung des Magnetfeldes durch eine Blechdose. Die Lampe leuchtet nicht mehr.

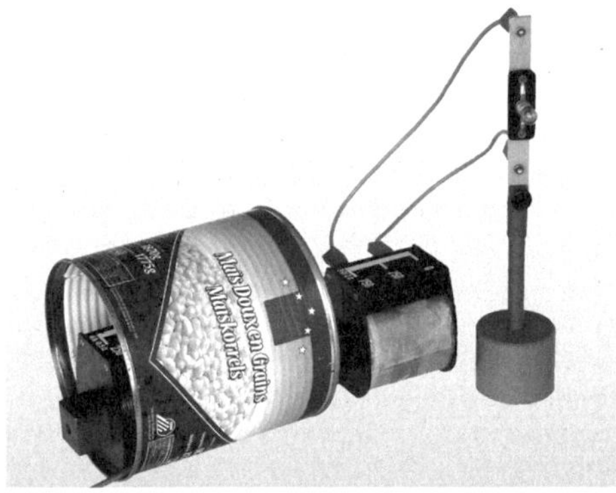

B3 Die Spule kann zur Abschirmung auch in die Dose hineingestellt werden.

Thomson'sches Ringexperiment

Geräte und Materialien
1. zwei Spraydosen aus Aluminium, mindestens 5 cm Durchmesser, eine möglichst dickwandig
2. Aluminiumring, 5 cm Durchmesser, Aluminiumquerschnitt 2 cm × 0,5 cm
3. Spule, 500 Windungen, Kernquerschnitt 9 cm^2
4. Stativstab, 1 m, 13 mm Durchmesser, aus Eisen
5. vier Stativstäbe, 50 cm, 13 mm Durchmesser, aus Eisen
6. Stativfuß, stabil, mit einer Stativmuffe
7. zwei Tonnenfüße
8. Schalter

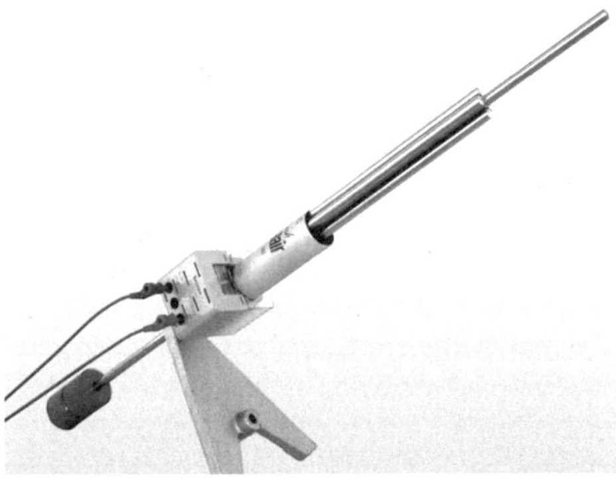

B1 Thomson'scher Ring – Experiment mit großer Wurfweite

Vorbereitung In die Spule werden die fünf eisernen Stativstäbe hineingesteckt. Die vier in den Ecken verlaufenden Stäbe sind die mit 50 cm Länge, der 1 m lange verläuft zentral. Diese Stäbe füllen den Innenraum der Spule vollständig aus. Den mittleren Stativstab befestigt man an dem Stativ so, dass er gegenüber der Horizontalen in einem Winkel von 45° geneigt ist (→**B1**). Um eine Kopflastigkeit der Anordnung zu vermeiden, werden am hinteren Ende die beiden Tonnenfüße befestigt, so dass sie als Gegengewicht zu den vorderen Stativstäben wirken. Von den Spraydosen entfernt man die Verschlussteile und den Boden, so dass die entstehenden Rohre auf die Stativstäbe geschoben werden können, bis sie auf der Spule aufsitzen. Dann verbindet man die Spule über den Schalter mit dem 230-V-Wechselspannungs-Netz.

Durchführung der Experimente Man schließt den Stromkreis für etwa 1 Sekunde. Die präparierte Dose wird etwa zwei Meter weit weggeschleudert. Das Experiment wird mit dem Mantel der dünnwandigen Getränkedose aus Aluminium wiederholt. Bei kurzzeitigem Anlegen der Wechselspannung wird diese ebenfalls von den Stäben geschleudert, allerdings erreicht sie nur die Hälfte der Wurfweite von der ersten Dose. Schließlich bringt man den dickwandigen Aluminiumring auf die Eisenstäbe und legt wiederum kurzzeitig Netzspannung an. Der Ring fliegt etwa 10 Meter weit.
Ursache für diese Erscheinung ist der Induktionsstrom im Mantel der Blechdose. Dieser Strom ist gegenüber dem Strom in der Spule phasenverschoben. Das durch ihn hervorgerufene Magnetfeld ist dem Magnetfeld des Primärstromes entgegengerichtet. Diese Phasenverschiebung hat zwei Ursachen. Bei der Induktion einer sinusförmigen Wechselspannung besteht eine Phasenverschiebung der Induktionsspannung gegenüber dem Feldstrom von $\frac{\pi}{2}$. Infolge der Selbstinduktion beim Fließen des Induktionsstromes im Dosenmantel tritt außerdem eine weitere Phasenverschiebung um $\frac{\pi}{2}$ auf. Dadurch beträgt die Gesamtphasenverschiebung π. Das heißt, dass beide Ströme zu jedem Zeitpunkt (außer den Nulldurchgängen der Stromkurven) so gerichtet sind, dass sich die gegenüberstehenden Magnetpole immer voneinander abstoßen.
In dem dicken Aluminiumring ist die stärkere Wirkung des Induktionsstromes besonders auf den geringeren Widerstand, die nähere Startlage an der Spule sowie den geringeren Luftwiderstand zurückzuführen.

Ergebnis Wirkt das magnetische Wechselfeld einer Spule unmittelbar auf einen Aluminiumring, so tritt in diesem ein starker Induktionsstrom mit der Phasenverschiebung π gegenüber dem Feldstrom auf. Dadurch wirken abstoßende Kräfte zwischen Spule und Ring.

Wirbelströme

Geräte und Materialien
1. Getränkedose, 0,33 l, aus Aluminium
2. 16 keramische Magnete, 2 cm, 5 cm Durchmesser
3. Telefonbuchse mit Mutter
4. Messingrohr, 30 cm, 4 mm Durchmesser
5. Pappscheibe, 6 cm Durchmesser
6. Stopfnadel
7. Klebeband
8. Alleskleber, 2 g
9. Tonnenfuß

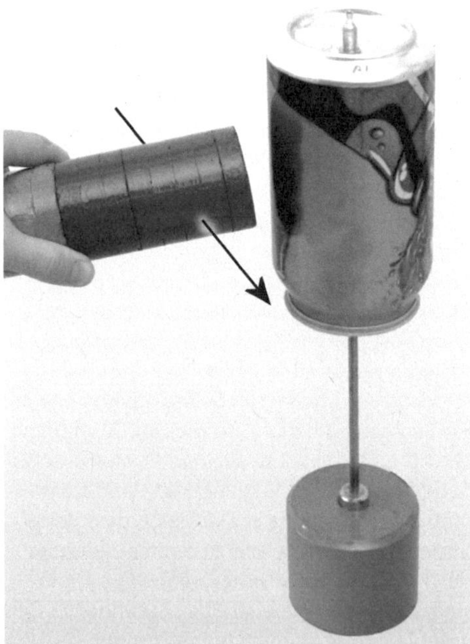

B1 Durch tangentiales Bewegen des Magneten kann man die Aluminiumdose in Bewegung versetzen.

Vorbereitung Der Deckel der Dose wird vollständig entfernt. In den Boden der Dose wird ein Loch von 6 mm Durchmesser gebohrt. In diese Bohrung steckt man von innen her die Telefonbuchse und verschraubt sie mit der Mutter. In die Pappscheibe bohrt man ein Loch von 5 mm Durchmesser und klebt sie auf die Dosenöffnung. Sie soll verhindern, dass die Dose beim Rotieren zu stark taumelt. Als Spitze für die Lagerung dient die Stopfnadel. Sie wird mit ihrem Öhr in das Messingrohr gesteckt. Im Bedarfsfalle wird sie vorher mit etwas Klebeband umwickelt. Das andere Ende des Rohres wird – falls notwendig – mit einigen Lagen Klebeband versehen und dann in den Tonnenfuß gesteckt und festgeschraubt. Auf die Spitze der Nadel wird die Telefonbuchse im Inneren der Dose aufgesetzt (→**B1**), nachdem man die Nadel durch das Loch in der Pappscheibe gesteckt hat. Die Magnete werden aufeinandergesetzt, so dass ein großer Stabmagnet entsteht. Infolge der magnetischen Kräfte haften sie fest aneinander.

Durchführung des Experiments Man nimmt den großen Magnet in eine Hand und hält ihn waagerecht. Ein Ende des Magneten nähert man bis auf etwa 2 cm dem Mantel der Blechdose. Jetzt bewegt man den Magneten der Richtung der Tangente folgend horizontal an der Dose vorbei, ohne sie zu berühren. Danach vergrößert man den Abstand zur Dose auf etwas 20 cm und bringt den Magneten in seine Ausgangslage zurück. Von dort wird ein Magnet in gleicher Weise wieder tangential an der Dose vorbeigeführt. Dieser Vorgang wird mehrfach wiederholt. Die Dose beginnt sich zu drehen. Ihre Drehzahl nimmt zu. Dabei bewegen sich der Magnet und die nahe Mantelfläche der Dose in gleicher Richtung.

Infolge der Relativbewegung zwischen Magnet und Aluminiummantel der Dose tritt elektromagnetische Induktion auf. Da es im Aluminiumblech keine vorgezeichneten Wege für den elektrischen Strom gibt, verläuft er in Form ringförmig geschlossener Bahnen um den bewegten Magnetpol herum. Der Induktionsstrom ist mit einem sekundären Magnetfeld verbunden. Es hat seine größte Stärke in dem Teil der Mantelfläche der Dose, die dem Pol des Stabmagneten benachbart ist. Dabei steht dem Nordpol des Magneten der Südpol der Wirbelströme gegenüber. Die anziehenden Kräfte bewirken, dass der Dosenmantel in der Nähe des Nordpols des Magneten mitgezogen wird. Damit ist der indirekte Nachweis für das Existieren von Wirbelströmen in massiven metallischen Leitern erbracht.

Ergebnis Bewegt sich ein Magnet relativ zu einem massiven Leiter, so treten in diesem Leiter infolge der elektromagnetischen Induktion Wirbelströme auf. Sie fließen auf ringförmigen Bahnen und sind untrennbar mit einem Magnetfeld verknüpft.

Didaktisch-methodische Anregungen

1. Bei dem Ausfließen einer Flüssigkeit aus einem Gefäß, das in seinem Boden eine Öffnung besitzt, können Ausflusswirbel auftreten. Die Wasserteilchen bewegen sich dann auf ringförmigen Bahnen um diese Öffnung (Waschbecken, Badewanne). Sie bewegen sich ähnlich wie die Elektronen in den Wirbelströmen eines massiven Leiters. Die größte Geschwindigkeit der Flüssigkeitsteilchen und der Elektronen tritt in der Nähe der Ausflussöffnung beziehungsweise des bewegten Magnetpols auf (siehe Band 1, Experiment „Ausflusswirbel").

2. Wenn man die Getränkedose aus Aluminium durch eine solche aus Eisen ersetzt, treten die Effekte noch deutlicher in Erscheinung. Die Drehzahl der Dose nimmt schneller zu und erreicht höhere Werte. Das hat drei Ursachen. Die Hauptursache ist das „Mitnehmen" des jeweiligen Eisenbereichs im Mantel der Dose, der der Spule am nächsten liegt, durch ferromagnetische Anziehung. Die zweite Ursache besteht im Auftreten von Wirbelströmen im Dosenmantel. Die dritte ist die Verstärkung des Magnetfeldes der Wirbelströme durch das Eisenblech. Die Wirbelströme in Eisen sind allerdings nicht so stark wie die im Aluminium, da Eisen einen größeren spezifischen Widerstand als Aluminium besitzt. Schließlich können Teile des eisernen Dosenmantels in der Art eines Eisenkerns verstärkend auf die Magnetfelder ein. Bei vielen technischen Motoren mit Kurzschlussläufer kommen alle drei Ursachen zur Geltung. Das Eisen im Läufer wird von den Elektromagneten im Stator angezogen und dadurch im Drehfeld mitgerissen. In den Kurzschlusswindungen – meist aus Kupfer – treten starke Induktionsströme auf. Das Eisen im Kern verstärkt deren Magnetfeld.

3. Wegen der einfacheren Erklärung sollte beim Experimentieren die Demonstration mit der Aluminiumdose den Vorzug haben. Danach kann in jedem der Experimente durch den Einsatz einer Getränkedose aus Eisen das Phänomen noch überzeugender dargestellt werden.

Drehfeld-Motor und Wirbelstrombremse

Geräte und Materialien

1. Geräte 1. bis 9. vom Experiment „ Wirbelströme“, S. 100

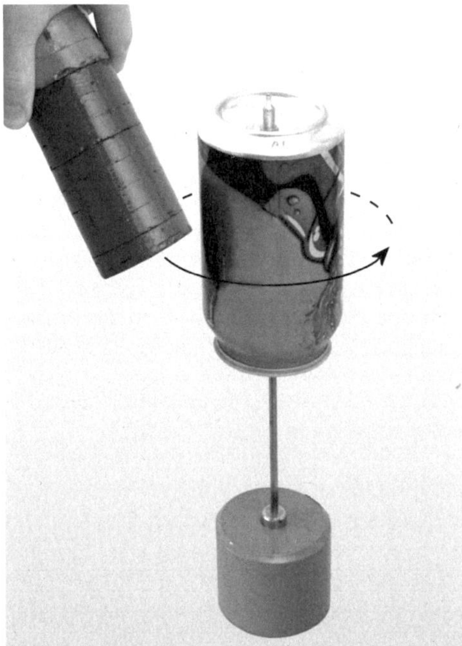

B1 Durch kreisförmige Bewegung des Magneten um die Blechdose entsteht ein magnetisches Drehfeld, das die Dose in Drehbewegung versetzt.

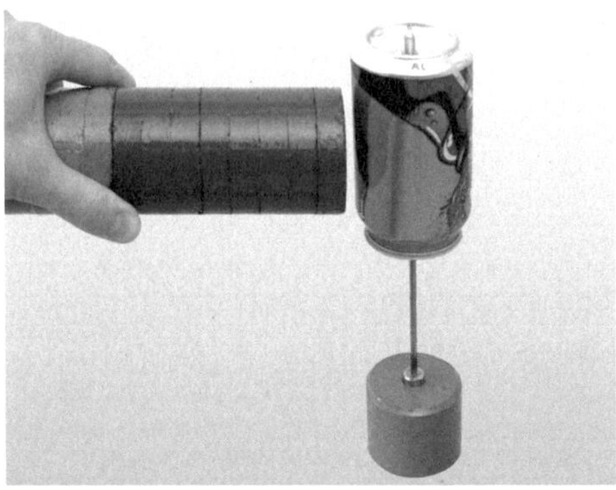

B2 Prinzip einer Wirbelstrombremse. Die rotierende Dose wird bei Annäherung des Magneten abgebremst.

Vorbereitung Der experimentelle Aufbau gleicht dem im Experiment „Wirbelströme“ beschriebenen.

Durchführung der Experimente Zur Demonstration des Wirkprinzips eines Drehfeld-Motors wird der große Magnet an einem Ende angefasst und so gehalten, dass der gegenüberliegende Pol nach unten zeigt. Er soll sich in halber Höhe der Blechdose befinden.
Mit dem Magneten werden nun kreisende Bewegungen um die Dose herum ausgeführt, wobei der Abstand zwischen Dose und Magnet möglichst klein sein soll. Eine Berührung sollte vermieden werden (→**B1**). Die Dose folgt erst zögerlich, später immer besser der Umlaufbewegung des Magneten. Ursache für dieses Phänomen sind die induzierten Wirbelströme in der Dose. Sie sind so gerichtet, dass eine anziehende Kraft zwischen Dose und Magnet auftritt. Deshalb folgt der Dosenmantel der Bewegung des Magneten. Ein gewisser „Schlupf“ muss immer vorhanden sein, da diese Relativbewegung Voraussetzung für die elektromagnetische Induktion ist.
Zur Demonstration des Prinzips einer Wirbelstrombremse wird die Blechdose von Hand in eine schnelle Rotationsbewegung versetzt. Dann nähert man dem Dosenmantel einen Pol des Stabmagneten bis auf einen Zentimeter. Die Dose wird in einer Zeit von nur wenig mehr als einer Sekunde bis auf eine Drehzahl von null abgebremst. Infolge der Relativbewegung von Dose und Magnet entstehen im Dosenmantel Wirbelstürme. Die damit verbundenen Magnetfelder führen in der Nähe des Magneten zu einer starken Abbremsung der Dose (→**B2**).

Ergebnis Bewegt man einen Magnetpol um einen Aluminiumzylinder herum, so bewirken die Wirbelströme infolge ihres Magnetfeldes eine Bewegung des Zylinders. Diese Vorgänge entsprechen denen in einem Elektromotor mit Drehfeld. Nähert man einem rotierendem Aluminiumzylinder einen Magneten, so wird die Bewegung wie in einer Wirbelstrombremse abgebremst.

Didaktisch-methodische Anregung Siehe Anregung 2 zum Experiment „Wirbelströme“, S. 101!

Spaltpolmotor

Geräte und Materialien

1. Geräte 1., 3. bis 9. vom Experiment „Wirbelströme", S. 100
2. Spule, 1500 Windungen
3. I-Kern, Querschnitt 3 cm × 3 cm, geblättert
4. Aluminiumplatte, 12 cm × 12 cm × 0,3 cm
5. Rohrklemme
6. Stativfuß
7. Netzgerät für Wechselspannung, 0 V bis 40 V

Vorbereitung Die Getränkedose aus Aluminium wird, wie im Experiment „Wirbelströme", S. 100 beschrieben, präpariert. Die Herstellung des Ständers mit der Spitze am oberen Ende erfolgt ebenso wie im genannten Experiment. Die Spule mit Eisenkern wird mittels der Rohrklemme im Stativfuß befestigt. Dazu spannt man den nach hinten aus der Spule herausragenden Eisenkern in die Rohrklemme ein. Die Höhe wird so eingestellt, dass der Eisenkern der Blechdose in halber Höhe gegenübersteht.

Durchführung des Experiments Die Spule wird mit dem Netzgerät verbunden. Es geschieht nichts. Dann schiebt man das Aluminiumblech von der Seite her horizontal zwischen Dose und Eisenkern, so dass etwa die Hälfte der Stirnfläche des Eisenkerns bedeckt ist. Die Dose gerät zunächst mit zunehmender, dann mit konstanter Drehzahl in Rotation. Die Drehrichtung des Dosenmantels verläuft von der offenen Seite des Eisenkerns zur abgedeckten. Bringt man die Aluminiumscheibe von der entgegengesetzten Seite ein, so ändert sich die Drehrichtung (→**B1**).

Das Drehen wird dadurch bedingt, dass in der Dose Wirbelströme entstehen. Infolge der angelegten Wechselspannung ändert sich die Stärke des Magnetfeldes etwa sinusförmig. Dieses Ansteigen und Abfallen erfolgt nicht zu gleichen Zeitpunkten.
In dem Bereich, in dem das Magnetfeld ungehindert vom Eisenkern zur Dose gelangt, wird die maximale Stärke des Feldes früher erreicht als in dem Bereich der Aluminiumscheibe. In dieser Scheibe bewirken die dort auftretenden Wirbelströme eine zeitliche Verzögerung des Magnetfeldes. Die magnetische Rückwirkung der Wirbelströme in der Dose auf das magnetische Feld der Spule erfolgt dort mit zeitlicher Verzögerung. Dadurch wirkt tangential zur Dosenwandung eine Kraft, die die Drehbewegung bewirkt.

Ergebnis Eine Blechdose, die sich symmetrisch im Feld eines Elektromagneten befindet, rotiert nicht. Deckt man jedoch die Hälfte der Stirnfläche des Eisenkerns mit einer Aluminiumplatte ab, so entsteht ein Drehfeld, in dem sich die Dose dreht.

Hinweise

1. Spaltpolmotoren besitzen anstelle der Blechdose einen Kurzschlussläufer. Er besteht aus einem geblätterten Kern, der mit Kurzschlusswindungen versehen ist. In diesen Windungen fließt ein starker Induktionsstrom.
2. Bei einem Spaltpolmotor besitzt der eine Pol des Eisenkerns der Feldspule Einschnitte, die ihn in zwei Teile zerlegen. Die eine Hälfte ist von Aluminiumringen umgeben (→**B2**). Bei eingeschaltetem Motor tritt in den Ringen ein kurz geschlossener Induktionsstrom auf. Sie bewirken eine zeitliche Verzögerung des Induktionsstromes in diesem Bereich des An-

B1 Wenn das Aluminiumblech die Hälfte des Poles eines Wechselstrommagneten bedeckt, rotiert die Aluminiumdose.

B2 Spaltmotor. Die Asymmetrie der Anordnung bewirkt eine unterschiedliche zeitliche Verschiebung der Induktionsströme an den verschiedenen Stellen.

kers. Der danebenliegende unpräparierte Teil des Eisenkerns bewirkt keine zeitliche Verschiebung. Diese Phasenverschiebung zwischen den beiden Magnetfeldern bewirkt die Rotation des Ankers.

3. Spaltpolmotoren haben einen einfachen Aufbau, einen sehr ruhigen Lauf, und sind keine Funkstörquellen. Diese Motoren haben keinen Kollektor. Dadurch tritt der Verschleiß nur in den Lagern auf. Diese sind jedoch sehr langlebig.

Spaltpolmotoren werden vor allem als Lüftermotoren (zum Beispiel bei Tageslichtprojektoren) verwendet. Leider ist ihr Wirkungsgrad gegenüber anderen Elektromotoren vergleichsweise gering.

4. Der Effekt des Spaltpolmotors kann auch ohne eingeschobene Aluminiumscheibe gezeigt werden. Zur stärkeren Konzentration des Magnetfeldes wird auf der Frontseite des Eisenkerns ein 4 cm langer Stativstab aufgeklebt. Zunächst stellt man die Spule so auf, dass der Stativstab in Richtung der Dosenachse verläuft. Der geringste Abstand zwischen Stativstab und Dose soll etwa 1 cm betragen. Die Dose bewegt sich nicht. Nachfolgend dreht man die Spule um eine vertikale Achse, so dass der Stativstab immer mehr zum rechten Rand der Dose gerichtet ist. Die Dose beginnt zu rotieren. Nachfolgend stellt man die Spule so, dass der Stativstab mehr und mehr auf den linken Dosenrand gerichtet ist.

Die Dose dreht sich im entgegengesetzten Drehsinn. Zeigt der Stativstab – von der Spule aus gesehen – auf den rechten Teil des Zylindermantels, so bewegt sich die Vorderseite der Dose nach rechts. Richtet man den Stativstab auf den linken Teil des Dosenmantels, so bewegt sich der vordere Teil der Dose nach links. Bei dieser Anordnung übernimmt die Aluminiumdose selbst die Rolle des vorher benutzten Aluminiumbleches. Die zeitlich sich ständig ändernde magnetische Flussdichte der Wirbelströme ist gegenüber der, die im Zentrum des Magneten auftritt, zeitlich verschoben. Dadurch erreicht die magnetische Flussdichte im Bereich neben dem Magneten ihre jeweiligen Beträge zeitlich später als im Zentrum des Magneten. Das entspricht einer Bewegung des Magnetfeldes ausgehend von der Mitte des Magneten in den rechten Bereich. Das letzte Experiment kann auch mit zwei Blechdosen durchgeführt werden. Die zweite wird in gleicher Weise präpariert. Beide werden dicht nebeneinander aufgestellt. Der 4-cm-Stativstab wird dem Zwischenraum angenähert (→**B3**). Beide Dosen rotieren gegenläufig.

Didaktisch-methodische Anregung Siehe Anregung 2 im Experiment „Wirbelströme" S. 101!

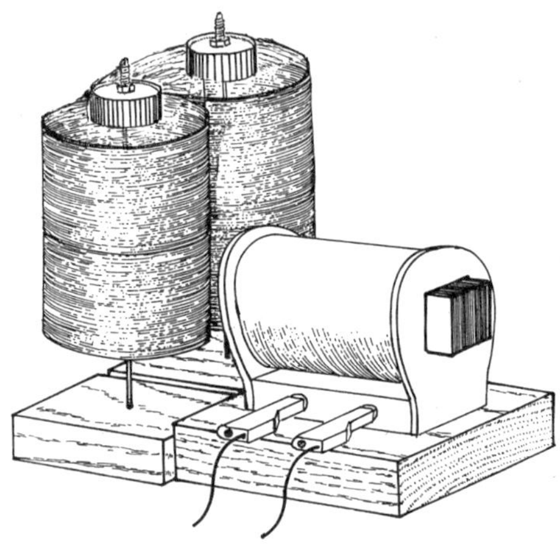

B3 Die beiden Dosen rotieren mit entgegengesetztem Drehsinn, wenn an der Spule Wechselspannung anliegt.

Motor mit Hilfsphase

B1 In den beiden Spulen fließen zwei gegeneinander phasenverschobene Wechselströme. Sie bewirken ein magnetisches Drehfeld. Die Aluminiumdose rotiert.

Geräte und Materialien
1. Geräte 1., 3. bis 9. vom Experiment „Wirbelströme", S. 100
2. zwei Spulen, 750 Windungen
3. zwei I-Kerne, 3 cm × 3 cm Kernquerschnitt, geblättert
4. Kondensator, 20 µF / 100 V
5. Styroporquader, 30 cm × 15 cm × 6 cm.
6. Netzgerät für Wechselspannung, 0 V bis 30 V

Vorbereitung Die beiden Spulen werden mit horizontaler Achse so auf den Styroporquader gestellt, dass ihre Achsen einen Winkel von 90° miteinander bilden. Sie sind beide auf die Mitte der Blechdose gerichtet, die nach der Anleitung im Experiment „Wirbelströme", S. 100 präpariert wurde. Sie ist drehbar auf dem Ständer gelagert, dessen Herstellung im gleichen Experiment beschrieben ist. Der I-Kern wird in die Spule mit 250 Windungen eingeführt (→**B1**). Diese Spule schließt man direkt an die Wechselspannungsbuchsen des Netzgerätes an. Die zweite Spule wird in Reihe mit dem Kondensator geschaltet und ebenfalls mit den Wechselspannungsbuchsen verbunden (→**B2**).

Durchführung des Experiments Das Netzgerät wird eingeschaltet. Man erhöht die Spannung allmählich bis auf etwa 20 V. Eine Gesamtstromstärke von 3 A sollte nicht überschritten werden. Die Blechdose beginnt zu rotieren und erreicht eine hohe Drehzahl. Die eisenlose Spule hat im Wesentlichen einen ohmschen Widerstand. Ihre Induktivität ist sehr klein. Deshalb tritt ein geringes Verschieben der Phase in der Weise auf, dass die Stromstärke hinter der Spannung etwas zurückbleibt. In der Spule, die mit dem Kondensator in Reihe geschaltet ist, fließt ein stark phasenverschobener Strom. Die Stromstärke eilt der Spannung voraus.
Damit besteht zwischen den beiden Strömen eine Phasenverschiebung. Im ersten Stromkreis überwiegt der ohmsche Widerstand, im zweiten der kapazitive. In der Nähe der Spulen tritt ein magnetisches Drehfeld auf. Die Wirbelströme im Dosenmantel versetzten die Dose in Drehbewegung.

Ergebnis Die Phasenverschiebung zwischen Spannung und Stromstärke, die z. B. beim Einschalten eines Kondensators in einen Wechselstromkreis auftritt, kann dazu benutzt werden, dass zwei nebeneinanderstehende Spulen ein Magnetfeld erzeugen, das als Teil eines Drehfeldes verstanden werden kann. Die zweite Phase wirkt als „Hilfsphase".

Hinweise
1. Will man eine Anordnung zusammenstellen, die stärker an die Konstruktion eines Motors erinnert, so kann man den folgenden Aufbau verwenden.
Zwei Spulen mit je 250 Windungen werden einander so gegenübergestellt dass ihrer Achsen längs einer Linie verlaufen. Zwei Spulen mit je 750 Windungen werden in gleicher Weise einander gegenübergestellt, wobei die Linie, auf der ihre Achsen liegen, ebenfalls vertikal, aber senkrecht zur ersten verläuft. Die Spulen mit 250 Windungen werden mit je einem I-Kern versehen (→**B3**).

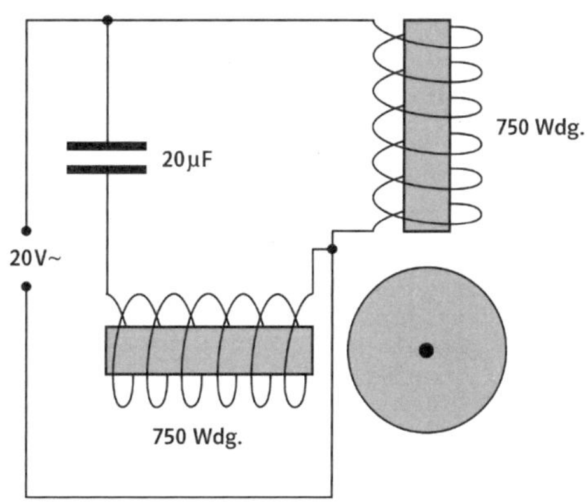

B2 Schaltung des Motors mit Hilfsphase

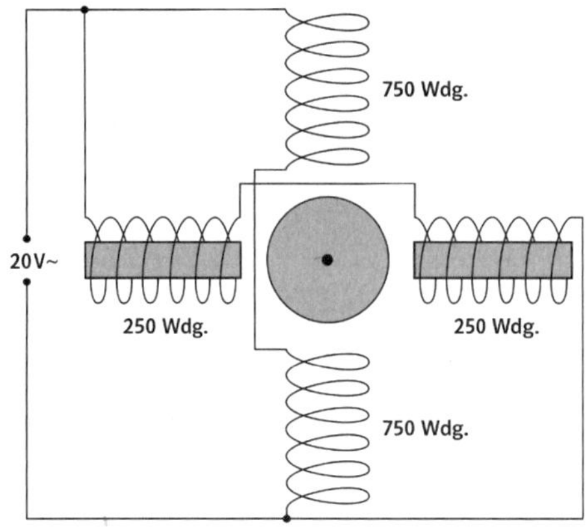

B3 Schaltung für ein magnetisches Drehfeld mit vier Spulen

Der Abstand der einander gegenüberliegenden Luftspulen sowie der Abstand beider I-Kerne soll 12 cm betragen. Ins Zentrum der Anordnung stellt man den Ständer mit der Blechdose entsprechend der Beschreibung im Experiment „Wirbelströme", S. 100.
Die vier Spulen werden je auf einen Styroporquader oder Stativtisch gelegt, so dass sich die Spulenachsen im Bereich des Zylindermantels der Blechdose befinden.
Die beiden Spulen mit 750 Windungen werden in Reihe geschaltet und mit dem Wechselspannungsausgang des Netzgerätes verbunden. Die zwei Spulen mit 250 Windungen werden ebenfalls in Reihe geschaltet und an die Wechselspannungsbuchsen des Netzgerätes angeschlossen (→**B3**).
Das Netzgerät wird eingeschaltet. Beim allmählichen Erhöhen der Spannung sollte die Gesamtstromstärke 3 A nicht überschreiten. Die Blechdose beginnt zu rotieren und erreicht eine hohe Drehzahl.

Die eisenlosen Spulen haben eine ganz geringe Induktivität. Die Induktivität der Spulen mit Eisenkern ist wesentlich größer. Deshalb besteht zwischen den beiden Strömen eine Phasenverschiebung. Damit ist erreicht, dass jeder der zeitweilig vorhandenen inneren Pole nacheinander immer an der nächstfolgenden Spule auftritt. Damit ist ein magnetisches Drehfeld geschaffen, das die Blechdose infolge der Wirbelströme in Drehung versetzt.
2. Die letzte Schaltung benutzt man in der Technik zum Bau kleiner Wechselstrommotoren ohne Kollektoren. Der Anker dreht sich nur mit einem geringen Schlupf gegenüber der Wechselstromfrequenz.
Große Elektromotoren sind in der Regel Drehstrommotoren. Sie werden mit Dreiphasenstrom betrieben. Dieser besteht aus drei Wechselströmen, die sich nur dadurch voneinander unterscheiden, dass sie jeweils um 120° gegeneinander phasenverschoben sind. Die um den Anker herum angeordneten Feldspule werden jeweils an eine Phase des Dreiphasenwechselstromes angeschlossen, so dass die Nachbarspulen von Strömen durchflossen werden, die immer um 120° phasenverschoben sind. Dadurch entsteht ein sehr gutes Drehfeld.

Didaktisch-methodische Anregungen

1. Siehe didaktisch-methodische Anregung 2 in Experiment „Wirbelströme", S. 101!
2. Die Experimente „Wirbelströme", „Drehfeldmotor und Wirbelstrombremse", „Spaltpolmotor", und „Motor mit Hilfsphase" sind in einer solchen Reihenfolge beschrieben, dass sie schrittweise einen immer besseren Einblick in die Erzeugung und Nutzung des magnetischen Drehfeldes geben. Es ist zweckmäßig, sie auch in dieser Aufeinanderfolge durchzuführen.

Solarmotor

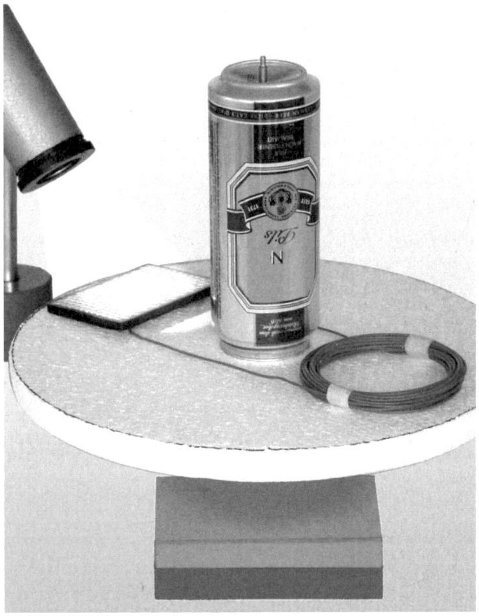

B1 Die wichtigsten Teile eines Solarmotors sind Solarzelle, Spule und Magnet. Auf die Solarzelle trifft ein räumlich begrenztes Lichtbündel.

Geräte und Materialien

1. Getränkedose, 0,5 l
2. Solarzelle, 10 cm × 8 cm
3. Rahmenspule, 10 cm × 8 cm, 100 Windungen, 0,4 mm Drahtdurchmesser
4. Styroporscheibe, 3 cm dick, 30 cm Durchmesser
5. Magnet, 10 cm × 10 cm × 2 cm, quaderförmig
6. Telefonbuchse
7. Messingrohr, 40 cm, 4 mm Durchmesser
8. Stopfnadel
9. Klebeband, 50 cm
10. Heftfaden, 2 m
11. Alleskleber, 5 g
12. Tonnenfuß
13. Reuterlampe, mit Vorschaltgerät
14. Stativ, 50 cm, mit Stativmuffe

Vorbereitung Von der Getränkedose wird der Deckel entfernt und der Boden in der Mitte mit einem 6-mm-Bohrer durchbohrt. In diese Bohrung steckt man vom Inneren der Dose aus die Telefonbuchse und verschraubt sie von außen. Die Styroporscheibe wird in der Mitte mit einem 30-mm-Loch versehen. Auf diese Öffnung klebt man mit Alleskleber die offene Getränkedose, so dass die Drehachse der Scheibe in der Verlängerung der Dosenachse liegt. In der Nähe von der Peripherie der Styroporscheibe klebt man die Solarzelle auf, so dass ihre Anschlüsse zur Blechdose zeigen. Gegenüberliegend befestigt man in gleicher Weise die Luftspule, so dass ihre Anschlüsse ebenfalls nach innen gerichtet sind. Die Spule kann aus isoliertem Kupferdraht von 0,4 mm Durchmesser durch Umwickeln eines quaderförmigen Körpers (Pappkarton, Quader aus Holz oder Styropor) hergestellt werden. Sie wird dann schrittweise von der Unterlage heruntergeschoben, wobei man sogleich die Drahtwindungen nacheinander an verschiedenen Stellen mit Heftfaden zusammenbindet.
Die Ausgänge der Solarzelle werden mit den Eingängen der Spule verbunden. Das Messingrohr befestigt man mit seinem unteren Ende in dem Tonnenfuß. An seinem oberen Ende wird die Stopfnadel angebracht, so dass ihre Spitze nach oben zeigt. Dazu wird sie an ihrem Öhr mit einigen Lagen Klebeband umwickelt, damit sie fest im Rohr sitzt.
Man setzt nun vorsichtig die zusammengestellte Anordnung mit der Styroporscheibe und der Telefonbuchse auf die Spitze im Messingrohr auf. Dadurch ist sie leicht drehbar gelagert.
Die Reuterlampe befestigt man so am Stativ, dass ihr Lichtbündel möglichst stark von oben auf die Solarzelle fällt. Dabei ist darauf zu achten, dass das Bündel nur in einer bestimmten Stellung der Styroporscheibe nur die Solarzelle trifft. Auf der gegenüberliegenden Seite wird der quaderförmige Magnet möglichst nahe unter die drehbare Scheibe gelegt (→**B1**).

Durchführung des Experiments In einem nicht zu hellen Raum wird die Reuterlampe eingeschaltet. Das Lichtbündel darf nur die Solarzelle treffen. Man verdreht die Styroporscheibe so weit, dass das Licht nur noch zur Hälfte die Solarzelle erreicht und die andere Hälfte auf die Styroporplatte auftrifft. In dieser Lage wird der Magnet möglichst dicht unter die Spule gebracht. Dabei soll sein Nord- oder Südpol, der sich auf einer der quadratischen Flächen befindet, möglichst die gesamte Spulenfläche abdecken. Durch leichtes Anstoßen versetzt man Solarzelle und Spule in eine langsame Drehbewegung. Die Drehzahl nimmt anfangs noch zu. Falls das nicht erfolgt, braucht man nur die Pole des Magneten zu vertauschen.

Beim Beleuchten der Solarzelle tritt eine geringe Spannung auf. Dadurch entsteht ein Strom, der durch die Spule fließt. Infolge des geringen Innenwiderstandes der Spule erreicht die Stromstärke einige 100 mA. Im Magnetfeld eines kräftigen Magneten wirkt auf die Spule eine messbare Kraft, die die Drehbewegung aufrecht erhält.

Ergebnis Die Stromstärke einer kleinen Solarzelle reicht aus, um eine Spule in einem Magnetfeld zu bewegen. Werden die Solarzelle und die Spule gemeinsam auf einer drehbaren Scheibe befestigt, dreht sich der „Rotor" ohne Stromzufuhr von außen. Der ruhende Magnet stellt den „Stator" dar.

Hinweise

1. Der Wirkungsgrad der beschriebenen Anordnung ist gering. Er lässt sich dadurch vergrößern, dass man die Anzahl der Solarzellen und Spulen erhöht. So können auf einer kreisförmigen Scheibe in einfacher Weise längs der Peripherie abwechselnd Spulen und Solarzellen angebracht werden, wobei z. B. jede Solarzelle mit ihrer rechten Nachtbarspule verbunden werden kann. Bei einer solchen Anordnung sollte die Zahl der Magnete und Lichtquellen gleich der Zahl der Solarzellen sein (→**B2**). Man kann auch unter jeder Solarzelle eine Spule anordnen und darunter – etwas seitlich verschoben – einen ruhenden Magneten legen. Ein wesentlicher Nachteil dieser Anordnung besteht darin, dass eine größere Zahl gerichteter Lichtquellen erforderlich ist.

2. Wenn nur Sonnenstrahlung oder sehr helles Raumlicht zur Verfügung steht, kann für die jeweils kurzzeitige Beleuchtung der Solarzellen ein steifes Kartonblatt von 30 cm × 30 cm Verwendung finden. An den Stellen, wo sich die Solarzellen befinden, werden Öffnungen in den Karton geschnitten. Das Kartonblatt wird feststehend möglichst dicht über der drehbaren Scheibe befestigt (→**B3**).
Beim Rotieren gelangt die Anordnung wiederholt in die Lage, wo jede Solarzelle vollständig beleuchtet ist. Zu diesem Zeitpunkt müssen die Magnete etwa zur Hälfte ihrer Polfläche von der Fläche der Spulen bedeckt sein. Der Strom drängt die Spulen von den Magneten. Die Anordnung dreht sich dann infolge ihres Trägheitsmomentes weiter. Die drehbare Anordnung stellt den Rotor dar, die feststehenden Magnete sind der Stator. Die Energiezufuhr zum Rotor erfolgt durch das Licht. Deshalb sind keine elektrischen Stromkontakte erforderlich.

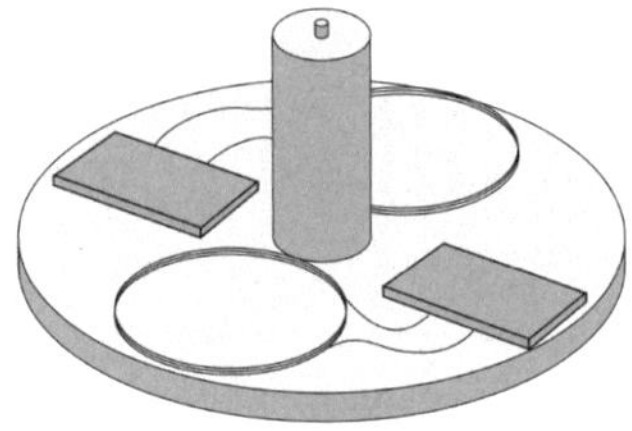

B2 Solarmotor mit zwei Solarzellen und zwei Spulen

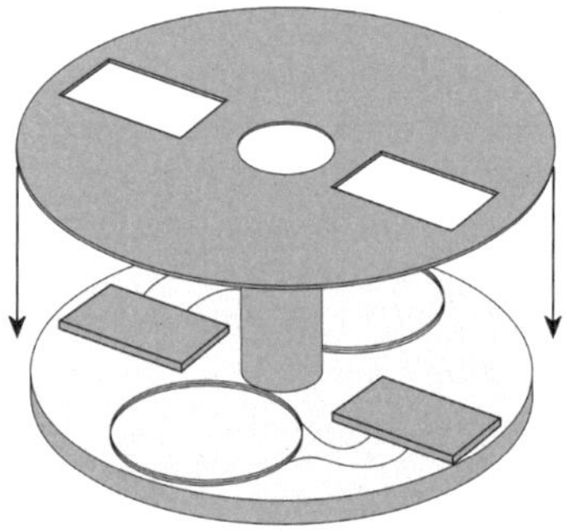

B3 Die Maske bewirkt, dass bei der Rotationsbewegung nur zeitweilig Licht auf die Solarzelle auftrifft.

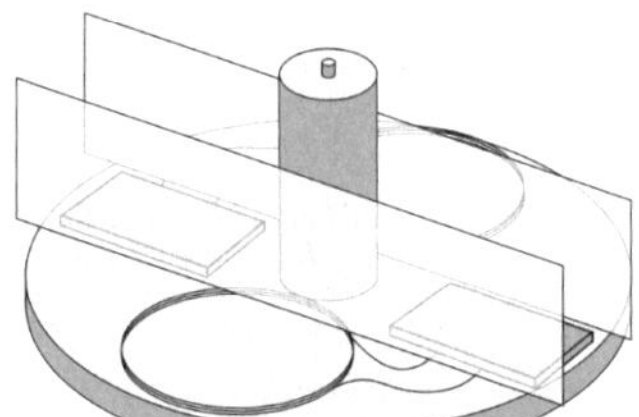

B4 Bei direkter Sonneneinstrahlung können Streifen aus schwarzem Karton, die senkrecht neben den Solarzellen aufgeklebt sind, die Lichtzufuhr steuern.

3. Es ist auch möglich, Solarzellen vertikal auf dem Mantel einer Blechdose zu befestigen sowie in einem Winkel von 45° gegenüber der Horizontalen, um das eingestrahlte Sonnenlicht gut nutzen zu können.
Auch bei diesen Anordnungen ist es notwendig, dass das Sonnenlicht nur zeitweilig auf die Solarzellen auftrifft. Auch hierfür sind die oben beschriebenen Kartonblätter geeignet.

4. Es ist auch möglich, das genutzte Lichtbündel dadurch auszusondern, dass man es durch schwarze Kartonstreifen seitlich begrenzt. Dieser Streifen werden zu beiden Seiten der Solarzellen auf dem Rotor angebracht (→**B4**). Eine weitere Möglichkeit zur Erhöhung der Leistung besteht darin, das Licht der Sonne mittels einer Fresnellinse etwas zu konzentrieren. Dabei ist darauf zu achten, dass die Solarzellen nicht über ihre Betriebstemperatur hinaus erhitzt werden.

5 Experimente zur Optik

Lochkamera

Geräte und Materialien
1. Zwei Getränkedosen, 0,5 l, die sich im Durchmesser um 1 mm unterscheiden
2. Alleskleber, 5 g
3. Transparentpapier, 10 cm × 10 cm

B1 Aus zwei Getränkedosen kann man eine leistungsfähige und stabile Lochkamera herstellen.

Vorbereitung Von den gleichartigen Blechdosen wird der Deckel entfernt, so dass eine schmale Blechwulst erhalten bleibt. In den Boden der Dose mit dem etwas größeren Durchmesser bohrt man zentral ein Loch von 2 mm Durchmesser. In den Boden der zweiten Dose bohrt man zentral ein Loch von 2 cm Durchmesser. Die Öffnung der Dose wird mit einer Scheibe aus Transparentpapier beklebt. Diese Dose schiebt man mit dem Transparentpapier voran in das weitere Rohr hinein.

Durchführung des Experiments Man richtet das Loch im Boden der ersten Dose auf einen hellen Gegenstand (Blick vom Zimmer auf das Fenster, Blick aus dem Fenster, leuchtende Lampe). Auf dem Transparentschirm ist das Bild des Gegenstandes zu erkennen. Es ist umgekehrt und verkleinert, wenn der Abstand zwischen Gegenstand und Loch größer als der Abstand zwischen Loch und Schirm ist. Man vergrößert und verkleinert diesen Abstand langsam durch Verschieben der eingeschobenen Dose.
Mit zunehmendem Abstand wird das Bild umso größer, je näher sich der Gegenstand am Loch befindet und je größer der Abstand zwischen Loch und Transparentschirm ist.

Ergebnis In einer Lochkamera entsteht infolge der geradlinigen Ausbreitung des Lichtes auf einem Schirm ein reelles Bild. Es ist umgekehrt.

Hinweis Der Nachteil einer Lochkamera besteht darin, dass das Bild sehr lichtschwach ist. Vergrößert man das Loch, so wird das Bild heller. Es wird aber zugleich unschärfer. Die notwendige Schärfe erreicht man, wenn man unmittelbar vor das Loch eine kleine Sammellinse bringt. Ihre Brennweite soll etwa 5 cm betragen. Jetzt ist das Bild auch noch bei größeren Löchern scharf. Das trifft jedoch nur für bestimmte Brennweiten der Linse bzw. bestimmte Abstände des Gegenstandes zu.

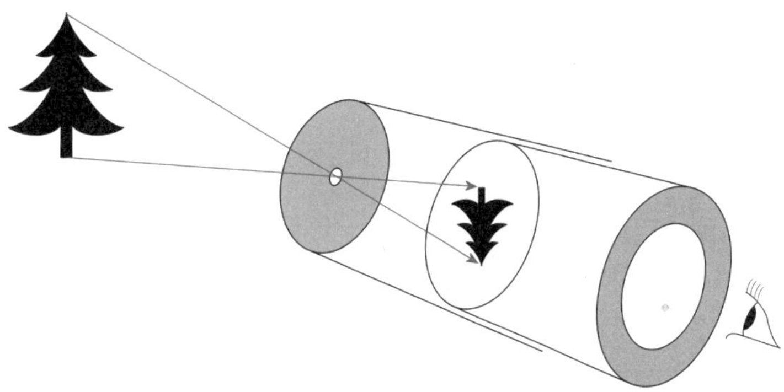

B2 Strahlenverlauf bei einer Lochkamera

Totalreflexion des Lichtes in einer Glasplatte

Geräte und Materialien

1. Kunstglas, 30 cm × 22 cm × 0,3 cm
2. Spraydose, 25 cm
3. Energiesparlampe mit Fassung und Stecker
4. Silikonkautschukpaste, 10 g
5. Faserschreiber, verschiedene Farben
6. Textmarker mit fluoreszierender Tinte

B1 Mit total reflektiertem Licht kann man die Schrift auf einer Glasscheibe beleuchten.

Vorbereitung Von der Dose entfernt man die Sprayvorrichtung und schlitzt die Dose parallel zu ihrer Achse längs auf. In diesen Spalt wird eine der kurzen Seiten der Kunstglasscheibe einige Millimeter tief in den Dosenmantel hineingesteckt. Man richtet sie so aus, dass die gedachte Verlängerung ihrer Oberflächen in Richtung der Achse der Spraydose zeigt. In dieser Lage wird die Kunststoffscheibe mit Silikonkautschukpaste befestigt. Durch die entstandene Öffnung führt man die Energiesparlampe mit einem langen u-förmigen, leuchtenden Teil in die Dose ein, so dass sich ihre Fassung außerhalb befindet. In dieser Lage wird die Lampe ebenfalls mit Silikonkautschukpaste befestigt (→**B1**). Dabei sorgt man dafür, dass kein Licht aus dem Inneren der Dose – sieht man von der Acrylglasscheibe ab – herausgelangt. Das Innere der Dose reflektiert das Licht wiederholt. Die Anordnung wird vertikal aufgestellt, so dass die Betrachter senkrecht auf die Glasplatte blicken.

Durchführung des Experiments Die Lampe wird eingeschaltet. Im schwach abgedunkelten Raum ist zu erkennen, dass die Kanten der Acrylglasscheibe hell leuchten. Das Licht der Energiesparlampe trifft im Inneren der Spraydose auf die Schnittfläche der Acrylglasplatte. In der Platte tritt wiederholt Totalreflexion auf, da der Grenzwinkel der Totalreflexion überschritten ist. Erst an den drei äußeren Kanten der Kunstglasplatte hat das Licht die Möglichkeit, aus der Platte herauszutreten.
Man beschreibt eine der Flächen der Platte mit verschiedenfarbigen Faserschreibern und mit fluoreszenzfähiger Farbe. Jetzt leuchtet die Schrift in den gewünschten Farben. Besonders hell strahlt der Fluoreszenzstoff. Wenn die Glasscheibe beschriftet bzw. bemalt ist, so liegt kein Übergang Glas – Luft mehr vor, sondern der Übergang Glas – Farbe. Deshalb tritt an diesen Stellen keine Totalreflexion auf. Das Licht kann dort austreten. Dabei ist eine Markierung mit verschiedenen Farben, aber am besten mit Leuchtfarben möglich, obwohl die Beleuchtung mit weißem Licht erfolgt.

Ergebnis Unter Nutzung der Totalreflexion des Lichtes in einer durchsichtigen Platte ist es möglich, Schriften und Bilder zum Leuchten zu bringen, ohne dass der Untergrund aufgehellt wird.
Während das Licht in der Platte infolge des schrägen Eintritts wiederholt total reflektiert wird, ist diese Reflexion an den Stellen gestört, an denen die glatte Oberfläche verändert ist.

Hinweise

1. Statt der Kunstglasplatte kann auch eine herkömmliche Glasplatte verwendet werden. Anstelle der Energiesparlampe ist auch die Verwendung einer anderen intensiven Lichtquelle möglich, wenn keine zu starke Erwärmung der durchsichtigen Platte auftritt.
2. Bei der Verwendung einer Schwarzglas-UV-Lampe ist bei hinlänglicher Durchlässigkeit der Platte für ultraviolettes Licht die noch überzeugendere Demonstration der Umwandlung des ultravioletten Lichtes in beliebige Farben möglich. In diesem Falle beobachtet man kein Leuchten der Kanten der durchsichtigen Scheibe, da die primäre Strahlung für das menschliche Auge nicht sichtbar ist. Fluoreszensstoffe können aber UV-Strahlung in sichtbares Licht der gewünschten Farbe umwandeln.

Spiegeldose

Geräte und Materialien
1. Blecheimer, 10 l
2. vier Getränkedosen, 0,33 l
3. zwei Spiegelscheiben, stehend in den Eimer passend
4. Silikonkautschukpaste, 20 g
5. Klebeband, 1 m

B1 Wenn man in eine Öffnung dieser Spiegeldose hineinblickt, dann sieht man in jedem Falle nicht die Gegenstände auf der gegenüberliegenden Seite.

Vorbereitung In den Blecheimer werden in halber Höhe und um 90° versetzt vier kreisrunde Öffnungen eingebracht. Sie besitzen einen Durchmesser von 7 cm. Von den vier Dosen werden Deckel und Boden entfernt. Dabei soll an ihren Öffnungen jeweils eine Blechwulst erhalten bleiben, damit man die benachbarte Öffnung im großen Eimer nicht direkt sehen kann. Die Dosen werden mit der Bodenseite etwa zur Hälfte in die große Dose eingeführt und in dieser Lage mit Klebeband oder Silikonkautschukpaste befestigt. Die Spiegelscheiben liegen Rücken an Rücken. In dieser Lage werden sie vertikal stehend in den Eimer so hineingestellt, dass sie mit den benachbarten Öffnungen einen Winkel von jeweils 45° bilden (→**B1**). Auch sie werden mit Klebeband oder Silikonkautschukpaste befestigt.

Durchführung des Experiments Um die Dose herum setzen sich vier Beobachter. Jeweils zwei können sich gegenseitig sehen. Dabei fällt auf, dass jeder nicht – wie erwartet – denjenigen sieht, der ihm gegenübersitzt, sondern einen seiner Nachbarn. Dieser Effekt ist darauf zurückzuführen, dass eine Spiegelung des Lichtes um 90° erfolgt.

Ergebnis Durch das Spiegeln von Licht in einem dunklen Raum ist es unbemerkt möglich, die Lichtrichtung zu ändern.

Hinweis Ebene Spiegel finden in vielen Geräten praktische Nutzung. Dabei steht die Richtungsänderung des Lichtes im Vordergrund. Herkömmliche Zimmerspiegel ändern die Ausbreitungsrichtung des Lichtes um 180°. In einem Scherenfernrohr wird die Richtung des Lichtes zweimal um 90° verändert. Dadurch wird das Lichtbündel parallel verschoben.
In hochwertigen optischen Geräten ersetzt man die Erscheinung der Reflexion durch die Totalreflexion. Dadurch steigt der Wirkungsgrad der Lichtübertragung.
In einem Spiegelkabinett kann man viele Überraschungen erleben.

Literatur

[1] Wilke, H.-J., Tronicke, G.: Experimente mit Kunststoffflaschen.
Klett Verlag, Stuttgart, Leipzig 2007

[2] Wilke, H.-J.: Zur Bedeutung des Experiments für den Physikunterricht.
In: NiU – Ph, Seelze 1 (1993) 18

[3] Wilke, H.-J., Tronicke, G.: Überraschende Experimente mit Blechdosen aus dem Bereich Mechanik.
In: MNU, Neuss 59 (2006) 7

[4] Krause, A., Wilke, H.-J.: Blechdosenexperimente.
In: Physik in der Schule, Berlin 29 (1991) 6 (1. Teil), 7/8 (2. Teil), 9 (3. Teil), 11 (4. Teil), 12 (5. Teil)

[5] Krause, A., Wilke, H.-J.: Überraschende Experimente mit Blechdosen und Kunststoffflaschen.
In: NiU – Ph, Seelze 4 (1993) 18

[6] Wilke, H.-J., Tronicke, G.: Überraschende Experimente mit Blechdosen aus dem Bereich Mechanik.
In: Praxis der Naturwissenschaften – Physik in der Schule.
Aulis Verlag Deubner, Leipzig 3/53 (2004)

[7] Wilke, H.-J., Tronicke, G.: Einfache Experimente zu Energiewandlern mit Blechdosen.
In: MNU-Neuss 60 (2004) 4 (1. Teil), 6 (2. Teil)

[8] Wilke, H.-J.: Windräder aus Kunststoffflaschen und Blechdosen.
In: NiU – Ph, Seelze 16 (2005) Heft 88

[9] Wilke, H.-J.: Naturwissenschaften – Vom Experimentieren und vom Entstehen der Naturwissenschaften.
Cornelsen Verlag, Berlin 2003

[10] Pohl, R. W.: Einführung in die Physik. Mechanik – Akustik – Wärmelehre.
Springer Verlag, Berlin, Göttingen, Heidelberg 1953

[11] Paturi, F. R.: Chronik der Technik.
Chronikverlag Harenberg, Dortmund 1989

[12] Wilke, H.-J. (Hrsg.): Historische physikalische Versuche.
Aulis Verlag Deubner, Köln 1987

[13] Wilke, H.-J., W. Patzig: Experimente zur Thermodynamik.
In: Physik in der Schule, Berlin 34 (1996) 5

[14] Wilke, H.-J., Tronicke, G.: Zur historischen Entwicklung der Wärmekraftmaschinen.
In: Physik in der Schule, Berlin 35 (1997) 5

[15] Wilke, H.-J.: Einfache Experimente zur Wirkungsweise eines Stirlingmotors.
In: Physik in der Schule, Berlin 32 (1994) 3

[16] Wilke, H.-J., Starke, S.: Selbst gebaute Messgeräte für die Solarstrahlung – Möglichkeiten zur projektorientierten Gestaltung des Themas „Regenerative Energien".
In: NiU – Ph, Seelze 61 (2001)

[17] Starke, S., Kutter, C., H.-J. Wilke: Projektorientierte Gestaltung des Themas „Solarenergie" im Stoffgebiet Thermodynamik der Sekundarstufe I.
In: Physik in der Schule, Berlin 38 (2000) 6

[18] Pohl, R. W.: Einführung in die Elektrizitätslehre.
Springer Verlag, Berlin, Göttingen, Heidelberg, 1949

[19] Wilke, H.-J.: Geschichte der Elektrostatik in Experimenten – Experimente zur elektrostatischen Anziehung und Abstoßung.
In: Physik in der Schule, Berlin 36 (1998) 6

[20] Wilke, H.-J.: Geschichte der Elektrostatik in Experimenten – Die Erfindung der Verstärkerflasche. In: Physik in der Schule, Berlin 36 (1998) 1

[21] Weinhold, A. F.: Physikalische Demonstrationen.
Verlag von Johann Ambrosius Barth, Leipzig 1931

[22] Wilke, H.-J.: Geschichte der Elektrostatik in Experimenten – Influenzmaschinen und deren Nachbau.
In: Physik in der Schule, Berlin 36 (1998) 5

[23] Wilke, H.-J.: Geschichte der Elektrodynamik in Experimenten.
In: Physik in der Schule, Berlin, 37 (1999) 5

[24] Wilke, H.-J. (Hsg.): Physikalische Schulexperimente Bd. 1.
Volk und Wissen Verlag, Berlin 1997

[25] Wilke, H.-J.: Geschichte der Elektrodynamik in Experimenten.
In: Physik in der Schule, Berlin 37 (1999) 1, 2 und 3

Bildquellenverzeichnis
69.3; 71.1; 74.2; 77.3; 86.4; 89.5: unbekannter Lieferant, Stuttgart.
Alle anderen Fotos: Göran Tronicke, Radebeul.